マーケティング・サイエンス入門
新版
市場対応の科学的マネジメント

古川一郎・守口 剛・阿部 誠 [著]

新版はしがき

　情報技術が日々進化する中で，これまでにないビジネス・モデルが次々に誕生している。さらに営利企業であっても，以前のように販売したらそれで終わりというのではなく，持続可能な社会への貢献まで視野に入れて活動しなくてはならない時代になった。このような中で，現代マーケティングは，成熟した消費社会の人々からこれまで馴染みのなかった新興国の人々まで，かつてないほど多様で複雑になった消費者と，ありとあらゆる方法を駆使して，より良い絆を結ぶことが求められるようになった。

　このように，マーケティングでも新しい時代の要請の中で新たな議論が活発に行われるようになったが，いまだに標準的なマーケティング・マネジメントの考え方，いわゆる STP アプローチが主役の座にいるのは興味深い。それは，優れた業績を収めたケースについて，それが成功した要因を STP アプローチによって驚くほどきれいに記述できるからである。しかし，過去を記述できたからといって未来の成功につながるとは限らない。成功したケースをいくら正確に記述できたとしても，それはまだ単なる静止画にすぎない。

　静止画を動画にして，マーケティング計画を優れたマーケティング活動につなげていくためには，集団の力を結集することが必要である。われわれがマーケティング・サイエンスが重要であると考えるのは，集団の力を結集するためにはマーケティング計画に科学的な証拠を示すことが必要であると考えているからである。

　本書は標準的なマーケティング・マネジメントの考え方に準拠しつつ，客観的なデータと論理に基づいて市場に対する理解を深め，

1つひとつの意思決定を正しい方向に導くためのマーケティング・サイエンスの考え方や手法についてわかりやすく解説している。本書を読むことによって，マーケティング・マネジメントの考え方とマーケティング・サイエンスの手法の両方を学ぶことができる。

　幸い，本書の初版は実務家を含む広範な読者に好意的な評価をいただくことができた。今回の改訂では，これまでの基本的な構成は維持しつつ，最近のトピックスまでカバーするように努めた。読者は本書を読むことで，そしてデータ分析を「Webエクササイズ」を通して疑似体験することで，マーケティングを成功に導くように考えられた科学的なさまざまな手法について，学ぶことができるはずである。現実のマーケティング意思決定において，単なる思いつきに頼らずに直面する課題を解決するためには，どのようなデータが必要であり，それをどのような観点から眺めれば良いかについて知るだけでも，ずいぶんとリスクを減らすことができるのではないかと思う。

　マーケティングは生きものである。今もダイナミックに進化している。今後も，読者のご批判・ご意見に耳を傾けて，読者のお役に立てるようなより良いテキストに進化させていきたいと考えているので，忌憚のないご批評をいただきたい。

　最後に，改訂作業にあたって有斐閣書籍編集第2部の柴田守氏には，歩みの遅いわれわれの執筆作業を辛抱強く見守り，適切なアドバイスをしていただいた。心から感謝したい。

　　　2011年3月

　　　　　　　　　　　　　　　　　　　　　　著 者 一 同

はしがき

　情報革命の中で，マーケティングも大きく変わろうとしている。デジタル化の進行は，消費者行動に関する膨大なデータベースの構築を可能にした。グローバル化も急ピッチで進み，マーケティングはまさに，"知の冒険"と呼ぶにふさわしい状況にある。しかし，情報の洪水を前に呆然としてたたずんでいるビジネスマンも多いのではないか。せっかくの宝の山も，どのようにして宝物を探したらいいのかがわからなければ，ただ眺めていることしかできない。未知の課題にチャレンジするためには，勇気も知恵も道具も必要である。

　本書は，マーケティング・サイエンスについて書かれた入門書である。大学の学部レベルのマーケティングの授業を念頭に書かれているが，ビジネス・スクールも含めた大学院のテキストとしても利用できるであろうし，ビジネス・プランの作成に迫られているビジネスマンにも十分役に立つのではないかと考えている。マーケティング・サイエンスとは，けっして単なる難解な数理モデルを意味するものではない。それは，マーケティングに関するマネジリアルな意思決定の発想を豊かにすると同時にその精度を上げるために，客観的なデータと論理に基づいて市場を捉えるための基本的な考え方や具体的方法を探究するものである。そのために本書は，世界中で最も広く読まれているコトラー流の標準的なマーケティングのテキストに沿いつつ，マーケティング・サイエンスの現実問題へのアプローチをわかりやすく紹介している。いざ具体的な問題を前にすると，データに基づいて論理的に議論できる人はそれほど多くはない。

それは，マーケティングの多様なコンセプトだけを学んで，どのようなデータをどのようにして分析していけばいいのかを考える習慣が身についていないからである。

この問題を多少でも克服するために，各章の終わりに演習課題を設定し，その中に Web エクササイズを設けている (http://www2.kke.co.jp/marketingscience)。そこでは，それぞれの章で出てきたマーケティング・サイエンスのモデルが体感できるように工夫されている。この Web エクササイズは，日本マーケティング・サイエンス学会とも長年関係のある株式会社構造計画研究所の好意によりつくることができた。この場を借りて，構造計画研究所の服部正太，木村香代子，西山直樹の各氏に厚く御礼申し上げたい。ただし，Web エクササイズに関してはまだ実験段階であることをはじめにお断りしておきたい。これは，もっぱら執筆者の責任である。Web エクササイズについては，読者の意見を取り入れながら，読者との共同作業によって進化させていきたいと考えている。

本書は，3人の共同作業による成果物である。何度となく打合せを繰り返し，相互間の調整をとりながら執筆を進めていった。それぞれの関心領域や得意な分野が微妙に異なるおかげで，1人ではとてもカバーできない内容を含むユニークな本に仕上がったのではないかと思う。最後に，遅れがちになる3人の執筆を辛抱強く温かく見守っていただいた有斐閣の伊藤真介，柴田守の両氏に心から感謝の意を表したい。

2003年9月

著者一同

著者紹介

古川　一郎（ふるかわ　いちろう）
東京大学大学院経済学研究科修了
現在，一橋大学名誉教授，武蔵野大学経営学部教授，博士（商学）
主要著作
『出会いの「場」の構想力』有斐閣，1999 年
『地域活性化のマーケティング』（編）有斐閣，2011 年
『マーケティング・リサーチのわな』有斐閣，2018 年

守口　剛（もりぐち　たけし）
東京工業大学大学院理工学研究科経営工学専攻博士課程修了
現在，早稲田大学商学学術院教授，博士（工学）
主要著作
『プロモーション効果分析』朝倉書店，2002 年
『プライシング・サイエンス』（共編）同文舘出版，2005 年
『マーケティングのデータ分析』（共著）朝倉書店，2010 年

阿部　誠（あべ　まこと）
マサチューセッツ工科大学オペレーションズ・リサーチ学部博士課程修了
現在，東京大学名誉教授，中央大学ビジネススクール教授，Ph. D.
主要著作
『マーケティングの科学』（共著）朝倉書店，2005 年
『大学 4 年間のマーケティングが 10 時間でざっと学べる』KADOKAWA，2017 年
『大学 4 年間の行動経済学が 10 時間でざっと学べる』KADOKAWA，2023 年

◎読者へのメッセージ

　マーケティング・サイエンスは，マーケティングに関するマネジリアルな意思決定の発想を豊かにすると同時に，その精度を上げ，客観的なデータと論理に基づいて市場を捉え，効果的なマーケティング戦略を構築するための基本的な考え方や具体的方法を探求する，魅力的な学問です。本書は，このような科学的アプローチをやさしく，また効率よく学べるよう，Web エクササイズを用意した入門テキストの新版です。

本書の使い方

本書の特徴　本書は，大学の学生やビジネスパーソン（とくにマーケター）を読者対象としています。データと論理に基づきつつ，市場の正確な把握を試みるマーケティング・サイエンスの基本的な考え方や具体的手法を，平明に解説する入門テキストの新版です。マーケティング計画の流れに沿って解説されるため，自然とロジカルな思考が養えます。

本書の構成　本書は，全13章から成り立っています。まず序章で科学的アプローチの重要性を明らかにし，第1章で事業機会の発見に関する説明がされ，第2章では消費者の行動を理解するために重要なモデルが解説されます。第3章では企業におけるマーケティング情報の収集と活用について説明され，第4章にてマーケティング戦略策定の手順が明らかにされます。第5～9章の各章では，マーケティング・ミックスに関するサイエンス的アプローチがそれぞれ解説されます。続く第10章では，戦略の見直しや戦術の改善を可能にするテスト・マーケティングとコントロールが説明されます。第11～12章では現代マーケティングの課題として，データベースとブランドに関する議論が紹介されます。

各章の構成　各章は，「イントロダクション」「本文」「*Column*」「課題」で構成され，複合的に理解できるようになっています。

本文の叙述　各章の冒頭には，その章で解説されている事柄をコンパクトに解説した「イントロダクション」が用意されています。本文の中でゴチック（太字）になっている言葉はキーワードです。

Column　各章に，*Column* が組み入れられています。本文の内容に関連した専門的なトピックスや興味深いテーマ（ケース）について，解説しました。

課　題　各章末に，その章の内容に関する「課題」が設定されています。また，その中には「Webエクササイズ」が設けられ，http://www2.kke.co.jp/marketingscience にアクセスすることで，実際にモデルを体感することができるように工夫されています。より進んだ学習のためにご利用ください。

文献案内　巻末に，さらに進んだ学習のための参考図書と引用文献がリストアップされています。参考図書として載せられているものは，マーケティング・サイエンスをさらに深く理解するための基本文献となります。引用文献は本文中で引用・参照された文献をアルファベット順に並べています。

索　引　巻末に，キーワードを中心とした基本的なタームを引けるように，索引を精選して用意しました。より効果的な学習にご利用ください。

目　次

新版はしがき
はしがき

序章　マーケティング・サイエンスのすすめ　1

1 科学的アプローチのすすめ …………………………………………1
2 マーケティング・マネジメント・プロセスと本書の構成…4
　　事業機会の発見（4）　　マーケティング戦略の決定（6）　　セグメンテーション（6）　　ターゲティングと戦略ポジショニング（7）　　マーケティング・ミックスの決定（7）　　市場導入（8）　　コントロール（9）
3 理論を学ぶ ……………………………………………………………13
　　理論の重要性（13）　　本書の読み方（14）

第1章　ビジネス・チャンスの発見　17

1 事業ビジョンの明確化 ………………………………………………17
2 ビジネス・チャンスを発見する ……………………………………19
3 目　標　設　定 ………………………………………………………22
4 市場の規定と競争構造分析 …………………………………………23
5 競争構造分析のモデル ………………………………………………26
6 市場規模の予測 ………………………………………………………32
　　市場規模・変化の予測（32）　　バス・モデル（33）

第2章　消費者行動　39

1 消費者行動のさまざまな側面 ………………………………………39
2 消費者の購買行動プロセス …………………………………………40
　　問題認識（41）　　情報探索（42）　　評価（43）　　知覚（44）

vii

選好（51） 購買決定（53） ブランド選択モデル（54）
購買後の行動（60）

3 消費者行動モデルの意義 ……………………………………60

第3章　マーケティング情報の収集と活用　67

1 マーケティング情報の情報源と活用場面 ……………67
2 社内記録 ………………………………………………………70
3 マーケティング・インテリジェンス活動 ………………73
4 マーケティング・リサーチ …………………………………76
　マーケティング・リサーチの出発点（76）　調査計画の策定（78）
5 1次データの収集方法 ………………………………………85
　質問法（85）　観察法（87）　実験法（88）　調査対象者の選定（89）

第4章　マーケティング戦略の決定　95

1 マーケット・セグメンテーション（市場細分化）………95
　明確な STP の決定（95）　セグメンテーションの基準（96）
2 セグメンテーションの方法 ………………………………101
　セグメンテーションの基準を見つける（101）　クラスター分析（102）　潜在クラス分析（105）　セグメンテーションの評価（108）
3 ターゲティングとポジショニング ………………………108
　ターゲティング（108）　ポジショニング（109）

第5章　製品デザイン　117

1 属性アプローチと製品ポジショニング …………………117
　属性アプローチの考え方（117）　属性空間と選択行動（119）
2 プロダクト・マップと選好分析 …………………………126
　プロダクト・マップ（126）　選好分析（128）　ジョイン

　　　　ト・スペース・マップ（129）

3　コンジョイント分析 …………………………………131
　　バリュー・マーケティングの考え方（131）　　コンジョイント
　　分析の構造（132）　　コンジョイント分析の使い方（135）

4　属性アプローチの限界 ………………………………137

第6章　プライシング　141

1　数量と価格の関係 ……………………………………141
　　PSM分析（142）　　マークアップ原理（144）　　製品差別化
　　と利潤率の関係（146）　　広告支出と売上高定法（147）
　　例：売上高定率法（148）

2　差別的価格設定 ………………………………………151
　　差別的価格設定の効果（151）　　個別化プライシング（153）
　　製品のバージョン化（154）　　セグメント別プライシング
　　（156）

3　価格設定の心理的側面 ………………………………158
　　プロスペクト理論（158）　　取引効用理論（161）

第7章　コミュニケーションと広告　167

1　コミュニケーションの役割とプロセス ……………167
　　コミュニケーションの新たな役割（167）　　コミュニケーショ
　　ン・プロセス（169）

2　広告のマネジメント・プロセス ……………………170

3　広　告　効　果 ………………………………………171
　　広告効果の指標（171）　　広告反応関数（172）　　広告接触頻
　　度（174）　　広告コピー効果（174）

4　広告予算の決定 ………………………………………175
　　支払可能額法（175）　　売上高定率法（175）　　競合対抗法
　　（176）　　客観的目標達成法（176）

5　メディア計画 …………………………………………178

6 広告内容の決定 …………………………………………180
7 広告と売上げの関係 ……………………………………180
   アンホイザー・ブッシュ社の実験（181）　キャンベル・スープ社の実験（181）　アドテル社の実験（182）　インフォメーション・リソーシズ社の実験（183）　売上げへの広告の影響（184）

第8章　プロモーション　191

1 プロモーションに関する基本的理解 ………………191
   プロモーションとは（191）　プロモーションの分類（192）　制度型プロモーション（194）
2 プロモーション計画 ……………………………………196
   プロモーション目的の設定（196）　達成目標の数値化（197）　プロモーション・ターゲットの設定（197）　プロモーション実行計画の策定（198）
3 プロモーション効果の測定 ……………………………199
   測定のポイントと注意点（199）　数理モデルによる測定の有用性（202）
4 プロモーションのモデル ………………………………203
   モデルのタイプ（203）　効果測定のモデル：世帯データ利用（204）　効果測定のモデル：集計データによる分析（207）　プロモーション計画のためのモデル（208）
5 プロモーション計画と効果測定における留意点 ……215
   消費者愛顧の構築（215）　ブランド構築に役立つプロモーション（216）

第9章　流通と営業　221

1 流通チャネルとは ………………………………………221
2 マーケティング・チャネルに関する意思決定 ………222
   チャネルの構築（222）　マーケティング・チャネルのタイプ（224）　チャネル・メンバーの選択（227）　チャネルの管理（227）

3 営業活動 ……………………………………………228
営業の役割（228）　営業の組織（229）

4 流通に関する意思決定の分析手法とモデル …………230
価格調整に関するモデル（231）　ハフ・モデル（234）

5 営業に関する意思決定の分析手法とモデル …………237

第10章　テストとコントロール　　　　　　　245

1 製品開発とテスト・マーケティング ……………………245

2 テスト・マーケティングの方法 …………………………248
ASSESSOR モデルの目的（249）　トライアル・リピート・モデル（254）　2つのモデルの比較（256）　リピート率の重要性（256）

3 プロダクト・ライフサイクル ……………………………258
プロダクト・ライフサイクルの考え方（258）　導入期（259）
成長期（260）　成熟期（260）　衰退期（261）

4 売上予測モデル …………………………………………262
売上予測とシェア予測（262）　集計データに基づいたシェア・モデル（263）　集計データに基づいた売上モデル（264）
ベースライン指数の予測（265）　調整済み売上を使った効果推定（265）　時系列モデルによる予測（267）

5 マーケティング・ミックス・モデル ………………………267
モデルの精緻化（267）　広告モジュール（269）　セールス・フォース・モジュール（271）　他のマーケティング変数モジュール（272）　競争モジュール（272）

6 マーケティング・ミックスの最適予算配分 ………………273

第11章　現代マーケティング①　　　　　　　277
データベース・マーケティング

1 マーケティング意思決定支援システム（MDSS）……277

2 データベース・マーケティングの有用性 ………………279

情報技術の進展（279）　　データベース・マーケティングの構築（280）

3　顧客プロファイル分析 …………………………………281
　　デシル分析（281）　　RFM 分析（282）　　顧客ベース分析（283）　　デモグラフィック分析（283）

4　顧 客 資 産 ……………………………………………283
　　長期的視点に立った顧客管理（283）　　新規顧客にかかるコストと収益（284）　　既存顧客にかかるコストと収益（285）　　カスタマー・エクイティの計算（285）

5　インターネットを利用した新しいマーケティング手法…288
　　カスタマイゼーション（289）　　パーソナライゼーション（291）　　リコメンデーション（293）

6　データベース・マーケティングの今後 ……………………295
　　データベース・マーケティングの課題（295）　　ベイズ的アプローチの有用性（296）

第12章　現代マーケティング②　　　　　　　　303
ブランドの評価と測定

1　ブランド資産 ……………………………………………303

2　ブランド力の測定 ………………………………………305
　　測定対象としてのブランドの分類（305）　　ブランド力測定のための方法（307）　　ブランド固有魅力度の把握（310）　　行動的ロイヤルティの測定（311）　　インターブランドによるブランド価値評価（314）　　ブランド・ジャパン（316）　　CB バリュエーター（317）

3　無形資産のモデル化 ……………………………………319

文献案内 ──────────────────── 321
索　　引 ──────────────────── 325

Column 一覧

① アスクルのケース …………………………………… 10
② プロデジー・モデルによる検証 ……………………… 27
③ コイン投げのモデル …………………………………… 31
④ 因子分析 ………………………………………………… 50
⑤ 個人間異質性を考慮したモデル ……………………… 56
⑥ 多項ロジット・モデルの適用例 ……………………… 57
⑦ 数理モデルを活用するコツ …………………………… 61
⑧ 情報の価値 ……………………………………………… 79
⑨ マーケティング・リサーチでよく利用される2次データ …… 83
⑩ 標本調査における統計的誤差 ………………………… 90
⑪ 家計調査 ………………………………………………… 92
⑫ ばらつきをヒントに分割を考える …………………… 99
⑬ セグメントのプロファイリング ……………………… 111
⑭ 情報の非対称性とプライシング ……………………… 150
⑮ 価格戦略 ………………………………………………… 157
⑯ 心理的財布 ……………………………………………… 164
⑰ 媒体別に見た日本の広告費 …………………………… 177
⑱ オンライン広告のメディア計画 ……………………… 186
⑲ 弾力性 …………………………………………………… 213
⑳ データを集計して分析するときの注意点 …………… 217
㉑ GIS ……………………………………………………… 236
㉒ RFID …………………………………………………… 240
㉓ 顧客満足度と従業員満足度 …………………………… 286
㉔ データ・マイニング …………………………………… 298
㉕ マルチエージェント・シミュレーション …………… 300
㉖ ブランド・パワーの高い企業は利益率が高い ……… 304
㉗ 共分散構造分析 ………………………………………… 318

序章 マーケティング・サイエンスのすすめ

> ●イントロダクション：顧客に学ぶ
>
> 「思ったように新製品の売上げが伸びない」,「新製品のよさを顧客は理解してくれない」といった声をよく聞く。価格が高すぎたのかもしれないし，あるいは宣伝がうまくいかなかったのかもしれない。店頭まで来たのに製品がなかったので，他のもので我慢したのかもしれない。あるいは，そもそも製品自体に魅力が足りなかったのかもしれない。競合他社の影響かもしれない。新しいことにチャレンジしたときに失敗は付き物であるから，このような声が聞かれなくなることはないかもしれない。しかし，"失敗は成功のもと"，失敗から学び，学んだことを活かしていければ成功する確率はぐっと高まるはずである。

1 科学的アプローチのすすめ

　成功の"打率"を上げるためには何を学べばいいのであろうか。その第一歩は，顧客のことをよく知ることである。顧客から学び続けることこそ，継続的にヒット製品を生み出す確率を高めるために最も必要なことである。それでは，顧客からどのようにして何を学べばいいのだろうか。顧客を凝視していればそれでいいのだろうか。

　もちろん身近に顧客を感じ，顧客の目線で顧客の体験を観察することが重要であることは当然である。顧客が消費活動を行っている現場で，つぶさに顧客の活動を調べることから得られる知識は洞察に富んでいるに違いない。それらはただ単に数値化されたデータよ

りはるかに刺激的で,さまざまな仮説を想起させるだろう。人間の知識には容易に言語化できるものと,言語化することが困難なものがあるという。現場における顧客との共有体験から,えもいわれぬ感触をつかむことは,本書を通して説明されるマーケティングの数量分析を行うためにも何よりも大切であることを最初に指摘しておきたい。

しかし,それだけでは不十分であるというのが本書の基本的な姿勢である。個人的な体験は一般化するのに危険が伴うばかりか,組織的に顧客から学ぶことを妨げてしまう恐れもある。たとえば,同じ現象を観察していても,人によって解釈が異なることはよくあることである。意見の対立が新たな発見や知識の創造が行われる原点であるとしても,対立ばかりしていてお互いに心を開いて対話することがなければ,継続して組織として顧客から学び続けることは不可能である。そのような対話がスムーズに行われるためには,少なくとも組織的に言語を共有していることが前提になる。

マーケティング・サイエンスとは,マーケティングに関するマネジリアルな意思決定の発想を豊かにすると同時にその精度を上げるために,客観的なデータと論理に基づいて市場を捉えるための基本的な考え方や具体的方法を探究するものである。このような科学的アプローチを学ぶことは,以下に述べるような利点がある。

第1に,組織としてマーケティング・マネジメント・プロセスを共有するために必要な言語を共有することが可能になる。不必要な対立や失敗の原因のなすり付け合いを減少させることが期待できる。第2に,データと論理に基づいた意思決定を繰り返すことによって,意思決定の精度を向上させることができる。したがって,不必要な判断ミスを減らすことが期待できる。第3に,このような条件が整えば,個々人ばかりでなく組織的に顧客から学ぶ仕組みづくりを考

えることが可能になる。新製品を世に出すためには多くの人の協力が必要であるが、それらの人々の間でコミュニケーションがスムーズに行われる状況を生み出すことができるということである。

医師が患者を診断して病気の治療を行うときのことを考えてもらいたい。患者の病状を聞く、血液検査やレントゲンなど必要と判断した検査を行う、病名を判別し治療方針を決定する、適切な処置をする。手術ということにでもなれば入院を含めてより多くの人が治療に関わる。このような一連のプロセスがスムーズに行われることが必要である。このことからわかることは、一連のプロセスの理解とコミュニケーションの言語が治療に関わるすべての人々に共有されていることが必要であるということである。患者の言っていることが全然分からなかったり、血液検査など検査部門の報告を医師が理解できなかったり、投与された薬が何かを看護師が理解できなかったら、チーム医療などというコンセプトははじめから成立しない。

企業活動も同じである。顧客から学ぶ。製品を開発する。生産活動を行う。販売活動を行う。製品を使用した顧客からまた学ぶ。こういった循環を繰り返す中で、学習が進み知識が蓄積していくためには、R&D、生産、マーケティングといった企業の各セクションが言語とプロセスの理解を共有していなくてはならない。そして、医療関係者には医療関係者の、司法関係者には司法関係者の言語があり思考プロセスがあるように、マーケターにはマーケターの言語とロジックがある。法律、財務・会計、統計学などのこまごまとした専門知識はそれぞれの分野の専門家に任せればいいとしても、基本的なプロセスの理解やコンセプトの理解が共有されていなくては組織の活力を1つのベクトルに合わせることは不可能である。

先ほども述べたように、マーケティング活動はおしなべて未知との遭遇の中で行われるから、失敗がなくなることはありえない。し

かし，同じ失敗を繰り返さないためには，プロセスのどこで予想と反したことが起きてしまったのかを，プロセスに携わった人たち全員が理解できなければならない。R&D 部門の人たちは，失敗の原因を"販売方法が悪い"といい，営業部門の人たちは"製品に魅力がない"といって責任を他部門に押し付けるのではなく，協力して学ぶ姿勢が重要である。個人として学ぶことと組織として学習することとは違う。組織として学ぶことには個人にはない難しさがある。しかも組織として学習できなければ，永続的な成功などおぼつかない。

2 マーケティング・マネジメント・プロセスと本書の構成

それでは，**マーケティング・マネジメント・プロセス**とはどのようなものなのであろうか。それは，**図序-1** のように，1 回限りのものではなく再帰的に繰り返される中で，知識が創造され蓄積していくものである。以下では，新製品の開発から市場導入を念頭に置いて，リサーチから順番にこのプロセスを概観したい。同時に，本書の構成についても説明しておきたい。

事業機会の発見　現代の消費社会において，経済的な裏付けのある需要（有効需要）が十分にあって，しかも競合する相手が存在しないような魅力的な市場を探すことは容易ではない。仮に，十分な市場規模が期待できたとしても，そこにはすでにライバル企業がひしめいているというケースが多い。企業はこのような中で，慎重に**事業領域**を決定し活動を行っていかなくてはならない。企業の目指すべき，ミッション・ビジョン・活動領域は最初に定義されるだけに，これから新製品を開発していこう

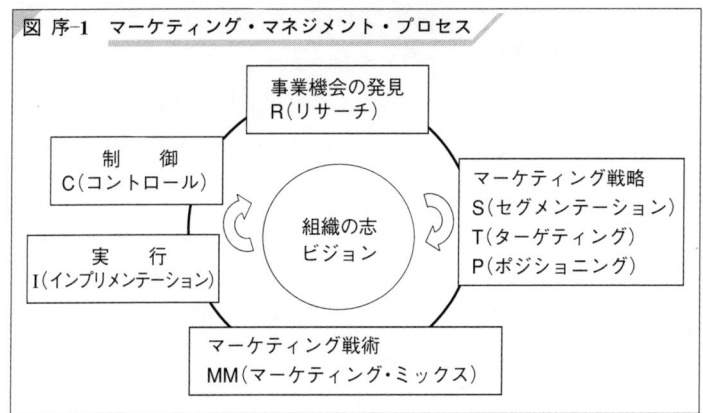

図 序-1 マーケティング・マネジメント・プロセス

とする事業領域の選定はきわめて重要である。顧客のことを知ることが重要なのはいうまでもないが，そのためにも消費者を理解するための理論，年齢構成や所得分布などのデモグラフィック変数の変化，価値観やライフスタイルの変化，マクロの経済状況の変化などのデータベースの構築など，考えるために必要な"材料"をそろえておかなければならない。

とりわけ，新製品の開発を考える場合などは，最初に行う事業領域の決定がその後に続くすべての意思決定，すなわち，R&D，生産，マーケティング部門の活動を拘束する重要なものとなる。競合他社との競争もグローバルな市場全体で考えなくてはならない場合も多い。自社の能力を与件としたときに，魅力的なビジネス・チャンスをどのようにスピーディに発見し組織的なコンセンサスを得るのか，このような課題について，第1章で考察を行う。それに続いて，消費者行動の理論やデータ収集に関する話題が，第2章，第3章で述べられる。

マーケティング戦略の決定

挑戦する事業領域を決めたら、次に他社とは異なるどのような独自の価値を顧客に提供するのかを決定しなくてはならない。市場を構成する多様な顧客の中の、どのような人たちに、どのような価値を提案していくのかということを決めなくてはならないということである。このような意思決定は、マーケティング戦略の決定に当たる。ここでは、セグメンテーション、ターゲティング、戦略ポジショニングの決定を行う必要がある。それぞれについて、もう少し細かくその内容を見ていきたい。

セグメンテーション

現代の市場を構成する顧客は多様であり、製品もそれに応じて実に多様なものがあふれている。歴史的に見れば、大量生産・大量販売のマス・マーケティングの時代があり、やがて顧客を同質的ないくつかのサブマーケットに分割し、それぞれのセグメント（集団）の特性を考慮したマーケティング活動が行われるようになった。さらに、情報技術の進展に後押しされて個人別の対応が現在進行形で進みつつある。顧客の立場に立ってみれば、金太郎飴のように全員が同じ扱いを受けるより、自分に合った対応をしてくれるほうが満足感が高くなるのは当然である。しかし、市場を細分化し顧客の要請に細かく対応しようとすれば、コスト増加の問題に直面する。住宅や乗用車という高価な製品のほうが、缶飲料といった低価格製品に比べて、顧客の多様性への対応が進んでいて、さまざまな製品やサービス、オプションが提供されているのはこのためである。

すべての顧客を狙うことも論理的には可能であるが、それだけ経営資源は薄く分散されることを覚悟しなければいけない。経営資源の豊富な企業は市場全部をカバーするようにターゲットを選択するかもしれない。しかし、特殊な技術を持っているが経営資源に乏し

い中小企業は，ニッチ市場に特化すべきかもしれない。セグメントによっては需要が小さくて採算に合わないこともあるだろう。価格競争の激しいセグメントには参入しない企業もあろう。製品差別化を図る場合には，どのような観点から顧客を分類するかを問題にしなくてはならないが，少なくとも理論的には分類する基準は無制限に近い。したがって，企業にとって魅力的な**セグメンテーション**の基準変数を慎重に選択しなければならない。

ターゲティングと戦略ポジショニング

顧客の同質性に着目し，市場を同質的ないくつかのサブマーケットに分割した後で考えなくてはならないのは，どのサブマーケットを**ターゲット（標的）市場**として選択するかということである。ビジネス・チャンスの発見の際に考察される製品市場の競争構造と顧客セグメントの両面から，標的市場は考察され評価される。

この標的市場が決まったことにより，はじめてどのような顧客に対してどのような製品コンセプトを提供するかの意思決定を行うことができる。これが**戦略ポジショニング**であり，競合他社に比較して，標的顧客にとってその製品コンセプトがなぜ重要であり，なぜ自社でなければならないかを，明確かつコンパクトに記述する必要がある。たとえば，"健康志向の強い高学歴層に対して無農薬の野菜や果物を提供する"といった具合である。このような一連のマーケティング戦略の決定は，第4章で扱われる。この戦略ポジショニングが，次に述べるような具体的なマーケティング・ミックスを決定する。

マーケティング・ミックスの決定

顧客に約束した価値を具現化するためには，製品，プライシング（価格設定），流通，広告やプロモーションの組合せからなる**マーケティング・ミックス**を具体的に決めていかなくてはならない。

マーケティング・ミックスの決定は，マーケティング戦略に沿ったマーケティング戦術の決定に当たる。そのためにも，セグメンテーション，ターゲティング，戦略ポジショニングといったマーケティング戦略を構成する要素は明確に規定され，整合性と一貫性を持っていなければならない。

マーケティング・ミックスの決定は，製品の仕様をどのように決定したらいいのか，価格設定にはどのような配慮が必要なのか，流通・チャネルに関わる決定には何が重要なのか，広告計画はポジショニングの何をどのように顧客に伝えようとするのか，プロモーション計画は効果的なのか，顧客との長期的な関係性構築のための予算をどのように考えたらいいのかといった実に広範囲に及ぶ意思決定を含む。しかもプロジェクトが大きくなれば，それぞれの意思決定とその実行はそれぞれの専門家や複数の組織内の部門が分担して受け持つのが一般的である。このようなばらばらになされる意思決定が，マーケティング戦略に沿って一貫性と整合性を持って行われなければ，たとえ戦略が優れていたとしても成功する確率はぐっと下がってしまうに違いない。

したがって，マーケティング・ミックスの決定や実際のマーケティング活動が実を結ぶためには，組織的な協力体制が非常に重要になってくる。そのためにも，部門の壁を越えて共通のマーケティング・マネジメント・プロセスを持つことが重要なのである。マーケティング・ミックスの各要素については，第5章から第9章にかけて説明される。

市場導入

マーケティング・ミックスの決定の次は，いよいよ市場導入である。しかし本格的な市場導入に先立ち，テスト・マーケティングが行われることがある。この段階は省略されることもある。マーケティング戦略，マーケテ

ィング戦術はいかによく練られたものであっても，なお見落とした点や誤りがある可能性があり，実際にやってみなければわからない点も多い。そのような不確実性を少しでも減らすためには，テストを行わなくてはならない。地域や都市を限定して行われるテスト・マーケティングをさらに小規模にした実験を行う場合もある。テスト・マーケティングは，第10章で扱われる。

コントロール　実際に市場導入をしてみると，いろいろなことがわかる。体験から得られる情報を，次の機会にフィードバックすることが重要である。失敗から学ぶことが同じ過ちを繰り返さないための秘訣であろう。消費者行動の理論は，まだまだ正確な予測を行うことができるほど精緻なものではない。多様な要因が複雑に絡み合い，原因と結果の因果関係を見にくくしている。そのためにも，ビジネス・プランは可能な限り1つひとつの意思決定のステップを明確にし，論理的に組み立てておく必要がある。さもなければ自分の計画のどこが間違っていたか理解することができず，せっかくの体験から組織的に学ぶことは不可能である。いたずらに失敗の原因をだれかのせいにして，犯人を捜して（本当はその人が犯人でなかったとしても）それで終わりということになってしまう。

製品の多くは，少し時間軸を長くとると，誕生から成長，成熟を経て衰退に至るプロセスをとるように見える。そのような時間を通じた製品の管理，ライフサイクル・マネジメントをどのように行うかも企業にとって非常に重要な課題である。これらの点についても，第10章で扱われる。

なお，第11章，第12章では現代マーケティングのホットな話題である「データベース・マーケティング」と「ブランド評価と測定」について述べる。

Column① アスクルのケース

　ここでは,これまで説明してきたマーケティング・マネジメント・プロセスを,文具を中心としたオフィス用品の通信販売業者である株式会社アスクルのケースで確認してみよう。1993年に文具・オフィス家具メーカーであるプラスの新規事業としてスタートしたアスクルは,97年に親会社から分社独立し,以後順調に事業を成長させ,2000年に株式公開,2010年にはおよそ1900億円の売上げを達成するに至っている。

　日本の経済成長が滞る環境下で,ましてや文具といった成熟市場にありながらこのような急成長を遂げている理由は何であろうか。以下では,セグメンテーション,ターゲティング,戦略ポジショニング,マーケティング・ミックスについて整理してみることで,この問題を考えてみたい(なお,以下の記述は初版当時のデータに基づいている)。

(1) セグメンテーション

　図1を見てわかるように,文具マーケットは大きく,法人マーケットと個人マーケットに分かれる。個人顧客は必要なときに,文具店,コンビニエンス・ストア,ディスカウント・ショップなどに行って,現金で購入するというのが一般的である。ここでは法人はさらに,事業所の大きさに従って,30人以上,10から30人未満,10人未満に分けられている。そして数の上からは5%に満たない,30人以上の事業所が売上げの半分ほどを占めており,そのような顧客には大手文具店の外商が日参して注文をとってくるということが図に示されている。10から30人規模の事業所にも,一部そのようなサービスが提供されることがあるが,小規模事業所は一般的にそのようなサービスの恩恵には浴さない。それは,1回当たりの購入額が小さく,事業所が地理的にも分散しているからである。要するに,外商というサービスを提供するコストに見合った収益が,小規模事業者からは得られないと考えられていたのである。

(2) ターゲティング

　このようにアスクルは,文具市場を個人,法人,さらに法人の600万以上に及ぶ事業所を,その規模によるセグメンテーションで考えた。競合する大手企業は,数の上からは5%に満たない30人以上の事業所と外商を通して長期的な安定した関係性を構築し商売を行っていた。この

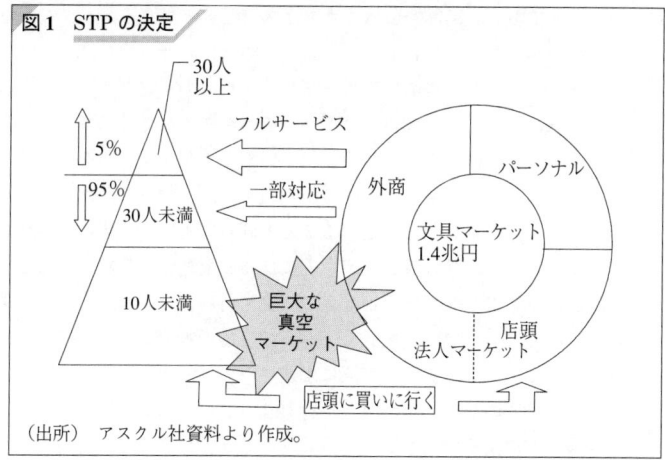

(出所) アスクル社資料より作成。

ような特別なサービスのコストに見合った収益が得られない小規模事業者に対しては、一般の個人顧客と同じような扱いをしていた。このような中で、アスクルの選択したセグメントは、それらの企業が手をつけていなかった30人未満の小規模事業所である。すなわち、アスクルはここに未開拓の巨大な真空マーケットを見出したのである。ビジネス・チャンスの発見である。

(3) 戦略ポジショニング

アスクルは自らを、オフィスに必要なモノやサービスを「明日お届けする」トータル・オフィス・サポート・サービスの会社と規定している。すなわちアスクルの基本的なポジショニングは、「オフィスという1つの生活空間の中で必要なものがすべてそろう」、しかも「約束した時間までに」スピーディに届けるという「快適さ」と「便利さ」を顧客に提供することである。

(4) マーケティング・ミックス

顧客に約束した価値を具体的に提供するためには、ポジショニングにマッチしたマーケティング・ミックスの決定が重要である。アスクルの場合は、製品の品揃えが通常のメーカーの場合の製品に当たる。したがって、製品の仕様に当たるのは、どのようなレベルの品揃えをするかと

いうことである。具体的には，オフィスで必要とされる，トイレット・ペーパーからコーヒー，オフィス家具，鉛筆，コピー用紙，プリンターの補充インクなどは提供するが，同じ筆記具でもモンブランのような高級万年筆は品揃えには入らないということを決めなくてはならない。

プライシングは，それぞれの製品をいくらで販売するかを決めることである。メーカー希望小売価格の何割引きで販売するのか，これは，粗利率をいくらにするかを決定することと同じことである点に注意が必要である。さらに，購入額が一定以上になると配送料が無料になるといった，価格バンドリングの設定などの決定も行わなければならない。あるいは，流通については，配送センターの立地や物流システムなどの決定を行わなくてはならない。実際に配送するのに，自社でやるのか，パートナーを探すのかといった決定も行わなければならない。

顧客とどのようなコミュニケーションをとるかということも重大な決定である。アスクルのケースでは，基本的にはカタログによる通信販売であるので，当然，カタログを通じたコミュニケーションが中心となる。最近では，インターネットを通じた受発注が増えてきており，その額は全体の3割に迫るところまできているということであるが，ネット上でのコミュニケーションの仕組みづくりにも力を入れている。

このような，1つひとつのマーケティング・ミックスの意思決定が，マーケティング戦略と整合性を持ち一貫性を持っていなければならない。

（5） 実施とコントロール

「お客様のために進化する」という経営理念を具現化すべく，顧客との関係性の構築を大事にしている。しかし，アスクルには直接顧客と顔を合わせて接触する機会がないので，コールセンターやインターネットを顧客との接点として重視している。ネスレや松下電器産業（現パナソニック）などとの共同開発製品も多いが，そのような製品のアイデアはネット上で交わされる対話から得られたものであるケースが多い。また，現在では，カタログの取扱製品数も1万3000アイテムを超えるまでに拡大しているが，それらが欠品を起こさず，かつ過剰な在庫を持つことなく管理できるよう，統計的なデータ解析に基づく受発注システムが稼働している。これらは，日常の業務から得られるデータが，事業活動の

修正，改善，チャンスの発見などにフィードバックされていることを示している。

---

3 理論を学ぶ

理論の重要性

「測定できないものはコントロールできない」といわれる。戦略はよく地図にたとえられるが、せっかく地図とコンパスがあっても、いま自分がどこにいるのかわからなかったら、目的地に到達することは不可能である。目的地と現在地，進むべき道と移動のスピードがわかれば予定到着時刻を知ることができる。途中のポイントで道を間違っていないかをチェックすることも重要である。

企業のマーケティング活動も状況は同じである。リアルタイムで現状を把握していることが、迷子にならないための条件である。ただ闇雲に頑張っているつもりでも、とんでもない勘違いをしていることはよくある話である。しかし，情報技術の飛躍的な進歩のおかげで顧客の購買行動のデータはかなりの程度測定することが可能であり、むしろ情報の洪水の中でただ呆然とデータを眺めているマーケターも多いのではないか。すなわち、ただ測定すればいいというものではないのである。それでは、何を測定したらいいのであろうか。

再び、新製品の売上げが思ったように伸びない状況を考えてみよう。この問題の原因を考えるためには、消費者行動の理論を学ぶことが重要である。その理論を学べば、新製品の認知から始まって購買に至る顧客の心理的なプロセスを理解することができる。そのよ

うなプロセスの各段階の状態を測定し，どこに問題があるかを発見すれば，有効な対処方法が見つかる可能性は，そうでない場合に比べて格段に高くなるはずである。また，このような作業から得られた結果は，自分1人でなく組織の他のメンバーにも説得力を持って示すことができる。さらに，このような体験の蓄積，データベースの整備により顧客に対する理解やマーケティングに対する組織的な学習も進むことも，忘れてはならない重要な点である。数式ばかりに目をとらわれないで，その背後にある考え方を理解することも重要である。

本書の読み方

このように本書でカバーしなければならない領域は多岐にわたり，それぞれの領域における研究の蓄積も膨大で，とても1冊の本ですべてを語ることなどできない。本書では辞書のように広く浅く項目を網羅するのではなく，とくに重要であると思われる内容に限定して話を展開している。巻末に参考文献を示しておいたので，関心のある人はそれらをあわせて読んでもらいたい。また，統計学についての初歩的な事前知識があれば十分に読みこなせるよう配慮したが，数式に慣れていない人は部分的に読みづらい箇所があるかもしれない。そのようなときは，わからない部分にこだわらずに，ストーリーの展開に注意してまず全体を一読することをお勧めする。コラムのいくつかは，はじめてマーケティング・サイエンスに触れる人には少し難しい内容が含まれている。

幸いなことに，マーケティングの学習においては考えるための素材は事欠かない。教科書を読みながら，常に身近にある現在進行形の現実の現象との対比をイメージしていただきたい。

➡課　題

1. 「あの製品は失敗だったな」と感じている製品をいくつか列挙してみよう。なぜその製品が失敗だったと思うのか，またなぜ失敗したと思うのか，その理由をマーケティング・マネジメント・プロセスに沿って考えてみよう。

2. たとえば，デルやクロネコヤマトの宅急便の新規事業開発のケースを調べて，アスクルのケースとマーケティング戦略に類似点があるかどうか話し合ってみよう。

3. 最終消費者以外にも支払能力を持った需要は存在する。どのようなものがあるか話し合ってみよう。たとえば，NPO にとって顧客はだれなのか，持続的に活動を続けるためにはどのような資金調達が考えられるか，どこが営利企業のマーケティング戦略と異なるのかといった点について考えてみよう。

第1章　ビジネス・チャンスの発見

◆イントロダクション：「売れるものをつくる」

　すでに序章で説明したように，マーケティング・マネジメント・プロセスとは，市場を分析し事業領域を決定し，戦略的ポジショニングを決定し，それと整合するマーケティング・ミックスを計画して，それを実行，コントロールすることすべてを指す。すなわち，アイデア段階から製品開発，販売，そしてアフターケアの管理までを含んだマーケティング活動のプロセスすべてを包含する。本章では，その最初のステップに当たる，事業機会の発見に関する説明を行う。マーケティングでは，「つくったものを売るのではなく，売れるものをつくる」ことが基本である。そのために，マーケターはまず何をしなければならないのであろうか。本章では，有望なビジネス・チャンスを考えるための方法について考えていきたい。消費者の視点から市場を規定するための方法や，革新的な製品の市場規模に関する推定の手法などについてもあわせて紹介したい。

1 事業ビジョンの明確化

　顧客なくしては，ビジネスは成り立たない。マーケティングは，企業の理念，使命，あるいは目標を達成させるために企業と顧客のインターフェイスを担う重要な機能を果たす。この意味においては，マーケティングはけっしてマーケティング部という独立部門が操るものではなく，経営トップのリーダーシップのもとで組織全体がその能力を十分に発揮して行っていくべきものである。販売や広告は

その実行手段としての一要素にすぎない。

　新規の事業機会，事業領域を考えるためにはまず，その事業を通じて何をしたいのか，何をするべきなのか，自分たちに何ができるのかを企業の**理念**や**ビジョン**に基づいて明確にしなければならない。マーケティング・マネジメント・プロセスの中心に企業のビジョンがあるのはこのためである。ただ漠然と「利益を上げる」や「最高品質の製品を最も価値ある価格で提供し，業界のリーダーになる」というのではなく，組織内の多様な人々の知を結集し具体的なマーケティング活動を進めていくためにも，組織の目指すべき方向性を確認することが重要である。すべてのマーケティング活動は選択された領域の中で計画され実行される。最初の一歩となる事業領域の規定は，その後の成否を決める最も重要な意思決定であるといえる。「志を共有する」といった作業は，数量的な分析や科学的アプローチとは無関係に思えるかもしれないが，自由な発想が求められるアイデアに一定の方向性を持たせたり，考えられたアイデアを絞り込んだりするうえで，どうしても必要となってくる。

　そのうえで，新規事業の領域を考えることになるが，このときによく陥りがちな誤りがある。それは，既存の製品・サービスにとらわれすぎる傾向である。「オートバイ」のように製品カテゴリーで規定するのではなく，「パーソナル移動手段」あるいは「娯楽会社」のように，顧客のニーズやベネフィットに基づく視点を持つことが重要である。「石油会社」ではなく「エネルギー会社」，「化粧品会社」の代わりに「美容・健康会社」というように，顧客のニーズやベネフィットを中心にして事業領域を考えることには大きな利点がある。製品・サービスは単に顧客のニーズを達成する手段の1つであり，事業領域を製品の技術や機能的な側面のみで規定すると，時代や環境の変化によって取り残されてしまう。ニーズから発想すれ

ば，このようなあやまちに陥る可能性が小さくなるのである。成功のジレンマは往々にしてここに原因がある。

環境や市場は刻々と変化している。企業が永続的に存続・成長していくためには，常に市場機会を客観的に評価し，参入のチャンスを見極めることが重要である。たとえば，銀鉛フィルムのマス・マーケットはすでに消失した。CD市場におけるLPレコード愛好者のように，たとえマニアックなセグメントが残るとしても，大半の消費者はデジタルカメラへと移行した。このような中で，キヤノンもニコンも銀鉛カメラからデジタルカメラへと転進できたのは，自社の事業領域を銀鉛カメラメーカーとして制約しなかったからである。本章の後半で詳しく説明するように，テクノロジーの変化によって，製品にも成長，成熟，衰退といったライフサイクルが存在するのである。カメラのメーカーが写真の市場でどれだけ優れていようとも，絶えず新しい市場開拓に目を向けていなければ世間の情勢の変化によって自然淘汰されてしまう。

2 ビジネス・チャンスを発見する

それでは，どのようにして新たなビジネス・チャンスを見つけていったらいいのであろうか。基本は，「なるべく多くのアイデアを考え，最終的にいくつかの有望な候補に絞り込んでいく」ことである。最初の段階におけるアイデアの創出は自由な発想の中で，たくさんのアイデアを考えることが重要である。第2章，第3章で説明するような顧客に対する豊富な知識がおおいに刺激になるはずである。ただし先にも触れたように，何でもかんでもかまわないというものではなく，企業の目指すべき目標や組織能力，市場環境といっ

表 1-1 製品・顧客マトリックス

		製　　品	
		既存製品	新製品
市　場	既　存	**市場浸透**	**製品開発**
	新　規	**市場開拓**	**多角化**

たものを前提として発想されなくては，実現可能性・成功確率が低くなってしまうことに注意しなくてはならない。そして，有望なアイデアに絞り込むプロセスにおいては，組織の関係部署間でのコンセンサスが得られるシステマティックで効率的な方法を考えることが重要になる。ここでは，そのような作業を行ううえでよく知られている方法を紹介しよう。

まず，既存の事業領域との関係から新規の事業領域の規定を考察することが重要である。これは，製品（供給サイド）の拡張と市場（需要サイド）の拡張という**表 1-1**で表されるようなマトリックスを利用することによって，考えているアイデアが，自社の既存の事業領域との関係の中で大きく位置付けられ評価される。

さらに踏み込んだ分析を進める中で，ビジネス・チャンスの多様なアイデアは絞り込まれていくが，ここでの目的は，より詳細に分析すべきいくつかの候補を，多くの可能性の中から見つけ出すことである。この作業の手法としてよく知られているものに，**SWOT分析**がある。SWOT分析とは，考えられている事業の市場における企業の強み（strengths）と弱み（weaknesses）は何であるか，また，機会（opportunities）と脅威（threats）は何であるかを客観的に分析する方法である。その際，自社（company）のみではなく，競合企業（competitors），そして顧客（customers）の3Cに関わる多様な要因を考慮する必要がある。

図1-1　機会と脅威の評価

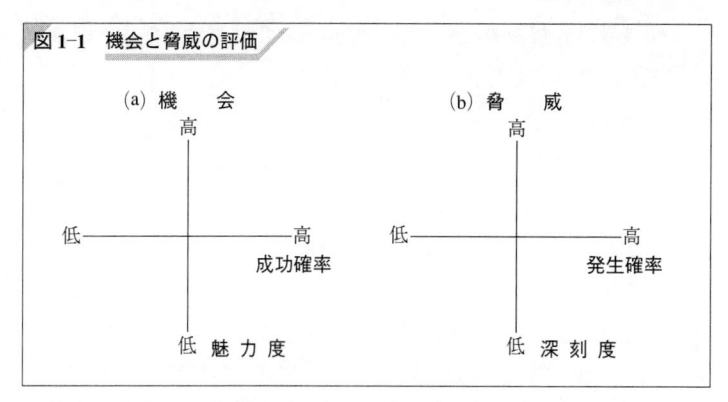

```
(a) 機　会                        (b) 脅　威
      高                                高
      │                                │
低────┼────高                    低────┼────高
      │    成功確率                    │    発生確率
      │                                │
     低 魅力度                        低 深刻度
```

　機会と脅威は，事業を取り囲む外部環境要因に影響される。これらはさらに，政治，経済，文化，技術，法律，自然環境などを含んだマクロ要因と市場，顧客，競合，供給業者などを含むミクロ要因に分類できる。これらの要因を踏まえて，機会はその成功確率と魅力度の2軸により，また脅威はその発生確率とその深刻度の2軸により，図1-1のように体系的に評価することができる。

　強みと弱みは，新規事業の展開に関して事業体のコンピタンスをさまざまな内部環境要因で評価することによって明確になる。これらの内部環境要因に影響を与える主要な項目は，以下の通りである。

(1) マーケティング要因

　①企業の評判，②マーケット・シェア，③顧客満足，④顧客維持，⑤製品品質，⑥サービス品質，⑦価格の有効性，⑧流通の有効性，⑨プロモーションの有効性，⑩セールス・フォースの有効性，⑪革新性の有効性，⑫地域カバレッジ。

(2) 財　務　要　因

　⑬資本コストと資金調達力，⑭キャッシュフロー，⑮財務の安定性。

(3) 製　造　要　因

⑯設備，⑰規模の経済，⑱生産能力，⑲従業員の能力，⑳期限通りに製造する能力，㉑技術的能力。

(4) 組織要因

㉒長期的視野を持つ有能なリーダー，㉓意欲的な従業員，㉔企業家精神，㉕柔軟性もしくは機動性。

このような評価項目について，次のような作業を行う。まず，それぞれの事業アイデアを実現するうえで，競合する企業との相対的な自社の強さを，たとえば「非常に強い」から「非常に弱い」までの5～7点尺度で評価する。同時に，それぞれの項目の重視度も評価してもらう。次に，重要度でウェイト付けされた各項目の評価値の平均値により，それぞれのアイデアの魅力度の順位付けを行う。このような作業で，多数の新規事業のアイデアを有望な少数の候補に絞り込んでいくことができる。

注意したいのは，すべての弱みを改善する必要もないし，ピンチはチャンスでもある。強みの中でも，とくにその事業を実行するうえで重要であり，また事業体に固有で模倣されにくいものは，大きな競争優位となりうるだろう。また当然，評価者の間で要因間のウェイトの大きさや，それぞれの要因の評価の違いが明らかになるが，この点はなぜそのような判断の違いが出てきたのかをディスカッションするよい機会を提供する。

3 目標設定

事業のミッションや目的は，SWOT分析によって，具体的な目標として設定することが可能になる。目標は，期間を区切ったものでなければならない。また，大目標を達成するための複数の中目標，

そして個々の中目標を達成するための複数の小目標というように，目標は通常，補完，代替，あるいはトレードオフの関係にあるものが複数混在する。たとえば利益を1年で5%向上するという目標でも，新規顧客を開拓する，既存顧客への販売量を増加する，価格を上げる，変動費を減少させる，経費を削減するなど，個別の手段の中で中目標を立てることができる。さらに，新規顧客の開拓では，広告量の増加，営業の強化，新しいチャネルへの進出など複数の小目標によって達成できるであろう。

これら大，中，小目標を階層化し重要度によって優先順位を付けることによって，複数の目標の関連が明確になり，より実行可能性の高い目標設定が可能となる。目標設定においては，測定可能な指標で目標が表現されなければならないという点に注意したい。

4 市場の規定と競争構造分析

これまで，いかに魅力的なビジネス・チャンスを発見するかについて考えた。ここでは，大雑把に規定された市場について，いま少し詳しくその競争構造を探る方法について考えてみたい。SWOT分析が事業レベルの分析に焦点を当てていたのに対して，ここで分析の対象になるのは，ブランド・レベルの競争である。すなわち，たとえば，家庭用洗剤市場が有望な事業領域だとしたら，粉末，液体，柔軟剤入りといった特徴を持つそれぞれの商品がどのような競争状況のもとで競い合っているかを明らかにするのが，ここでの目的である。

製品をいくつかのサブカテゴリーに分割したとき，あるサブカテゴリー内におけるブランド間競争は激しいが，別のサブカテゴリー

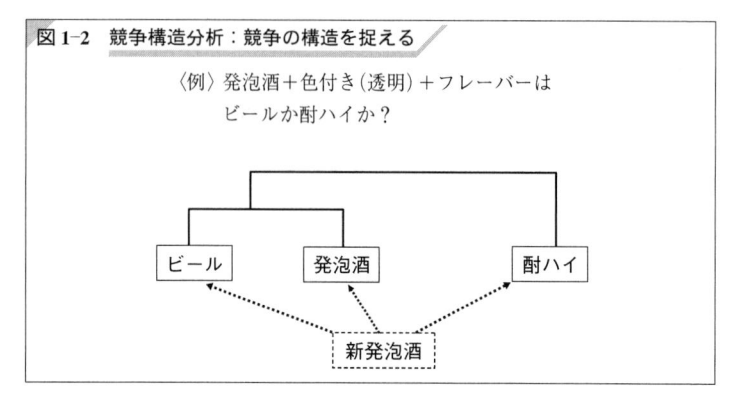

図1-2　競争構造分析：競争の構造を捉える

〈例〉発泡酒＋色付き(透明)＋フレーバーは
ビールか酎ハイか？

```
        ┌──────┬──────┐
     ビール   発泡酒   酎ハイ
        ↖      ↑      ↗
          ┌新発泡酒┐
```

に含まれるブランドとの競合は厳しくないというような状況をよく目にする。このような全体市場の中の競合関係を明らかにし市場を規定することは，具体的なマーケティング戦略に大きな影響を与える。ここでいう**市場の規定**とは，全体市場がどのようなサブマーケットによって構成されているかを明らかにすることである。競争戦略が競争に勝ち抜くためのものであるとするならば，だれと競争するかを決めることは戦略策定の第一歩である。この市場の規定のあり方によって，製品開発の方向性も当然大きく影響を受けるはずである。

たとえば，**図1-2**のように，ある酒造メーカーがフレーバーや色の付いた発泡酒の開発を考えているとしよう。この新型発泡酒は，既存のどの製品と競合するのであろうか。そもそも，このように形式的な分類ではなく，スポーツをした後に飲む飲み物，夕食と一緒に飲む飲み物，居酒屋で仲間と飲む飲み物といったように，消費される状況により市場を分類していかなくてはならないかもしれない。このような問題を考えるのが，**競争構造分析**であり，その結果としてビジネス・チャンスをより正確に評価することが可能になる。

この競争構造を捉える視点にはさまざまなものが考えられている

が，以下にあげるのはその一例である。製品の特性により，どこに着目するかは当然異なってくるが，市場の規定は顧客の立場から，すなわち顧客の欲望と購買行動の結びつきに十分な配慮をしつつ行うことが重要であることを指摘しておきたい。マーケット・セグメンテーションと異なるのは，人ではなく製品間の競合状態に着目してその分析を行う点である。

競争構造を捉える基準変数の例としては，以下が考えられる。

(1) 伝統的な分類：大型車，普通車，小型車というような分類。
(2) 価格弾力性：ある製品の価格変化が他の製品の需要量にどの程度の影響を与えるかに着目して分類（第8章コラム⑲参照）。
(3) 使用目的，用途：プロ用のカメラ，アウトドア用のナイフなどの分類法。
(4) 使用場面（TPO）：朝のコーヒーと夕食後のコーヒーといった分類。
(5) ブランド遷移：購入ブランドの時系列的な変化，たとえば顧客のパネルデータなど（第3章参照）から分類。
(6) 知覚の類似性：あるブランドと他のブランドが似ているか，似ていないかに基づく分類。

このように市場を規定する尺度にさまざまなものがある以上，複数の尺度を組み合わせる場合も含めて，どのような切り口が優れているかを判断する視点が必要になってくる。市場の規定を評価する際に考慮しなければならない要因には，次のようなものがある。

(1) 直感的にわかりやすく，納得がいく。
(2) 消費者の視点から行っており，消費者の欲望と購買行動の結びつきを反映している。
(3) 規定された市場が，企業にとって値打ちがある（SWOT分析と同様）。

(4) 規定された市場の競争構造が，企業の現在における他製品との戦略的意図と密接に結び付いている。

5 競争構造分析のモデル

　特定の市場の中で，自社の製品がどの企業のどの製品と最も激しく競合することになるのかを分析するのが競争構造分析である。これを怠って新製品の開発を行ったり，闇雲にマーケティング活動を行ったりすると，競合他社の製品のシェアを奪うどころか，反対に自社の既存の製品にダメージを与えてしまうといったことも十分にありうる。とくに，市場が成熟して成長率が低い場合は注意を要する。このような問題意識から開発されたマーケティング・サイエンスのモデルは数多くある。ここでは，このような市場の競争構造を分析する方法としてよく知られている，**プロデジー**（PRODEGY）・**モデル**の説明を行いたい。

　プロデジー・モデルは，顧客の購買行動から競争市場構造を把握しようとするものである。このモデルに必要なデータは強制的遷移データと呼ばれているものである。これは，ある製品を強制的に顧客の選択対象から除外したときに，顧客はどの他ブランドを選択するかを測定したものである。スーパーマーケットやコンビニエンス・ストアで，自分が買いたいと思ったブランドがなかったときに，適当に他のブランドで間に合わせてしまうといったイメージに最もよく合っている。このようなデータから，競争構造の把握を行おうとするのである。

　プロデジー・モデルの基本的なアイデアは，既存の製品シェアに比例してシェアの変動が生じるといった無構造市場仮説と，分析者

が適当に考えた複数の構造仮説とを，比較・検討するというものである。つまり，ある競争構造を仮定したときに，ある製品がそれが含まれるマーケットから削除されたときに，もしその製品の購入者が，無構造市場仮説で予測される以上にそのマーケットの中の他の製品を購入するならば，マーケットはいくつかのサブマーケットにより構成されていると考える。すなわち，同じサブマーケットに属する競合するもの同士のほうが，激しくスイッチすると考えるのである。簡単な数字を示してこのことを説明すると，以下の例のようになる。

A，B，C，Dの4つのブランドが，それぞれ40，30，20，10%のシェアを持っていたとする。Aが削除されたときに，残りの3つは，シェアに比例して選択されるというのが無構造仮説である。この場合は，それぞれのシェアを $(1/(1-0.4))$ 倍すればいい。したがって，B，C，Dが50，33.3，16.6%になったとすれば，無構造であるという仮説が支持される。しかし，B，C，Dが70，20，10%になったとしたら，どうなるであろうか。Aの購入者は無構造仮説で予想した以上にBにスイッチしたことになり，AとBが激しい競合関係にあると考えるのである。

プロデジー・モデルでは，この例のように，観察された遷移データから無構造市場仮説と対立仮説のどちらがよりもっともらしいかを，次のコラム②で説明されるプロセスで統計的に検証していく。

Column ② プロデジー・モデルによる検証

以下では，数値例を参考にしながら説明を行う。また，コイン投げのモデルと正規分布を利用した仮説検定の考え方については，コラム③や統計学の本を参考にしていただきたい。

(1) ステップⅠ：構造仮説を表現する

表1の数値例を見ていただきたい。ブランドA，B，C，Dが市場で競合関係にある。数値例は，横方向にスイッチが起きることを表してい

表1 プロデジー・モデルの数値例

(1) 実現値データ

	人数	A	B	P{A,B}	C	D	P{C,D}
A	40	0	30	0.75	6	4	0.25
B	20	12	0	0.6	4	4	0.4
C	30	5	7	0.4	0	18	0.6
D	10	1	1	0.2	8	0	0.8

(2) 無構造仮説のもとでの理論シェア

	人数	A	B	P{A,B}	C	D	P{C,D}
A	40	0	1/3	1/3	1/2	1/6	2/3
B	20	1/2	0	1/2	3/8	1/8	1/2
C	30	4/7	2/7	6/7	0	1/7	1/7
D	10	4/9	2/9	2/3	1/3	0	1/3

る。たとえば，(1)の実現値データは観測されたデータに基づいて作成されるが，ここではAを購入したかった40人が，Bに30人，Cに6人，Dに4人スイッチしたことを示している。いま，{A,B}が1つの，{C,D}がもう1つのサブマーケットを構成していると仮定してみよう。たとえば，清涼飲料マーケットで，炭酸入り飲料と炭酸なし飲料の2つに分割するといったイメージである。計算を容易にするために，そして，構造仮説をみやすくするために，表1のように，対角線の方向にサブマーケットが並ぶように，ブランドを並び替えるとよい。

Aが削除されたとき，無構造仮説のもとでのブランドBの理論シェアは，上述したように，$1/3(=0.2/(1-0.4))$になる。同様に，Cは2分の1に，Dは6分の1になる（行方向にみる）。そうすると，ブランドAが削除されたときには，B，C，Dの中で購入が行われるが，サブマーケット{A,B}の中で購入が行われる理論シェアは，3分の1と考えることができる。同様に，Bが削除されたときの{A,B}の理論シェアは2分の1，Cが削除されたときの{C,D}の理論シェアは7分の1，Dが削除されたときの{C,D}の理論シェアは3分の1になる。サブマ

ーケットに含まれるブランド数が増えた場合は，削除されたブランド以外のサブマーケットに含まれるブランドすべてについて，足し込まなくてはならないことに注意しよう。

(2) ステップⅡ：サブマーケットの実現値を計算し，理論値と比較する

ここで，実際に観察された事実から，サブマーケットに帰属する割合を計算してみよう。数値例では，AからBにスイッチした人は，40人中30人であるから，この場合は4分の3である。この数値は，無構造を仮定した場合の理論シェア3分の1に比べてずいぶんと大きい。したがって，データから判断する限りにおいて，無構造であると信じることは難しいように思われる。

このことを，もう少しフォーマルに検証するためにはどのようにしたらいいのであろうか。プロデジー・モデルでは，Aを購入したかった40人は，B，C，Dのどれかを選択するのに，Aが削除された影響を均等に考慮した新しいコインを投げると考える。すなわち，無構造を前提とした理論確率で表の出るコインを各人が投げると考えると，何人の人が同一のサブマーケットに滞留すると期待されるかを計算することができる。たとえば，数値例では，Aを購入したかった40人は，平均して$40/3 (=40 \times 1/3)$人が滞留すると期待される（実際は30人であった）。また，この場合の分散は，$80/9 (=40 \times 1/3 \times (1-1/3))$である。

試行回数，すなわち各ブランドの人数がある程度大きくなれば（おおむね30人程度），サブマーケットに滞留する人数は正規分布に従うと考えてよい。したがって，実現値の30人と無構造仮説での理論値40/3とが統計的に差があると考えてよいかどうかは，その差を標準偏差（分散の平方根）で割って（この値をz値という），通常の正規分布の仮説検定の枠組みに持っていけばよい。まったく同様に，B，C，Dについても，計算することができる。

(3) ステップⅢ：全体としての検定をするために集計する

個々のブランドについては，このようにして統計的な検定ができるが，全体として検定するにはどうしたらいいのであろうか。サンプル数が大きくなれば，二項分布は正規分布で近似できるから，個々の数値を合算

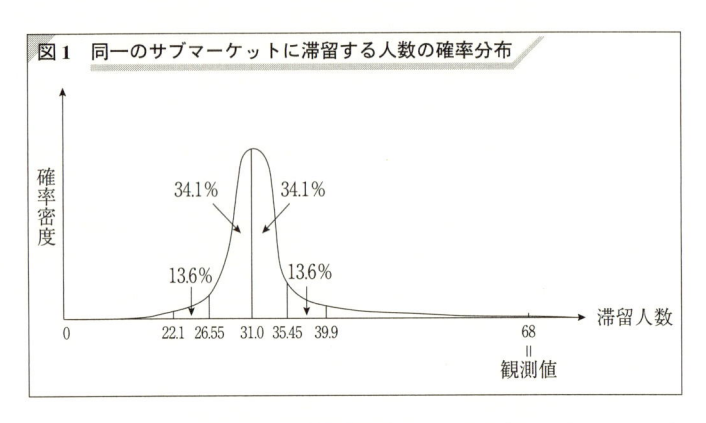

図1 同一のサブマーケットに滞留する人数の確率分布

確率密度

34.1%　34.1%
13.6%　13.6%

0　22.1　26.55　31.0　35.45　39.9　　　68　→ 滞留人数
　　　　　　　　　　　　　　　　　　＝
　　　　　　　　　　　　　　　　　観測値

していくことで，構造仮説と無構造仮説のどちらがもっともらしいかを統計的に検定することができる。数値例では，無構造仮説のもとで $\{A, B\}$，$\{C, D\}$ のサブマーケットに滞留すると期待される人数の期待値は，おおよそ31人となる（$40/3＋20/2＋30/7＋10/3$）。また，標準偏差は，おおよそ4.45になる（$80/9＋20/4＋180/49＋20/9$の平方根）。

この数値と，実現値とを対比すればよい。実現値は，68人（$30＋12＋18＋8$）である。これらの値を使って，z値を計算すると，おおよそ8.3となる（$(68－31)/4.45$）。z値が8.3というと，100万回に1回も起きることのない珍しいことが実現したということになる。このような珍しいことが起きたと考えるよりは，最初の理論値，すなわち無構造仮説が誤っていると考えるのが自然であろう。したがって，この数値例では，無構造ではなく，構造があると考えるほうが理にかなっているということになる。

これが正規分布を利用した統計的仮説検定である。ここで二項分布の試行回数が多いときに，滞留する人数が正規分布に従うのは，確率論の中心極限定理による。この定理によると，同一の確率分布から繰り返し抽出された実現値の平均（これは標本平均と呼ばれる）は，標本数（繰り返し回数）が十分に大きい場合（おおむね30以上）正規分布に近似できる。母集団の確率分布は全数調査をしない限り未知であるのだが，それがどのような形状をしていても標本平均は正規分布で近似できるた

め，統計では非常に重要な定理である．統計的仮説検定では，帰無仮説（この例では無構造仮説）に基づいて対象変数の確率分布を求める．そして観測値の出現する確率が一定の値（これは有意確率と呼ばれて通常5%や1%が用いられる）より低い場合，稀な現象が起きたと判断する代わりに，この帰無仮説を棄却する．

プロデジー・モデルは，アンケートで観測された同一のサブマーケットに滞留する人数を，無構造仮説のもとでの滞留人数の確率分布によって統計的仮説検定を適応したと解釈できる．これを視覚的に示したものが図1である．

Column ③ コイン投げのモデル

次のような問題を考えてみよう．表と裏が同じ程度に出ますよといわれたコインを10回投げたら，コインの表が8回出た．このとき，あなたならどう判断しますか，という問題である．表と裏が同じ程度に出るといった人が"うそ"をついているかどうか，どのようにしたら判断できるのであろうか．

実は，このコイン投げモデルにおける表の出る回数の分布は二項分布に従う．詳しくは，統計の教科書を見てもらいたいが，表の出る確率が0.5のコインを，10回投げたときに8回以上表が出る確率は次のように計算することができる．

$$P[8回以上表が出る] = (_{10}C_8 + {}_{10}C_9 + {}_{10}C_{10}) \times 0.5^8 \times 0.5^2$$

$_nC_x$でCはコンビネーションの略で，nからxを取り出す場合の数を表すオペレーターである．計算すると，そのようなことが起きる確率は20回に1回あるかないかという程度である．この結果を，珍しいことが実際に起こったと考えるよりも，はじめの前提すなわち表の出る確率が0.5であるということが間違っていると考えるほうが自然であろう．これが，仮説検定の考え方である．

ところで，この場合の数の計算は，試行回数が大きくなると非常に面倒である．ところが，コインの表の出る確率がいかに偏っていても，試行回数を増やしていくと，表の出る回数の分布は正規分布に近づいてくることが証明されている．この性質を利用すると，正規分布表を使ってもっと簡単に判断することが可能である．

二項分布の平均と分散は、以下の式で与えられる。

$$平均 = n \times p$$
$$分散 = n \times p \times (1-p)$$

ここで、n は試行回数で、p は表の出る確率である。

正規分布を仮定してよいのだから、実際に表の出た数から平均を引いて、標準偏差で割れば、標準偏差を単位として2つの数値がどの程度離れているか計算することができる。たとえば、表の出る確率が0.8のコインを100回投げて、70回表が出たとすれば、平均との差である10回は標準偏差で測ってちょうど2.5だけ離れていることが分かる。正規分布表を見れば、このようなことは5％以下でしか起きないことが簡単に読んで取れるのである。

6 市場規模の予測

市場規模・変化の予測

市場の競争構造と並んで、参入しようとする市場の規模がどれくらいあるのか、またそれが将来どのように変化するのかを知ることは、市場機会を評価するうえで非常に重要である。また市場規模の時間軸上の推移は、プロダクト・ライフサイクルの概念（第10章参照）にも深く関係する。ここでは、市場全体の規模が動的にどのように変化するかを予測するためによく用いられている、**バス（BASS）・モデル**を紹介する。

新しい製品カテゴリー（イノベーション）を消費者がいつ採用するかについて、普及率の成長を時系列で考慮するのが**トライアル・モデル**である。購買サイクルの長い耐久消費財などでは、予測期間中の反復購入を考慮する必要がないために普及率が売上げに直接連

動すると考えられる。最近の事例では，薄型テレビなどがあげられよう。購買サイクルが短い日常消費財では，製品カテゴリー（たとえば紙おむつやカット・サラダ）の普及予測に使われることがあるが，個々のブランドの実際の売上げはその試用購買率（トライアル率）のみならず反復購買率（リピート率）に大きく影響を受ける。このような製品の売上げはマーケティング戦略や戦術に大きく影響されるため，マーケティング・ミックスの説明が一通り終わった第10章で取り上げることにする。

バス・モデル　イノベーションの普及に関する研究によれば，社会にはイノベーションを採用すべきか否かを自分自身で決定する人々と，そのような人々の決定を待って追随していく人々の2つのタイプが存在することがわかった。バス・モデルでは，このような研究成果をモデル化するために，消費者を周囲の人に影響されずに自発的に購入（意思決定）する**イノベーター**と，口コミなどからすでに購入した消費者を模倣して購入を決断する**イミテーター**の2タイプから構成されると仮定する。周囲に購入した人の割合が増えるほど製品は購入されやすくなるが，全体に占める未購入者の割合はどんどん減少していく。

いま $F(t)$ を，t 期の時点までにすでに購入した消費者が市場規模 N に占める割合としよう。したがって，未購入者数は $[1-F(t)]N$ である。その中から，毎期，イノベーターは未購入者の一定の割合 p で発生し，イミテーターは既存の購入者の影響を受けて普及率 $F(t)$ に比例した割合 $qF(t)$ で発生すると考える。すると t 期の売上げ $n(t)$ は，以下のようになる。

$$n(t)=[p+qF(t)][1-F(t)]N \qquad (1.1)$$

1.1式にある p, q, N, 3つのパラメータを指定することによって，$t=0$ から毎期の売上げ $n(t)$ の予測が可能になる。図1-3は，

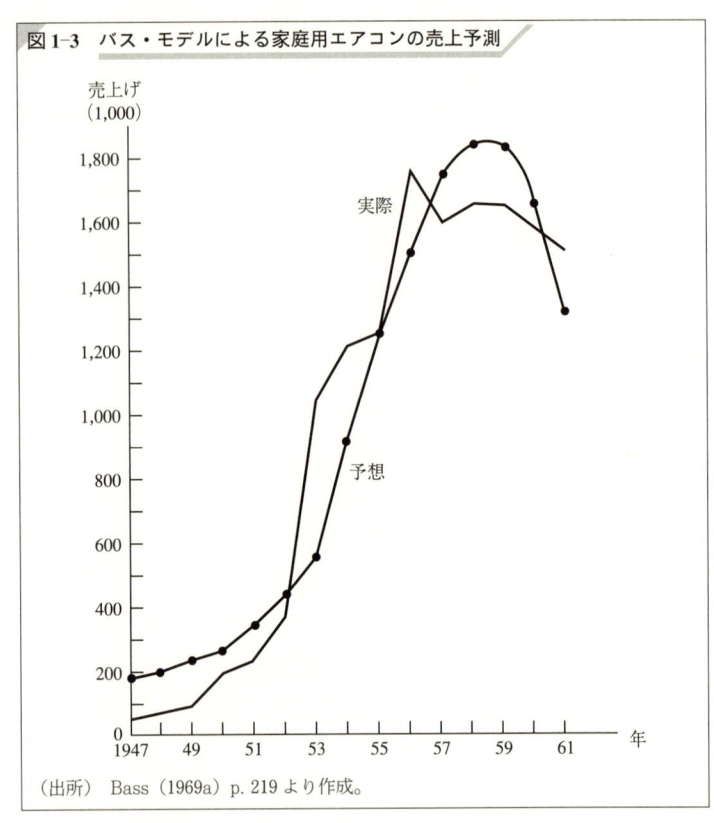

図1-3 バス・モデルによる家庭用エアコンの売上予測

(出所) Bass (1969a) p. 219 より作成。

アメリカでの家庭用エアコンの売上げをバス・モデルで予測したものである。

pとqはイノベーターと，イミテーターの発生率を表すため，それぞれイノベーター係数，イミテーター係数と呼ばれている。係数の値は製品カテゴリーの特徴によって異なり，模倣，口コミの影響の大きい製品ではpに対してqが大きくなる。Nは潜在的市場の最大規模を表す。**図1-4**は，$q<p$と$q>p$の場合の売上げ$n(t)$をプロットしたものである。自発的購入の影響が強い場合は，売上げは

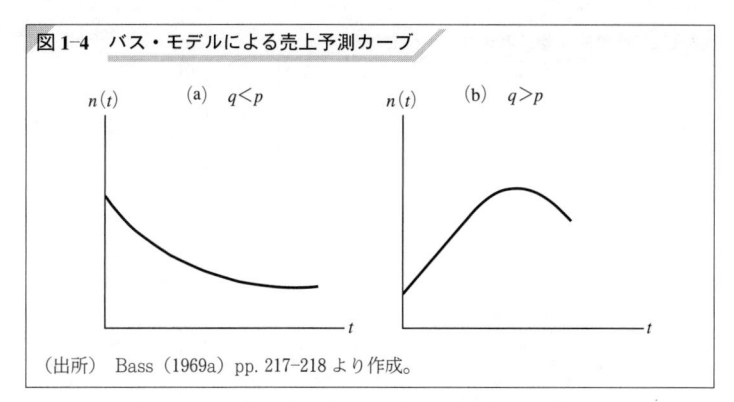

図1-4 バス・モデルによる売上予測カーブ

(a) $q<p$ の場合、$n(t)$ は時間 t に対して単調減少する曲線。

(b) $q>p$ の場合、$n(t)$ は時間 t に対して増加した後にピークを迎えて減少する曲線。

(出所) Bass (1969a) pp. 217-218 より作成。

最初がピークでその後減少傾向にあるが,模倣の影響が十分に強い場合,しばらくの間,売上げは逆に増加する傾向にある。

表1-2 は代表的な製品カテゴリーにおける p, q を計算したものである。これによると,p と q の平均はそれぞれ 0.03 と 0.38 である。

市場導入前に 1.1 式に基づいて予測を行うためには,市場調査やテスト・マーケティングの結果,過去の類似新製品におけるパラメータの値,あるいはデルファイ法によるマネジャーの主観や経験などに基づいて $p,\ q,\ N$ の3つのパラメータを設定しなければならない。

新製品の投入後,数期の売上データが入手できたならば,これらのパラメータをデータによって推定することが可能になる。購入者数を $N(t)=F(t)N$ と置くと,$n(t)=dN(t)/dt$ なので 1.1 式は $N(t)$ の微分方程式となる。データは通常,離散的時間 t で与えられているので,1.1 式を展開して,左辺の時間を1期間遅らせて,

$$n(t+1) = pN + (q-p)N(t) - \frac{q}{N}N(t)^2$$
$$= a + bN(t) + cN(t)^2 \qquad (1.2)$$

とすれば,理論的には初めの3期以上のデータがあれば,回帰分析

表 1-2 代表的な製品カテゴリーにおける p, q, N

製品／技術	分析期間	p	q	N
農業				
トラクター	1920-64	.000	.142	5,144.0
交配種トウモロコシ	1926-41	.000	.797	100.0
人工授精	1942-59	.028	.307	73.2
干し草	1942-59	.013	.455	92.2
医療機器				
超音波画像診断法	1964-78	.000	.534	85.8
乳腺造影	1964-78	.000	.729	57.1
CT スキャナー（50-99 ベッド）	1979-93	.036	.375	57.5
CT スキャナー（>100 ベッド）	1973-93	.028	.292	94.5
製造技術				
純酸素製鉄溶鉱炉（米）	1954-80	.000	.503	62.9
純酸素製鉄溶鉱炉（仏）	1960-80	.013	.374	85.2
純酸素製鉄溶鉱炉（日）	1958-75	.044	.325	85.3
蒸気商船（英）	1810-1965	.006	.259	86.7
プラスチック牛乳容器（1 ガロン）	1963-87	.021	.245	101.5
プラスチック牛乳容器（半ガロン）	1963-87	.000	.280	25.5
スキャナー付き店舗（西ドイツ）	1980-93	.001	.605	16,702.0
スキャナー付き店舗（デンマーク）	1980-93	.076	.540	2,061.0
電化製品				
エアコン	1949-79	.006	.185	60.5
ベッドカバー	1948-79	.008	.130	72.2
ミキサー	1948-79	.000	.260	54.5
缶切り	1960-79	.050	.126	68.0
コーヒー・メーカー	1954-79	.056	.000	127.6
乾燥機	1948-79	.009	.143	70.1
洗濯機	1922-79	.000	.111	96.4
ドリップ式コーヒー・メーカー	1973-79	.077	1.106	32.2
ヘア・アイロン	1973-79	.101	.762	29.9
食器洗い機	1948-79	.000	.213	47.7
生ゴミ処理機	1948-79	.000	.179	50.4
フォンデュ用鍋	1971-79	.166	.440	4.6
冷凍庫	1948-79	.013	.000	129.7
フライパン	1956-79	.142	.000	65.6
ヘア・ドライヤー	1971-79	.055	.399	51.6
ホット・プレート	1931-79	.056	.000	26.3
電子レンジ	1971-90	.002	.357	91.6
泡立て器	1948-79	.000	.134	97.7
レンジ	1924-79	.004	.065	63.6
はめ込み式レンジ	1956-79	.038	.014	32.6
冷蔵庫	1925-79	.017	.188	101.1
密閉式電気鍋	1973-79	.000	1.152	34.4
アイロン	1949-79	.033	.116	102.1
トースター	1922-79	.030	.000	123.8
電気掃除機	1922-79	.000	.066	120.3
消費者向け電子機器				
ケーブル・テレビ	1980-94	.100	.060	68.0
計算器	1972-79	.145	.495	101.1
CD プレーヤー	1987-92	.157	.000	68.8
家庭用パソコン	1981-88	.121	.281	25.8
留守番電話	1987-92	.259	.041	53.6
白黒テレビ	1948-79	.106	.235	98.1
カラーテレビ	1964-79	.059	.130	103.1
ビデオカセット・レコーダー	1980-94	.025	.603	76.3
平　均		0.03	0.38	

（出所）Lilien and Rangaswamy (2001) より作成。

により a, b, c を推定することができ，p, q, N が求められる。データ数が少ないと実際にはパラメータの推定が不安定になるので，過去の類似カテゴリーの値を事前情報として利用したベイズ的推定法などが提案されている。

このモデルは**普及モデル**とも呼ばれ，マーケティング・サイエンスの分野では広く研究されている。通常は，独占的な新製品や革新的製品カテゴリー全体（たとえば電子レンジや DVD プレーヤーなど）の需要予測に用いられる。このモデルの拡張として，価格や広告などのマーケティング変数を組み込んだり，潜在的市場規模を時間に依存させたり，競合ブランドが存在する状況に応用されたりしている。競争のあるカテゴリー内での個別ブランドの売上げに適用するためには，ブランド間のマーケティング活動を考慮する必要がある。

➡課　題

1. 特定の企業における1つの事業領域を取り上げ，グループで SWOT 分析の要因を評価し話し合ってみよう。
2. 次ページの表は，清涼飲料の強制的ブランド遷移データである。プロデジー・モデルを念頭に，たとえば，「コーラがなかったら何を買うか？」という聞き方をして集められたデータである。各自で，競争構造を適当に考えてみよう。
3. ビール系飲料の中でも，最近ではアルコール分がまったくない製品が登場した。これらの商品をどのような市場として分類することが適切か考えてみよう。
   (1) 実際の売場に行って，アルコール分がまったくないビール系飲料がどの棚に並べられているか観察しなさい。ビール以外の飲料と一緒に売られているビール系飲料はありますか。
   (2) 消費者の立場から，アルコール分がないビール系飲料の市場を規定するためには，どのような調査を考えたらいいか，考えてみよう。

表 ブランド遷移データの例

First Choice Brand	N (share)	Second Choice Brand														
		(1)	(2)	(3)	(4)	(5)	(6)	(7)	(8)	(9)	(10)	(11)	(12)	(13)	(14)	(15)
(1)コカ・コーラ	743(25.7%)	—	117	67	147	93	55	64	42	24	29	11	11	24	15	44
(2)ペプシ	46 (1.6%)	25	—	3	5	2	2	4	3	2	0	0	0	0	0	0
(3)コカ・コーラ・ライト	67 (2.3%)	24	5	—	6	7	4	3	3	6	1	0	1	2	1	4
(4)スプライト	223 (7.7%)	45	0	3	—	69	40	31	10	2	8	0	6	6	1	2
(5)キリンレモン	221 (7.6%)	22	3	6	53	—	17	62	6	5	8	0	5	29	2	3
(6)ファンタ	114 (4.0%)	20	0	2	22	13	—	6	5	7	4	2	5	16	5	7
(7)三ツ矢サイダー	168 (5.8%)	24	3	1	44	50	10	—	6	0	8	2	1	15	0	4
(8)ポカリスエット	285 (9.9%)	16	6	7	16	17	4	7	—	156	22	1	5	13	3	12
(9)アクエリアス	214 (7.4%)	26	4	6	11	8	10	3	105	—	9	7	5	6	8	6
(10)オロナミンC	130 (4.5%)	25	0	2	1	12	7	13	22	4	—	21	1	4	4	14
(11)リアルゴールド	24 (0.8%)	1	0	0	1	0	0	1	3	3	10	—	0	0	1	4
(12)Sunfil	117 (4.1%)	6	0	0	4	5	10	4	6	10	3	0	—	59	5	5
(13)キリンオレンジ	169 (5.9%)	12	1	0	9	38	21	8	4	6	4	0	37	—	5	24
(14)ジョージア	105 (3.6%)	9	0	0	3	1	3	2	2	4	2	1	5	4	—	69
(15)UCC	264 (9.1%)	28	1	2	7	7	4	3	13	4	15	2	5	19	154	—

ヒント：たとえば，炭酸入りとそれ以外に市場を分割してみよ。
(出所) 大澤編 (1992) 175頁より作成。

(3) アルコール分ゼロのビール系飲料をポカリスエットのような飲み物の隣に並べることについて，どのように考えますか。どのようなメリット，デメリットが考えられますか。

(4) 新しい商品カテゴリーとして，アルコール分ゼロのビール市場を創造するために有効なマーケティング活動を考えてみよう。

4 コラム③の $P[8回以上表が出る]$ を計算してみよう。

5 Webエクササイズ

http://www2.kke.co.jp/marketingscience にアクセスしよう。

第2章　消費者行動

> ●イントロダクション：消費者行動モデルとは
>
> 　製造業者であれサービス業者であれ，自社で扱っている製品やサービスのユーザーがどういう人々なのかを知り，どういった行動をとっているのかを理解することは非常に重要である。製品がどのように買われ，どのように消費されているかを知ることは企業にとって大きな意味がある。しかしながら，消費者の行動は多くの要因の影響を受け，非常に複雑な様相を示すのが普通である。当該企業のマーケティング活動が消費者の行動に影響を与えることはもちろんだが，競争企業のマーケティング活動による影響もある。さらに，経済や社会の動向，天候や曜日などさまざまな要因が消費者行動に影響を及ぼしている。こうした複雑な現象を捉えるためには，消費者行動を理解しやすいかたちに整理し直す必要がある。その理解しやすいかたちは，概念的な図であるかもしれないし，言葉による簡潔な記述かもしれない。あるいは数式による記述が，消費者行動の深い理解のための助けになる場合もあるだろう。このように非常に複雑で，多くの要因の影響を受けている消費者行動を理解しやすいかたちに整理して提示する役割を果たすものが，消費者行動のモデルである。本章では，消費者行動のモデルについて説明する。

1 消費者行動のさまざまな側面

　消費者行動にはいくつかの側面がある。製品の購買行動も1つの側面であるし，製品を保有したり消費したり廃棄したりすることも消費者行動の一側面である。実務においてマーケティング関連の仕

事をしている実務家やマーケティング研究者にとっては，こうした消費者行動全体が関心事となる。あるいは，消費者としての行動がその人の生活の中にどのように位置付けられているかという視点を考えると，人々の生活行動全体が関心事になるかもしれない。

しかしながら，マーケティング担当者にとっての最も強い関心事が，消費者の購買行動であることは間違いない。なぜなら，消費者の購買によって自社製品の売上げやシェアが直接的に形成されるからである。企業のマーケティング活動の多くは，消費者の購買を獲得することを目的として繰り広げられている。こうしたことを背景とし，これまでに研究，提示されてきた消費者行動モデルは，消費者行動の多様な側面のうち購買行動に焦点が当てられたものがほとんどであるといっても過言ではない。本章においても，消費者行動モデルのうち消費者の購買行動に関連したモデルに焦点を当て，以下解説していこう。

2 消費者の購買行動プロセス

消費者の購買行動プロセスは，問題認識—情報探索—評価—購買決定—購買後の行動という各段階で，一般には捉えられる。消費者はまず生活上の問題を認識し，その問題を解決するために購買を行い，それを実際に使用した経験が次の購買に影響を及ぼす。購買決定に先立って，消費者は製品や店舗に関する情報探索を行い，選択肢を評価する。上記のような，それぞれの段階において実務家や研究者の関心対象となる変数を整理したものが**表2-1**である。以下では，それぞれの段階ごとに代表的な消費者行動モデルを説明しよう。

表2-1 購買行動のプロセスと検討対象となる変数

段　　階	問題認識	情報探索	評価	購買	購買後の行動
対象となる変数	ニーズの喚起 家庭内ストック	認　知 考慮集合 選択集合	知覚 選好	時期 選択 量	満　足 口コミ

（出所）Roberts and Lilien（1993）をもとに修正。

問題認識　消費者の購買行動プロセスは，消費者が生活上の問題を認識したときに始まる。この生活上の問題を解決するために，消費者は製品の購買を行う。消費者の生活上の問題にはさまざまな種類があるが，それが製品を消費することで解決されると認識された場合には製品に対するニーズが喚起されることになる。こうした消費者の生活上の問題はさまざまな要因によって顕在化する。

消費者の内的な要因によって，それが顕在化することもある。内的要因は，消費者の生理的な欲求や社会的欲求などに基づく欲求であり，これらの欲求によってニーズが生じる場合がある。また，食品や日用雑貨のような必需品に位置付けられる製品カテゴリーの場合には，消費者の欲求は常に存在しており，家庭内の在庫が減ったり，なくなってしまったりしたことが引き金となってニーズが顕在化するということになる。たとえば，衣料洗剤はほとんどの家庭では必需品であり，家庭内のストックがなくなると購買が発生する。

こうした内的要因によるほかに，外的な刺激によってニーズが喚起される場合もある。新製品の広告に接してニーズが喚起されるのは，こうした例の1つである。あるいは，先述した洗剤のような必需品の場合に，まだ家庭に十分な在庫があるにもかかわらず，何らかのプロモーションに接した消費者のニーズが喚起され，追加分のストックとして購入の決定がされるような場合もある。

特定の製品カテゴリーに対する消費者のニーズが喚起されると，それがすぐに購買の意思決定につながる場合もあれば，以降の情報探索などのプロセスを経てから購買意思決定につながる場合もある。たとえば，必需品のストックや使い置きの製品が切れてしまったことに気づいた際には，ただちに購買意思決定がなされるだろう。逆に，ある消費者がパソコンに対するニーズを覚えたとしても，いろいろな製品に関する情報探索を行い評価を行った結果，いまは買い時ではないと判断するかもしれない。このように，消費者に問題認識がされニーズが喚起された後に，どのように購買意思決定に結び付くかについてはいろいろなパターンが考えられる。購買時期の決定については，購買決定の項で説明する。

情報探索

　特定カテゴリーに対するニーズが喚起されると，情報探索がなされる。このとき，消費者が利用可能な情報源にはさまざまなものがある。自分自身の使用経験も有力な情報となるし，家族や知人の意見や，広告，販売員の推奨なども情報源の1つである。ここで，消費者がどの程度熱心に情報探索を行うのかということには，消費者の対象製品カテゴリーに対する関与が大きく影響する。**関与**とは「対象への関心度，重要度」の高低を表す概念であり，高関与の場合には広範な情報探索が行われ，低関与の場合には手近な情報だけが探索される傾向がある。一般に日常的な買物の対象となる製品カテゴリーの関与は低い場合が多いが，こうした製品カテゴリーの買物に際しては，事前の情報探索がほとんどされずに，購買時点において手短な情報探索がなされることが知られている。

　このように消費者の製品に対する関与によって情報探索の範囲は異なるが，いずれにしても，情報収集を通じて消費者は市場に存在するさまざまなブランドの特徴を把握することになる。ただし，た

> **図 2–1　選択肢の絞込みプロセス**
>
> 入手可能集合 ➡ 知名集合 ➡ 考慮集合 ➡ 選択集合 ➡ 選　　択

とえ高関与製品の場合にも，消費者は市場に存在するすべての製品に関して詳細な情報収集を行い，評価を行うわけではない。消費者は市場に存在する選択肢を，選択対象となりうる少数に絞り込んでいき，絞り込まれた選択肢について評価を行う。**図 2–1** はこうした絞り込みの流れを表している。

　まず，消費者は入手可能なすべての選択肢の存在を知っているわけではなく，そのうちの一部についてその存在を認識しているにすぎない。消費者が存在を認識している選択肢からなる集合は**知名集合**と呼ばれる。知名集合のうちのいくつかの選択肢は消費者のニーズに合致している。たとえば，乗用車を買おうと考えている消費者は，知っている車のすべてを考慮対象とするわけではない。ある消費者にとっては，数ある乗用車のうちワンボックス・カーだけが考慮対象になるかもしれない。考慮対象となる選択肢からなる集合は**考慮集合**と呼ばれる。さらに，この考慮集合の中から少数の選択肢に絞込みが行われる。このようにして絞り込まれた，最終的な選択場面における選択肢の集合は**選択集合**と呼ばれる。さらに，選択集合内の選択肢を評価・検討することによって消費者は最終的な購入ブランドを決定する。

評　　価

　消費者がブランドをどのように評価するのかを検討する際に重要となる概念は，消費者の**知覚**と**選好**である。ここで，消費者のブランドに対する知覚を把握するためには 2 つのことを知る必要がある。1 つは，消費者がブランドの特徴を知覚，理解するためにどのような評価軸を用いて

いるかという点であり、もう1つは、それらの評価軸上において各ブランドをどのように位置付けているかという点である。たとえば、ある消費者は乗用車に関する主な評価軸として、安全性、居住性、経済性という3つを用いているかもしれない。それぞれのブランドは3つの評価軸上に位置付けられることになる。もちろん、このときの位置付けはあくまでもその消費者による心理的な位置付けであり、たとえば実際の車内空間の物理的な広さがそのまま居住性の評価につながるわけではない。

消費者による知覚に基づいて選好が形成される。乗用車に関して居住性を重視する人は、居住性軸上で秀でた位置付けにあるブランドへの選好が高くなるだろう。それぞれの評価軸のバランスを重視する消費者は3つの評価軸上でバランスのとれた位置にあるブランドに対し高い選好を示すだろう。以降では、知覚と選好についてそれぞれ詳しく説明しよう。

知　覚

特定の製品市場におけるさまざまなブランドに関する消費者の知覚を図示したものを、**知覚マップ**（perception map）ないしは**プロダクト・マップ**（product map）と呼ぶ。知覚マップを描くためによく利用される方法は2通りある。1つは、ブランド間の類似度をもとにしてマップを描く方法であり、分析手法としては、**多次元尺度構成法**（multidimensional scaling: MDS）が一般的に用いられる。もう1つは、対象ブランドの持つさまざまな属性に関する評定データをもとにマップを作成する方法であり、分析手法としては**因子分析**がよく用いられる。

まず、ブランド間の類似度に基づく方法について説明しよう。この方法では、消費者のブランド間の類似度に関する知覚を何らかの方法で測定し、その類似度データをもとに知覚マップを作成する。類似度が高いと知覚されたブランド同士は近接して位置付けられ、

似ていないと知覚されたブランド同士は遠くに位置付けられるように知覚マップが作成される。類似度の測定が順序尺度でなされた場合には、似ている順序を再現するようにマップが作成される。また、類似度が間隔尺度で測定された場合には、類似度に関する基準化された数値をできるだけ再現するようにマップが作成されることになる。

表2-2は東京6大学の類似度データの仮想例である。ここでは数値が小さいほど類似度が高いことを示している。表2-2の類似度が間隔尺度によって測定されたものだと仮定しよう。MDSによって表2-2の類似度を再現するように図を描くと、図2-2のような2次元の図が得られる。この図は、表2-2の類似度をできるだけ再現するように描かれている。したがって、図の中で近くに位置付けられた大学は類似していると解釈され、遠くに位置付けられた大学は似ていないと解釈できる。たとえば、法政大学に焦点を当てると、類似度1というように最も似ていると評価された明治大学とは知覚マップ上の布置が近接している。次いで、類似度3と判定された早稲田大学、立教大学が中間的な距離となり、類似度5の東京大学、慶應義塾大学が最も遠い位置付けになっている。

MDSによって得られた知覚マップからは、軸の直接的な解釈は得られない。MDSによる知覚マップでは、対象間の類似度を図中における対象間の距離によって再現している。対象間の距離は、軸を回転しても不変であるため、軸の回転を自由に行うことができる。得られた知覚マップについて軸の回転を行うことによって、軸の解釈をしやすくすることも可能である。

知覚マップを作成するためのもう1つの方法は、属性データに基づくものである。たとえば、ビールの味に関する属性が、「コクがある」「キレがある」「後味がすっきりしている」「喉ごしがよい」

表 2-2 東京 6 大学の類似度に関する仮想データ

	東京大	早稲田大	慶應大	立教大	明治大	法政大
東京大	—					
早稲田大	3	—				
慶應大	3	3	—			
立教大	4	5	2	—		
明治大	4	2	4	3	—	
法政大	5	3	5	3	1	—

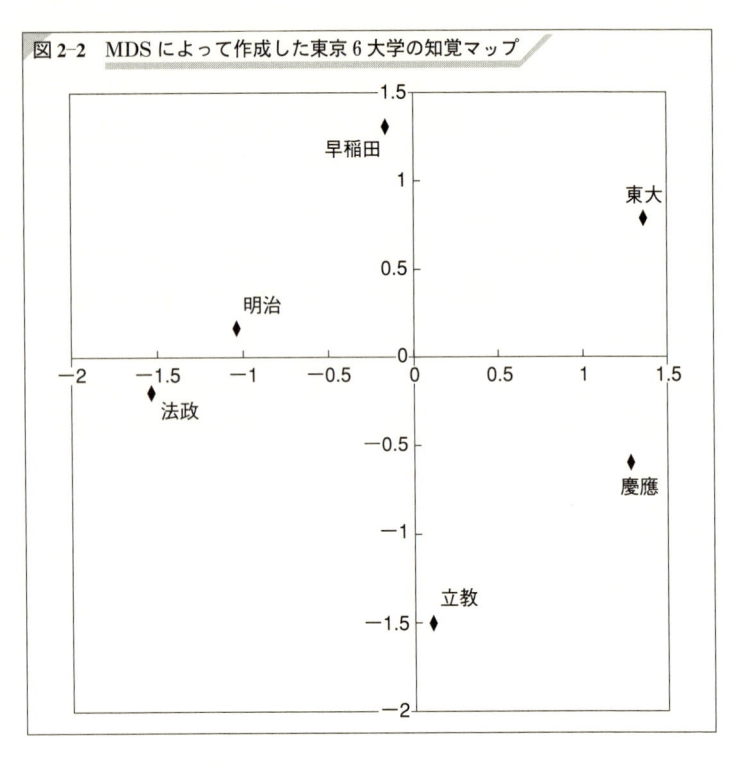

図 2-2 MDS によって作成した東京 6 大学の知覚マップ

「飲み応えがある」「重厚な味である」という6つの質問項目によって把握できると仮定しよう。この仮定から，対象となるビールのブランドについての上記項目に関する評定を出発点として知覚マップを描くことができる。

ここでは，仮想データを利用して分析方法を説明しよう。説明の都合上，被験者を3名とし，対象ブランドをスーパードライ，一番搾り，エビス，モルツの4つとする。それぞれの被験者が各対象ブランドについて6つの項目に関して，**表2-3**のように評定したとしよう。主因子法によって因子抽出を行い，バリマックス回転を行った後の因子負荷量は**表2-4**のようになる。ここから，因子①は「重厚な味—すっきりした味」に関する因子，因子②は，「キレ—コク」を左右する因子というように解釈することができる。さらに，3名の被験者のブランドごとに求められた因子得点をプロットすると**図2-3**が得られる。それぞれのブランド名に近接した3つの点は3名の被験者を表している。各ブランドの位置は，各回答者の対象点の重心を求めることによって定めることができる。

このように，対象ブランドに関する属性評定データをもとに因子分析によって知覚マップを描くことができる。こうして得られた知覚マップは，利用した属性評定項目との関連で知覚マップ上の軸（因子）を容易に解釈できる。このことは，先に見た類似度による方法に比べた大きな利点である。反面，属性評定による方法では，言語的表現を媒介とするために，言葉では表現しにくい属性や，同じ言葉でも人によって解釈がまちまちになってしまう危険性があるような属性は利用しにくい。こうした場合には，類似度データを利用する方法に利点がある。

なお，近年では，消費者の個人別・世帯別の購買履歴データが普及してきたこともあり，ここで説明したような質問法による調査デ

表 2-3 ビールのブランドの味覚属性に対する仮想的評定データ

被験者No.	ブランド	コク	キレ	後味	喉ごし	飲み応え	重厚
1	スーパードライ	2	5	4	4	3	1
1	一番搾り	2	3	5	3	1	1
1	エビス	5	1	2	3	5	5
1	モルツ	4	3	3	2	2	3
2	スーパードライ	2	5	3	4	3	2
2	一番搾り	2	3	5	3	2	1
2	エビス	5	2	1	2	4	4
2	モルツ	4	2	3	3	2	3
3	スーパードライ	1	5	3	4	2	2
3	一番搾り	3	4	5	3	1	1
3	エビス	5	1	2	2	5	4
3	モルツ	4	2	3	2	3	2

表 2-4 ビールの味覚属性の評定項目と因子負荷量（バリマックス回転後）

	因子①	因子②
1. コクがある	0.539	−0.812
2. キレがある	−0.387	0.825
3. 後味がすっきりしている	−0.904	0.192
4. 喉ごしがいい	−0.101	0.891
5. 飲み応えがある	0.852	−0.230
6. 重厚な味だ	0.829	−0.453

ータではなく、購買の結果を利用して知覚マップを描こうという試みが活発に行われている。ただし、購買履歴データを利用した場合には、消費者の知覚を直接測定したわけではないので、知覚マップという用語よりもプロダクト・マップという用語が一般に用いられる。

こうした方法の出発点としては、たとえば、一定期間中にそれぞれの消費者が対象ブランドをいくつ購買したかというデータが利用される。期間中1つのブランドしか買っていない消費者もいるだろうし、複数のブランドを購入している消費者も存在するだろう。ここから、同じ消費者に購入されているブランド同士は類似性が高く、同一の消費者にはほとんど買われないブランド同士は類似性が低い

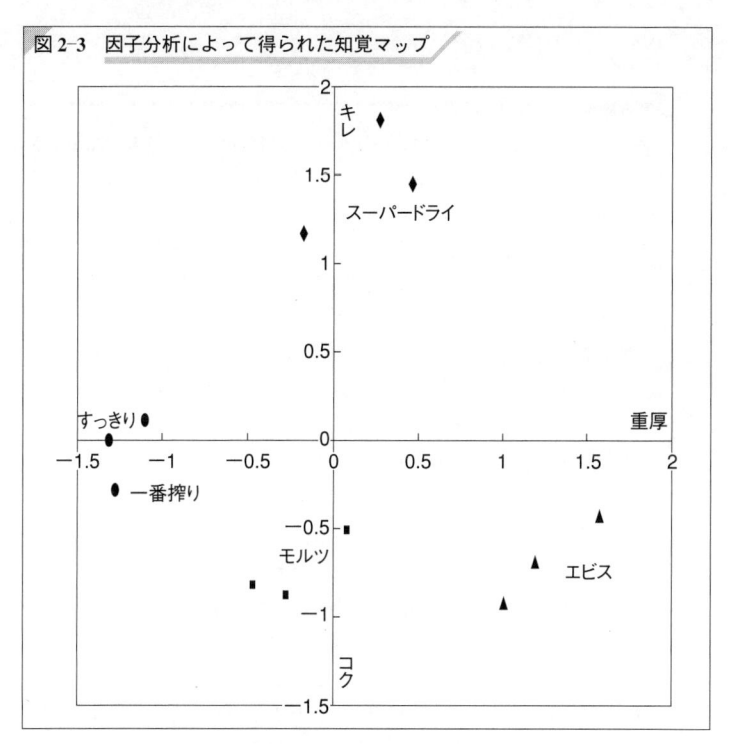

図2-3 因子分析によって得られた知覚マップ

ということを仮定し，類似度を表現するようにデータを変換することによって，先に見た類似度データによる方法と同様の方法が利用できる。また，消費者ごとのブランド購買状況に影響を与えている因子が存在することを仮定することによって，購買データに因子分析による方法を適用することもできる。

たとえば，図2-3のような特徴が仮に当てはまるとすると，エビスやモルツを購買している人はスーパードライをあまり買わずに，逆にスーパードライの購買本数が多い人はエビスやモルツをあまり買っていないという結果が購買データから得られるはずであり，そうした嗜好の相違を説明しうる因子として「キレ―コク」因子を抽

出できるだろう。

Column④　因子分析

　マーケティングも含めた社会科学の分野では，何かの対象を測定しようとする場合，直接的に測定することが困難であり，間接的に測定せざるをえない場合がある。この場合，ある1つの項目を測定しようとするときに，多数の要因が測定に影響する。因子分析は，多数の要因が影響しているいくつかの測定変数をもとに，そこに関与している要因（因子）を明らかにする方法である。マーケティングでは，知覚マップの作成で用いられるほかにも，さまざまな場面で因子分析が利用されている。ここでは，因子分析について簡単に解説する。なお，分析手法や応用に関する詳細な解説は，柳井他（1990）などを参照してほしい。

　統計ソフトなどを利用して因子分析を実行するといろいろな指標がアウトプットされるが，その中でも重要なものの1つが因子負荷量である。因子負荷量は，因子と項目との相関係数であり，−1から1までの値をとる。したがって，表2-4に示されている因子負荷量は，6つの質問項目とそれぞれの因子との相関係数であり，両者の結び付きの強さを表していることになる。ここから，本文中でも述べているように，因子①は「重厚な味―すっきりした味」に関する因子，因子②は「キレ―コク」を左右する因子というように解釈することができる。

　因子負荷量が因子と項目との結び付きの強さを表すのに対し，因子得点は調査対象と因子との結び付きの強さを表す。因子得点は，対象間の平均が0，標準偏差が1となるように基準化されて求められる。図2-3の例では，対象が各被験者のそれぞれのビールに対する評価であり，それらと2つの因子との結び付きの強さが，因子得点として表されている。たとえば，3人の被験者のスーパードライに対する評価は，「キレ―コク」に関する因子と正の方向で強く結び付いており，同様に一番搾りに対する評価は「重厚な味―すっきりした味」に関する因子と負の方向で強く結び付いているということになる。

　なお，被験者の数が多くなると図2-3上にプロットされる点の数が多くなり，知覚マップ上における製品間の位置関係が捉えづらくなる。このことを回避するための1つの方法は，それぞれの製品について，各被

験者の因子得点の平均値を因子ごとに求めて知覚マップを作成するというものである。その場合にも，図2-3のようにすべての被験者の値をプロットすることによって，それぞれの製品に対する知覚の分散を確認することも有用である。

| 選　好 |

選好とは「消費者個人が選択対象について感じる主観的評価」であり，それには個人の感情的反応と合理的思考の両方が反映される。選好と類似した用語に効用があり，両者が異なる意味で使われる場合もあるが，本書では選好と効用という用語をほぼ同義に用いる。

上述したように，選好とは消費者の主観的評価である。ここで，消費者の製品に対する主観的評価を分析者が捕捉しようとする場合には，通常ある前提が置かれる。それは，消費者は製品を属性の束であると見なしているという前提である。消費者にとって関心の高い属性は製品カテゴリーによって異なるし，また同じ製品カテゴリーであっても，どの属性を重視するかは消費者によって異なる。こうしたことを土台として，消費者による主観的評価である選好をどのように捕捉できるかを見ていこう。

消費者による製品の評価方法にはいくつかのタイプがあるとされている。この評価方法のタイプは大きく2つに分けることができる。1つは**補償型**の評価方法であり，もう1つは**非補償型**の評価方法である。補償型の評価方法の代表的なものは，**加算型**と呼ばれるものであり，特定の対象iに対する評価A_iは，その対象の属性jに対する評価b_{ij}と，その属性の重要度h_jとの積和によって，次のように規定される。

$$A_i = \sum_j h_j b_{ij} \qquad (2.1)$$

2　消費者の購買行動プロセス

2.1式によって対象への選好が規定されると考えると,特定の属性に関する評価が劣っている場合でも,他の優れた属性の評価によってそれを補うことが可能となる。このような性質から,2.1式のような評価方法は補償型と呼ばれている。補償型の評価方法が適用された場合には,その総合評価 A_i によって対象の選好順序が決定される。

もちろん,現実の消費者の購買においては,2.1式における属性評価と重要度を実際に計算して評価を行うことは稀だろう。ただし,重要な属性に関してその重要度と各選択肢の評価とを考え合わせて総合的な評価を下そうという,この方法の基本的なフレームは実際の購買意思決定場面においてもしばしば見られると考えられる。

しかしながら,選択肢の数や考慮すべき属性数が多い場合には,より簡略化した方法による評価が求められてくる。また,選択肢や考慮すべき属性数がそれほど多くない場合でも,対象への関与が低い場合には,やはり簡略化された方法がとられがちになる。非補償型の評価方法は,こうした簡略化を企図した評価方法である。非補償型の評価方法の代表的なものとして,ここでは,**連結型,分離型,辞書編纂型**という3つの方法を見てみよう。

連結型の評価方法は,考慮すべきすべての属性について必要条件を設定し,すべての必要条件を満たす選択肢は許容される選好の範囲に入るというものである。連結型の評価方法を用いて購買決定を行う場合には,選択肢別の評価を行いながら,すべての必要条件を満たす最初に出合った選択肢が購買されることになる。これは,H.サイモンのいう満足化原理に最もかなった選択の方法である。また,先述した考慮集合や選択集合の形成のフェーズにおいて連結型の評価方法が利用される場合も多いと考えられる。この場合は,すべての必要条件を満たす複数の選択肢が,選択集合を形成する選択肢と

して選ばれることになる。

分離型の評価方法は，考慮すべきすべての属性について十分条件を設定し，1つの属性でもその十分条件を満たすのであれば，他の属性の値にかかわらず，その選択肢をピックアップするというものである。この評価方法が購買決定において利用される場合には，十分条件をクリアした最初の選択肢が購買されることになる。連結型と同様に，この方法によって考慮集合や選択集合が形成される場合も多いと考えられる。

最後に辞書編纂型の評価方法について説明しよう。これは，最も重要な属性に着目し，その属性について最も高く評価される選択肢をピックアップするというものである。最重要属性で同評価の選択肢が複数ある場合には，次に重要な属性について評価が行われる。さらに，それでも同評価となる複数の選択肢が残った場合には，その次に重要な属性についての比較が行われる。このようにして，最終的に1つの選択肢がピックアップされるという評価方法である。

購買決定

購買決定にはいくつかの側面がある。1つは購買時期の決定である。前述したように，ニーズが喚起された時点で購買決定が即座になされる場合もある。また，選択肢が決定された後に，その製品の価格などの条件を見極めながら購買時期が決定される場合もあるだろう。いつ購買が発生するかという問題に焦点を当てたモデルは**購買生起モデル**（purchase incidence model）と呼ばれる。次にどのチャネルや店舗で購買するかという決定がある。実際の店舗で買うのか，電話やファクシミリで注文するのか，あるいはネットを使うのか，そしてその場合どの小売店からなのか。これらの問題は店舗選択モデル（store choice model）で扱われる。もう1つの購買決定の側面は，どのブランドを選択するかという意思決定である。この問題に焦点を当て

たモデルは**ブランド選択モデル**（brand choice model）と呼ばれる。最後に，選択されたブランドをどのくらいの量購入するかという問題もある。**購買量モデル**（purchase volume model）がこうした問題を扱う。

上記の購買決定のうち，実務家の関心は主としてブランド選択にある。学術的にも主たる関心がブランド選択に向けられてきたこともあり，圧倒的に多くの研究がブランド選択モデルを中心になされてきた。そこで，以下では，とくにブランド選択モデルに焦点を当てて説明しよう。

ブランド選択モデル

先述したように，消費者が選好を形成する際に用いられる評価方法には，大きく分けて補償型と非補償型がある。ブランド選択モデルにおいても，この2つのルールを仮定したものがそれぞれ存在する。消費者による選択肢の評価方法は，状況や製品，意思決定のフェーズなどによって異なると考えられ，一概に特定できるものではないが，推定の容易さやモデルのシンプルさなどの利点から，従来の多くのブランド選択モデルでは，補償型の評価方法を仮定している。また，さまざまなモデルの予測妥当性を探った研究でも一般に加算型のルールが当てはまりがよいという結果が示されていることもあり，今日ではブランド選択行動のモデル化に際し，補償型の評価方法を仮定したモデルが一般に用いられている。

補償型の評価方法に基づくモデルでは通常，個々の選択肢の選好が選択肢間で独立で，選好を測定する際の誤差も独立であるということが仮定される。そのうえで，消費者にとっての効用が最大となる選択肢が選択されると考える。つまり，消費者は選好度の最も高い選択肢を選択すると仮定するわけである。まず，ある消費者のブランドiに対する効用をU_iで表すことにしよう。この効用は，選

択肢の属性やマーケティング変数などから確定的に決まる要素 V_i と確率的な誤差 ε_i の和からなっていると考える。つまり，

$$U_i = V_i + \varepsilon_i$$

である。ここで，消費者がすべてのブランドの集合 C の中から最も効用の高いブランドを選択すると考えると，選択肢 i が集合 C から選択される確率を下式で表すことができる。

$$P(i|C) = \Pr[U_i > U_j] \quad \text{for all } j \in C, j \neq i \qquad (2.2)$$

$$U_i = V_i + \varepsilon_i \qquad (2.3)$$

ここで，U_i は選択肢 i の効用，V_i はそのうちの確定的部分，ε_i は確率的部分をそれぞれ表す。V_i については，マーケティング変数とその影響度を表すパラメータとの線形結合によって次のように表すのが普通である。

$$V_i = \alpha_i + \sum_k \beta_k X_{ik} \qquad (2.4)$$

ここで，β_k はマーケティング変数 k の影響を表すパラメータであり，X_{ik} はマーケティング変数 k に関するブランド i の値である。また，α_i は選択肢 i に関する切片であり，選択肢 i の固有魅力度を表している。マーケティング変数としては，一般にそれぞれの選択肢の価格，値引き，特別陳列，広告などが考慮される場合が多い。2.4式によって効用加算型の補償型ルールを仮定した定式化がなされていることになる。

2.3式の ε_i には正規分布を仮定することが最も自然であろう。ε_i に正規分布を仮定したモデルは**プロビット・モデル**と呼ばれる。ところが，ε_i に正規分布を仮定した場合には，$P(i|C)$ を積分を含んだかたちで表現するしかなく，パラメータ推定や選択行動の予測における計算が煩雑となる。このことは，ε_i に他の分布を仮定した場合も同様である。唯一の例外は，D. マクファデンが用いた第1種

2 消費者の購買行動プロセス

極値分布（二重指数分布）である（McFadden (1974))。二重指数分布は正規分布に似た分布であるが，2.3式の ε_i がそれぞれ独立に同一の二重指数分布に従うと仮定すると，選択肢 i の集合 C からの選択確率を，次のように表すことができる。

$$P(i|C) = \frac{\exp(V_i)}{\sum_{j \in c} \exp(V_j)} \quad (2.5)$$

2.5式が**ロジット・モデル**と呼ばれるものであり，シンプルな解析的表現とパラメータ推定の頑健さという利点のため，マーケティング，心理学，経済学，交通計画など，さまざまな分野で応用されている。このように，最も効用の高いブランドが選択されるという効用最大化原理を満たしつつ，上式のようなシンプルなフォームでブランド選択確率を表現できることがロジット・モデルの最大のメリットであり，広く適用されている要因となっている。コラム⑥にロジット・モデルをオレンジ・ジュースのブランド選択行動に適用した例を紹介する。なお，近年では，コンピュータの計算速度の向上などの理由によって，先述したプロビット・モデルの推定や予測における計算時間や煩雑さは解消されてきており，プロビット・モデルが利用される場合も多くなってきている。

Column ⑤　個人間異質性を考慮したモデル

ロジット・モデルを実際のブランド選択行動に適用する場合の課題の1つは，消費者の異質性をどのように考慮するかという点である。ブランドへの選好やマーケティング活動への反応の仕方は個人によってさまざまに異なる。したがって，2.4式の α_i や β_k は実際には個人別に異なる値になるはずである。ところが，ブランド選択モデルが適用される多くの消費財カテゴリーでは，1人の消費者から観測されるブランド選択の回数は限られているため，α_i や β_k に関して個人ごとに異なる値を推定することは通常は困難である。この点を解決するための方法としては，大きく2つのアプローチが考えられる。

第1の方法は,パラメータを消費者間で共通に設定して説明変数に消費者の違いを表す変数を加える方法であり,第2は説明変数は消費者間で共通としパラメータの値が消費者間で異質であると考える方法である。

　前者のアプローチとしては,過去の購買履歴から消費者がそれぞれのブランドに対して持っている特有な選好を指標化したブランド・ロイヤルティと呼ばれる変数(コラム⑥参照)や,消費者の性・年齢などの属性(デモグラフィック変数)などを加える方法がある。

　第2の方法は,ブランドへの選好やマーケティング変数への反応を表す個人別のパラメータ自体が分布していると考える方法である。その1つは,個人ごとのパラメータに離散的分布を仮定する方法であり,その代表が潜在クラス・モデルと呼ばれるものである。もう1つは,パラメータに連続的分布を仮定するものであり,代表的なものが階層ベイズ・モデルである。ロジット・モデルに潜在クラス・モデルの方法を適用したモデルは,潜在クラス・ロジット・モデルと呼ばれる。このモデルは,実務におけるセグメンテーションの概念と一致することから,よく用いられるようになった。また,階層ベイズ・モデルも近年さまざまな領域で利用が進んでおり,ロジット・モデルやプロビット・モデルにおける個人間異質性を考慮するためにも,非常によく用いられている。

Column⑥ 多項ロジット・モデルの適用例

　ここでは,アメリカにおけるスキャナー・パネル・データを利用し,オレンジ・ジュースの購買履歴データにロジット・モデルを適用した例を紹介しよう。このデータは,合計でカテゴリー売上げの80%以上を占めるトップ6ブランドの冷蔵オレンジ・ジュース(サイズはすべて64オンス)を対象とし,78週間中にそれらを10回以上買った77世帯の購買履歴が記録されている。データに含まれている説明変数は,通常価格(RP),値引額(PC),そしてチラシ広告の有無(FT)である。表1がデータの記述統計を表したものである。

　そのほか,過去の購買結果をラグ項に取り入れ,世帯ごとにブランドに対する選好を計算し,それを説明変数として加えた。これはP. M. ガダーニとJ. D. C.リトルによって最初に紹介されたブランド・ロイヤル

表1　オレンジ・ジュース購買履歴データのロジット・モデル適用例

ブランド	シェア(％)	通常価格($)	全購買に占める構成比（％）	
			チラシ掲載時	値引き時
リージョナル・ブランド	17.7	1.79	47.0	25.7
シトラス・ヒルズ	25.0	1.87	18.2	25.2
ミニッツ・メイド	19.9	2.08	30.3	43.6
プライベート・ブランド	16.8	1.34	18.7	17.6
トロピカーナ・レギュラー	15.8	1.89	56.8	53.0
トロピカーナ・プレミアム	4.7	2.29	1.8	12.5

ティという変数で，世帯間の異質性とその動的変化を取り込む役割を果たす（Guadagni and Little (1983)）。世帯 n のブランド j に対する t 回目の購買機会のロイヤルティ，BL_{nj}^t は次のように定義される。

$$BL_{nj}^t = \lambda \cdot BL_{nj}^{t-1} + (1-\lambda) \cdot d_{nj}^{t-1}$$

ここで，$d_{nj}^t = \begin{cases} 1 & \text{世帯 } n \text{ が } t \text{ 回目の購買機会にブランド } j \text{ を選択した場合} \\ 0 & \text{それ以外の場合} \end{cases}$

したがって，ブランド j に対するロイヤルティは，その世帯が過去にどのブランドを選択したかを直近の購買により重みを付けた指標となっている。繰越し係数（λ）は 0.8 と推定された。ロイヤルティ変数の初期値は，分析データ期間（52週間）以前の 26 週間に観察された 680 回の購買機会から導出した。一般に，パッケージ製品を対象とした分析では，ブランド・ロイヤルティのような過去の購買に基づいた変数は，デモグラフィック属性に比べて，世帯間の異質性をより説明できるため広く使われている。しかし，時系列データよりクロスセクション・データがよく使われる医学研究や交通工学の分野では，意思決定者の異質性を説明するためにデモグラフィック情報をモデルに組み込むことが必要であろう。

以上の説明変数を組み込んだ世帯 n のブランド j に対する t 回目の購買機会の効用関数（本文中の説明では 2.4 式に相当）は，下式のように規定される。

$$N_{nj}^t = \alpha_j + \beta_1 BL_{nj}^t + \beta_2 FT_{nj}^t + \beta_3 RP_{nj}^t + \beta_4 PC_{nj}^t$$

α_j は切片パラメータで，効用を説明変数で説明しきれないブランド特有の影響を表す。分析期間の 52 週間のデータによってパラメータを

表2 パラメータの推定結果

変　　数	係　　数	標準誤差	t 値
ロイヤルティ（BL）	3.7059	0.1336	27.7376
新聞広告（FT）	0.7196	0.1246	5.7751
通常価格（RP）	−2.5912	0.3114	−8.3200
値引き（PC）	2.0623	0.3109	6.6340
リージョナル・ブランド	0 に固定	—	—
シトラス・ヒルズ	0.8499	0.1379	6.1641
ミニッツ・メイド	0.9254	0.1726	5.3610
プライベート・ブランド	−0.1171	0.2212	−0.5294
トロピカーナ・レギュラー	0.3255	0.1562	2.0835
トロピカーナ・プレミアム	0.9656	0.2528	3.8201

購買機会数（サンプル数）＝1,188
$U^2=0.5412$
調整済み $U^2=0.5370$
実際に選択されたブランドの予測確率の平均＝0.5831
正解率＝68.94%

推定した結果が表2である。

ブランド・ロイヤルティ，新聞広告，通常価格，値引きのパラメータはすべて期待された符号で，かつ統計的に有意である。とくにブランド・ロイヤルティが効用に対して強い影響を与えていることがわかる。

U^2 はデータへのフィットを0と1の範囲に指標化したもので，回帰分析の R^2 に該当する。実際に選択されたブランドに関するモデルによる予測確率がすべて1（完璧な予測）の場合は $U^2=1$ になり，すべてのブランドが同じ確率でランダムに選択すると予測するモデル（これは本来モデルのメリットを活かしていないために，ナイーブ・モデルと呼ばれる）の場合は $U^2=0$ となる。

同様に，調整済み U^2 は回帰分析の調整済み R^2 に該当し，説明変数の増加によるペナルティを与えた指標である。また，実際に選択されたブランドの，選択確率の予測値の平均は 0.5831，各購買機会において予測確率が一番高いブランドが選択されたと仮定した場合の正解率は 68.94% と，データに対してまずまずのフィットが得られた。

> **購買後の行動**

消費者が製品を購入し，それを消費した後に満足した場合には，次の購買にプラスのフィードバックがもたらされるだろうし，満足しなかった場合にはマイナスの影響が生じるだろう。さらに，満足した消費者は口コミによって他の消費者にもプラスの影響を与える場合がある。同様に，不満を抱いた消費者は口コミによってマイナスのメッセージを知人に伝えるかもしれない。

では，消費者の満足はどのように規定されるのだろうか。一般に，消費者の満足は購買前の期待と購買後の知覚パフォーマンスによって規定されると考えられている。後者が前者よりも高ければ満足度は高まり，逆の場合には満足度が低くなる。企業のマーケティング担当者は，自社ブランドの購入を促進するために期待を高めるような広告やプロモーションを行う必要がある。ところが，実際のパフォーマンス以上の期待を抱かせてしまうと，購買後に不満足が生じやすくなる。したがって，広告やプロモーションによって事前の期待を形成する際にはバランスを考慮する必要がある。また，場合によっては，購買後の満足度を上げることに焦点を当てたメッセージを流すこともある。

3 消費者行動モデルの意義

効果的なマーケティング計画を策定し，それを実施するためには，顧客の行動を深く理解することが不可欠である。消費財を扱う企業にとっては，消費者行動を理解することが重要なポイントとなる。こうしたこともあり，マーケティング・サイエンスの領域では，消費者行動のモデル化について過去に非常に多くの研究が行われてき

た。

　消費者行動のモデル化は，市場における競争の実態の把握や，広告やセールス・プロモーションなどのマーケティング活動の効果測定を行う際の土台にもなる。広告やセールス・プロモーションの変化が消費者の購買行動にどのように影響するかという視点から消費者行動のモデル化がなされれば，そのモデルを利用した実証分析によって広告やセールス・プロモーションの効果測定を行うことが可能となる。また，消費者のブランド選択行動のモデル化によって，消費者の選択をめぐるブランド間の競争構造を導き出すことも可能となる。さらに，消費者行動モデルを土台として，市場実態の把握やマーケティング変数の効果測定を適切に行うことが，マーケティング戦略策定やマーケティング活動計画に対する示唆を抽出したり，戦略・計画の策定に関する規範的な理論を導出することにつながる場合もあるだろう。

　本章では消費者行動のモデルのうち，とくに購買行動モデルについて，消費者の購買行動プロセスに沿いながら説明した。消費者を深く理解することはマーケティング計画を立てるうえでの土台となる。ここで説明したさまざまなモデルを利用することが，ただちに消費者行動に関する深い理解につながるわけではないが，複雑な消費者行動を理解するための手がかりを与えてくれることは間違いないだろう。

Column ⑦　数理モデルを活用するコツ

　本章で紹介された消費者情報処理モデルに基づいた数理モデルが，次章から紹介されていく。以下のような作業を行うことで，それらの数理モデルの有効活用のためのコツといったものについて，考えてもらいたい。

(1) ホームセンター，量販店，百貨店などで，自分の知っているブランドを記録して商品ブランド・リストを作成し，それらを商品カテ

ゴリーに分類してみよう。
(2)　同じことをグループでやってみよう。ホームセンターで売られているドライバーや金槌の知っているブランド数と，百貨店で売られている化粧品や高級バッグの知っているブランド数と比べてみよう。ドライバーよりも化粧品やバッグの知っているブランド数が多いとしたら，それはなぜなのか。その理由を考えてみよう。
(3)　私たちの情報処理は商品カテゴリーにより大きく異なる。このことを確認して，商品カテゴリーによる情報処理モデルの違いがどのような理由から生じるのか，考えてみよう。

　日常生活において，私たちは実に多様な消費活動をしている。何らかのニーズを認識すると，そのニーズを満たすための方法を考え，判断し，行動に移すが，このプロセスは比較的単純な場合もあれば，非常に複雑な場合もある。上記のような作業をすれば，このことがよくわかるはずである。

　ドライバーのブランド名は知らなくても，ルイ・ヴィトンなら知っていると答える人が多いはずである。これは，ルイ・ヴィトンのような商品カテゴリーに対する関心が強く，知識も多いからである。専門的な職業柄ドライバーの品質に強い関心を持っている大工や職人なら，ドライバーのブランドについてよく知っていても不思議ではない。消費者行動理論で，関与水準により消費者の情報処理プロセスを分類して考えようとするのはそのためである。

　たとえば，本章の42ページにあるように，関与が高いか低いか，ブランド間の知覚差異が大きいかどうかにより，情報処理プロセスを4つに分類し，それぞれどのように購買行動に違いがあるか説明されることがある。この場合，関心が高くかつブランド間に大きな違いがある場合，関心が低くてブランド間にさしたる違いがない場合に比べて，はるかに多くのエネルギーや時間をかけて考えているはずである。それに対して，飲料のようにブランド間に違いがあっても関心が低い場合には，いろいろなブランドを試してみることはよくある。私たちは，商品カテゴリーにより，またそのときの状況により，もちろん人によっても異なった思考プロセスにより，消費活動を行っているのである。

さらに，複数の意思決定が連続的に行われることもよくあることである。たとえば，休暇に海外旅行に行くことを決めたら，誰と行くのか，いつ行くのか，どこに行くのか，どのような旅行プランを考え，いくらくらいの予算にするのか，おみやげは何にするかなど，いろいろなことを考えなくてはならない。さらに，その旅行の準備のために，歯ブラシやデジカメ，予備の電池などを購入することもあるだろう。すなわち，一連の消費活動であっても，その中身を詳細に検討すれば，いくつもの意思決定を全体として整合性のとれるように，いくつもの思考パターンを組み合わせて意思決定していることがわかる。このように，私たちは多様な消費行動に対応して，多様で複雑な思考プロセスを適切に使い分けているのである。

　このような多様で複雑な思考プロセスや，購買経験を通じたフィードバックにより学習するプロセスなどが，さまざまな学問分野で精力的に研究されている。マーケティングに関わりの深い消費者行動研究においても，多くの消費者行動モデルが考案されている。ここで，それらを体系的・包括的に紹介することはできないが，本書で取り上げる数理モデルの多くは，このような研究の蓄積に負っていることを理解することは大変重要である。

　ただし，その場合には次のような点に注意しなくてはならない。すなわち，本書で説明されるマーケティング・サイエンスの諸モデルは，複雑な消費者行動の中でも，数理モデルが適用可能な範囲に複雑性が限定されているという点である。これは，1人の消費者をより深く理解し正確に記述するよりも，マーケティング・マネジメント・プロセスにおける経営的な意思決定をサポートする点をより重視しているからである。そのために，単純で直線的で直感的にわかりやすい図2-1のような情報処理プロセスのモデルが，基本モデルとして先験的に仮定されることが多い。わかりやすいモデルは多くの人にとって議論しやすく，だから現実のビジネスの現場で利用できるのである。

　認知率を説明するモデル，態度を説明するモデル，選択を説明するモデルというように，それぞれの部分が連続的・直線的に連結した構造は，部分・部分を切り離してモデル化しやすいという点も数理モデルの構築

には向いている。すなわち，認知率を，態度や選択との関係を切り離してモデル化することで，データ収集や分析を容易にすることができるのである。

しかし本当は，"よく知っているということだけで親近感が高まる傾向が強い"といったように，さまざまな要因・変数が複雑に関連し合っている。それを単純化するのは，このような関連性のすべてを数理モデルとして表現し，同時に推定・分析を行うことは現実的には難しいからである。複雑な要因間の関連性をすべて取り込もうとすると，どの要因をどのようなマーケティング活動により活性化すべきかという実務に直結する議論を著しく難しくしてしまう。

マーケティング・サイエンスでは，抽象的な議論ではなく，現実的なマーケティング活動に活かせるかどうかが常に問われている。したがって，本書で紹介される一見複雑で多くの要因を取り込んだように見えるモデルであっても，実は私たちの消費行動のごく一部を切り出して，その部分に焦点を当てたものでしかない。どんなにパワフルな数理モデルを構築したつもりでいても，本来それを使いこなすためには，部分ではなく消費者行動全体に対する深い洞察力がきわめて重要になってくる。そればかりではない。統計的な手法から得られた結果を読み解く能力，そして何よりもリーダーシップを発揮し経営的な意思決定に分析結果をつなげていく能力や経験なども，最終的に有意義なマーケティング活動にとって不可欠であることを忘れてはならない。

➡課　題

1　特定の製品カテゴリーを選び，加算型，連結型，分離型，辞書編纂型のそれぞれの評価方法を利用して，1つの製品を選択してみよう。その際に，利用する評価方法によって，選択する製品が変化するような例を考えてみよう。

2　最近購入した，いくつかの製品やサービスについて，使用後の満足度がどの程度だったかを整理してみよう。そのうえで，それぞれの製品に対する満足度の高低が，どのような要因によって規定されているのかを，自分自身で分析してみよう。

表 6つの観戦スポーツの仮想的類似度データ

	野　　球	サッカー	ラグビー	ゴルフ	相　　撲	格闘技
野　　球	—					
サッカー	3	—				
ラグビー	4	1	—			
ゴルフ	2	5	5	—		
相　　撲	3	4	4	3	—	
格闘技	5	4	3	5	1	—

3　上記の表は，6つの観戦スポーツに関する類似度（ただし，数値が小さいほど類似度が高い）を表したものである。このデータを利用し，MDSを用いて観戦スポーツの知覚マップを作成してみよう。

4　Webエクササイズ

http://www2.kke.co.jp/marketingscience にアクセスしよう。

第3章 マーケティング情報の収集と活用

> ◆イントロダクション：情報の重要性は増している
>
> 企業のマーケティング活動を効果的，効率的に遂行するために，情報はますます重要な位置を占めるようになってきている。多くの企業は，市場調査部などの名称のマーケティング・リサーチに関するセクションを有している。マーケティング・リサーチ部門では，マーケティング担当者の依頼に応えて，特定の課題に対するリサーチを企画，実施し調査結果を整理して提示するといった活動を行っている。このとき，特定の課題に対応するために消費者調査などを実施し，その結果得られたデータを利用する場合もあるだろうし，課題に応えるためのデータがすでに社内外に存在しており，それを活用する場合もあるかもしれない。前者のように，課題に対応するために消費者調査などを新たに実施することによって得られるデータを1次データといい，後者のように別の目的によって収集され，社内外にすでに存在しているデータを2次データと呼ぶ。このように，企業の情報収集は，何もマーケティング・リサーチ部門だけが担当しているわけではない。情報の重要性がますます高まってきている現在の企業においては，1部門が担当するのではなく，全社的体制で情報の収集と活用のシステムを考える必要がある。本章では，こうした観点から，企業におけるマーケティング情報の収集・活用について見ていくことにする。

1 マーケティング情報の情報源と活用場面

マーケティング上の意思決定が下される際には，課題に即した調査が実施され，その結果に基づいて意思決定がなされることも多い。

しかしながら、情報がますます重要な位置を占めるようになってきた今日のマーケティングにおいては、有用な情報を日常的かつ継続的に収集し整理することが鍵を握るようになってきている。

たとえば、多くの小売業者やサービス業者では、POSシステムから得られる**POSデータ**が蓄積されている。POSシステムは、光学式の読取器によって、製品に印刷または添付されているバーコードを読み取って精算を行うシステムである。このとき、精算対象となった製品の売行き情報が自動的にコンピュータに蓄積されていく。この結果得られた販売情報がPOSデータである。POSデータは、小売業者やサービス業者において、品揃えの変更や価格設定などのさまざまな意思決定に利用されている。しかしながら、POSデータは調査によって得られたデータではない。レジにおける精算という日常的な業務を遂行した結果、自動的に蓄積されてきたデータである。

多くの企業では「お客様相談室」などの名称で顧客からの相談やクレームに対応する部門を設けている。これらの部門に寄せられた顧客のクレームや意見が、製品の改良や新製品の開発に役立てられる場合も多い。その意味で、顧客のクレームも貴重な情報として位置付けることができる。

このように、企業のマーケティングにおいて有用となるマーケティング情報にはさまざまな種類がある。それらの情報源は、**社内記録**、**マーケティング・インテリジェンス活動**、**マーケティング・リサーチ**の3つに大別できる。社内記録は、社内における日常業務の結果として蓄積される記録であり、販売情報などがその代表である。マーケティング・インテリジェンス活動とは、企業の意思決定のために必要となる情報を組織的、系統的に収集、分析し利用する活動のことを指し、近年その重要性が認識されてきている。たとえば、

販売担当者や営業担当者が現場で得る情報を組織的かつ継続的に収集し，企業内のさまざまな人が利用できるように整理，保存するというのはその1つである。こうしたデータは，販売データのように日常業務を遂行する過程で自動的に蓄積されてくるわけではない。それぞれの担当者が情報に対する感度を磨くと同時に，個々人によって集められた情報を組織的に統合管理する仕組みが必要となる。

このように，社内記録やマーケティング・インテリジェンス活動によって得られる情報は，特定の課題に対応して取得されるものではなく，日常的な業務を通じて収集される。こうした情報は，後述するマーケティング・リサーチの場面で利用される場合もあるが，日常業務において利用されることも多い。販売情報などの社内記録は，会計，生産，人事など，マーケティング以外のさまざまな部門で日常的に利用されるだろうし，先述した営業担当者や販売担当者が現場で得た情報は，日常的な営業活動や販売活動の場面で利用されるかもしれない。今日では，こうした情報の多くが企業内情報システムを通じてさまざまな部門で利用される。

このように，社内記録やマーケティング・インテリジェンス活動による情報が日常的な活動の中から生み出されるのに対し，マーケティング・リサーチはマーケティング上の特定の意思決定課題に対応して実施される。マーケティング・リサーチの実施に際しては，社内記録やマーケティング・インテリジェンス活動によって得られた情報が利用されることもあるし，新たに1次データが取得される場合も多い。

以上に述べた情報源と活用場面の関係を概念的に図示すると，**図3-1**のようになる。以下では，3つの情報源についてより詳細に説明していこう。

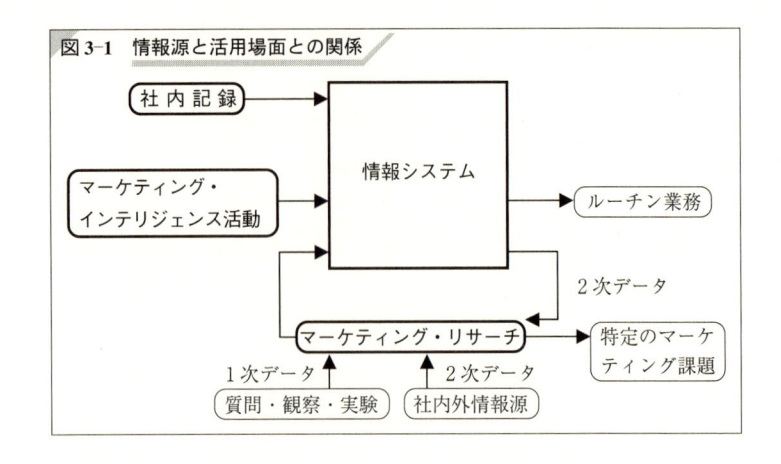

図 3-1　情報源と活用場面との関係

```
┌──────────┐
│ 社 内 記 録 │─────┐
└──────────┘     │
                 ▼
┌──────────────┐ ┌──────────┐
│ マーケティング・│→│          │→ ルーチン業務
│ インテリジェンス │ │ 情報システム │
│ 活動         │ │          │
└──────────────┘ └──────────┘
                     ▲  │
                     │  │ 2次データ
                     │  ▼
              ┌──────────────┐→ 特定のマーケ
              │マーケティング・│   ティング課題
              │   リサーチ   │
              └──────────────┘
               ▲         ▲
           1次データ   2次データ
        ┌──────────┐ ┌──────────┐
        │質問・観察・実験│ │ 社内外情報源 │
        └──────────┘ └──────────┘
```

2　社内記録

　社内記録とは，企業が日常的に行っている業務の結果蓄積されているデータを指す。先に見た POS データは，小売業者やサービス業者における社内記録の1つである。企業にとって，自社の販売データの詳細な記録は従来から重要な情報であったが，多くの業者にとっては日々の詳細な記録を捕捉することは困難であった。現在では販売や取引に関する多くの情報が電子的に捕捉されるようになり，これらのデータが自動的に蓄積されるようになっている。

　先述したように，これらのデータはマーケティング意思決定に活かすことを目的として収集されているわけではない。日常業務を遂行する過程で自然に蓄積されているものである。しかしながら，今日ではこうした販売データがマーケティングの意思決定を行ううえで非常に有用なものとなってきている。このほかにも取引先企業への出荷データや取引先からの入荷データ，自社倉庫の在庫データな

ども利用可能な社内記録の一種である。

社内記録の中で重要性が急速に高まっているものの1つが**顧客データベース**である。ここでいう顧客データベースは最終消費者のデータベースを意味している。これまでは、多くの製造業者にとっては自社製品のユーザーは顔の見えない不特定多数の存在であった。消費者と直接的な接点を持っている小売業者やサービス業者にとっても、自社顧客のデータベース化を行うことは困難であった。

ところが、現在ではさまざまな仕組みによって企業が顧客データを取得できるようになっている。主な収集の仕組みとしては、下記のようなものがあげられる。

(1) 購買履歴データによる顧客データベース
(2) ユーザー登録による顧客データベース
(3) キャンペーン応募データによる顧客データベース
(4) 会員組織化による顧客データベース

(1)の購買履歴データによる顧客データベースは、**フリークエンシー・プログラム**や通信販売の購買履歴から構築できる。フリークエンシー・プログラムとは、一般に優良顧客の固定化や一般顧客の優良顧客への誘導を目的として実施されるプログラムであり、航空会社がマイレージ・サービスを軸として展開している、フリークエント・フライヤー・プログラムが源である。現在では、多くの業界で同種のプログラムが展開されており、たとえば小売業者によるそれは、フリークエント・ショッパー・プログラム（FSP）と呼ばれている。

これらのプログラムでは、顧客が対象企業のサービスを利用したり製品を購買するたびにポイントが加算される。蓄積されたポイントに応じて何らかの特典が提供されることになるため、顧客は利用のたびに自分のIDカードを提示し、ポイントを蓄積しようとする。

この仕組みによって，企業は顧客別の利用履歴や購買履歴を捕捉することが可能となる。

また，通信販売によって顧客に直接販売を行う場合には，必然的に顧客個人別の購買履歴が把握できる。通信販売業者は従来からこのような顧客データベースを構築していたが，近年ではさまざまな企業がインターネットを利用した通販業に参入し，顧客データベースを持つようになっている。

(2)のユーザー登録による顧客データベースは，製品購入者にはがきなどを返送してもらうことによって構築される。近年ではインターネットを利用した登録も一般化している。

(3)はキャンペーンなどに応募してきた顧客をデータベース化するものであり，応募の方法には郵便，電話，インターネットなどがある。郵便や電話による応募者をデータベース化するには手間とコストがかかるため，従来は大規模なデータベース構築が難しかった。ところが，今日ではインターネット経由でキャンペーンの応募を受け付けることが増加しており，この場合には応募者のデータベースを電子的に構築できるため，手間とコストが大幅に削減できる。

(4)は「友の会」などの会員組織化を図ることによって構築される顧客データベースである。資生堂の「花椿会（現在は花椿CLUB）」はこうした友の会のさきがけとなった組織である。

上述したように社内記録はいずれも定量的なデータであるが，より定性的な社内記録が有用となる場合もある。たとえば，営業担当者が取引先に，いつ，どのような提案を行ったのかという情報は，営業活動上重要な情報となる。その際に，過去の提案書がデータベース化されていれば，どのような提案が取引にどのように結び付いたかを確認することができる。企業によっては，各営業担当者が過去に行った提案書などをデータベース化し，それを全担当者が閲覧

できるようなシステムを構築しているところもある。

3 マーケティング・インテリジェンス活動

　先述した通り，企業の意思決定のために必要となる情報を組織的，系統的に収集，分析し利用する活動をマーケティング・インテリジェンス活動と呼ぶ。マーケティング・インテリジェンス活動によって，企業のさまざまな領域において有用な情報が収集されるが，ここではマーケティングと関連が深い領域に関して説明しよう。

　マーケティング・インテリジェンス活動の中で重要な情報源の1つは，営業担当者や販売担当者である。こうした部門の担当者は，取引先や顧客とダイレクトに接触しているため，市場の生の実態を把握しやすい。

　第2の情報源は顧客である。顧客からの意見は時として非常に貴重なものとなるが，ただ座して待っているだけでは顧客の意見を収集することはできない。顧客の意見を収集するためには，そのための仕組みが必要となる。たとえば，多くの企業が複数の顧客からなるモニター組織を有しており，顧客の目から見たその企業や製品の問題点や要改善点などの情報を収集している。このモニター制度を進展させたものの1つが大手スーパーのイオンが2002年春から始めた「お客様副店長制度」である。これは，店舗の顧客が「副店長」となり，店舗運営に意見を述べてもらうという制度であり，1店当たり1〜3名が副店長として採用されている。

　第3の情報源は取引先である。たとえば，製造業者は小売業者から店頭での売行きなどの情報を入手することができるし，その逆に，流通業者は製造業者から製品についての詳細情報や市場全体に関す

る情報を入手することができる。先述したPOSデータは，小売業者にとっては社内記録の一種であるが，製造業者にとってはマーケティング・インテリジェンス活動によって入手すべき情報の1つとなる。また，近年ではFSPによって顧客別購買履歴データ（顧客ID付きPOSデータ）を捕捉する小売業者が増加してきている。こうしたデータは，製造業者にとっても非常に有用なものであり，製造業者が小売業者から入手しうる重要な情報の1つとなってきている。

第4の情報源は商用データ提供機関である。テレビの視聴率データは，データ提供機関から入手するデータの1つであり，日本では現在ビデオリサーチが提供している。先述したPOSデータも，いくつかの機関が複数の小売業から収集し，それらを整理したうえで小売業者と製造業者に提供している。データ提供機関から入手できるデータとして重要なものの1つに，**スキャナー・パネル・データ**がある。スキャナー・パネル・データとは，世帯別の製品購買履歴を調査目的で捕捉したものである。データ取得方式には**ストア・スキャン方式**と**ホーム・スキャン方式**という2つの種類がある。

ストア・スキャン方式は，調査対象者（パネラー）にIDカードを発行し，POSデータと組み合わせて世帯別の購買履歴を捕捉する仕組みになっている。パネラーは，特定の店舗で買物をするたびにカードをレジで提示する。レジ係は，パネラーが買った製品に添付されているバーコードをPOSシステムで読み取らせるが，同時にIDカードに添付されているバーコードもPOSシステムで読み取らせる。カードに添付されているバーコードはパネラーを識別するID番号を表しており，POSデータと組み合わせることで，各パネラーがいつ，何を，いくらで，何個購入したかが捕捉できる。

ホーム・スキャン方式によるスキャナー・パネル・データは，買

ってきた製品のバーコードをパネラー自身が家庭で読み取らせることによって，購買履歴を捕捉したものである。各パネラーは，その日に買物した製品のバーコードを，家庭に設置されたバーコード読取器（スキャナー）で読み取らせ，買物した店舗や価格などを入力する。これらの情報は自動的に電話回線を通じて調査会社に伝送される。

表3-1は，日本におけるスキャナー・パネル・データを収集・提供している主な機関と提供データの内容を整理したものである。

先述したFSPを利用して得られる顧客の購買履歴データは，ストア・スキャン方式のスキャナー・パネル・データと同様の仕組みで捕捉される。ただし，スキャナー・パネル・データが調査目的で捕捉されているため，対象となるパネラーの属性（世帯の家族構成，年齢，職業，その他）を非常に細かく把握しているのに対し，FSPの対象となる会員顧客については一般にごく簡単な属性しか捕捉されていない。また，スキャナー・パネル・データでは調査機関が運営・管理を行っているためデータの精度が高いなどの利点がある。逆に，FSPの仕組みを利用することで，調査目的では不可能な大量データを捕捉することができるというメリットがある。大手のスーパーマーケットや百貨店では，すでに数百万人規模の会員顧客を有しているところがある。これらのすべての企業が，全顧客の詳細な購買履歴を保存しているわけではないが，FSPによって大規模な顧客データが取得，蓄積されつつあることは間違いない。

近年では，いくつかの機関が複数の小売業からFSPによる購買履歴データを収集し，それらを整理して小売業者や製造業者に提供するサービスを始めている。**表3-2**はそれらのデータ提供機関を整理したものである。

表 3-1 日本におけるスキャナー・パネル・データの提供機関と内容

ストア・スキャン方式

- 流通経済研究所：GIS
    約 4,500 世帯（関東，関西のスーパーマーケット 3 店舗）

ホーム・スキャン方式

- インテージ：SCI
    約 1 万 2,640 世帯（全国（沖縄を除く）の 2 人以上世帯）
- インテージ：SCI-personal
    2 万人（全国（沖縄を除く）の単身世帯）
- マクロミル，東急エージェンシー：QPR
    約 6,000 人〔首都圏，近畿圏の個人〕
- ライフスケープマーケティング：食マップ（購買データと食卓メニュー・データ）
    360 世帯（首都圏 30 km 圏）

表 3-2 FSP による購買履歴データの収集・提供機関

データ提供機関	収集店舗の業態	収集人数
流通経済研究所	スーパーマーケット，ドラッグストア	約 200 万人
カスタマーコミュニケーションズ	スーパーマーケット，ドラッグストアなど	約 1,500 万人
JBtoB	スーパーマーケット，ドラッグストア，生協，専門店など	約 1,200 万人
電通テック	ドラッグストア	約 1,000 万人

4 マーケティング・リサーチ

マーケティング・リサーチの出発点

マーケティング・リサーチとは，マーケティング上の特定の課題に対応するために行われる情報の特定，情報収集，分析，結果

図3-2 マーケティング・リサーチのプロセス

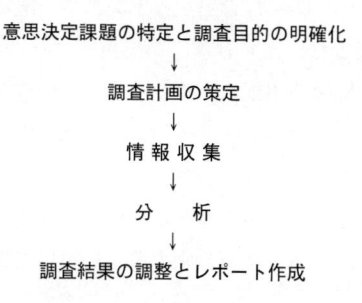

意思決定課題の特定と調査目的の明確化
↓
調査計画の策定
↓
情 報 収 集
↓
分　　　析
↓
調査結果の調整とレポート作成

の提示に関する一連の活動のことをいう。この点で，日常的な情報収集活動であるマーケティング・インテリジェンス活動や，日常業務の結果として蓄積される社内記録とは異なる。マーケティング・リサーチで利用される情報はさまざまである。先述したように，1次データが取得されることもあれば，2次データが利用されることもある。また，その双方が相互補完的に利用されることもある。図3-2は一般的なマーケティング・リサーチのプロセスである。順を追って説明しよう。

マーケティング・リサーチの出発点は「意思決定課題の特定と調査目的の明確化」である。出発点があいまいなまま次のステップに進んでも有益な結果は得られない。マーケティング・リサーチにおいては，意思決定に役立つリサーチが優れたリサーチである。意思決定に寄与するためには，まず，意思決定を下すべき課題が特定されている必要がある。たとえば，「新製品の市場性を把握する」ということでは意思決定課題として特定されたことにならない。「想定されている新製品の市場性を把握することで，開発に着手すべきか否かを決定する」というところまで具体化することで，はじめて意思決定課題として特定されたことになる。

意思決定課題の特定化がなされると，調査目的の明確化がなされる。上記のように「開発に着手すべきか否かを決定する」というように課題が特定されたとすれば，調査目的は，「新製品が参入する市場全体の市場規模を明確化する」，「その市場における既存製品の競争状況と各製品のマーケット・シェアを把握する」，「その市場において新製品が獲得可能なマーケット・シェアの期待値と上限値，下限値を予測する」などの項目を明らかにすることになるであろう。

調査計画の策定　調査計画の策定においては，上記で設定された調査目的を達成するためにどのような情報をどのように取得し，それをどのように分析するかを特定する必要がある。まず，どのような情報が利用できるかを探る必要がある。利用できる情報には，先に見たように2次データと1次データがある。2次データはさらに**内部データ**と**外部データ**とに分けることができる。内部データの代表は，先述した社内記録である。販売データやマーケティング活動への支出データから，製品別，地域別の売上げのトレンドを把握したり，マーケティング支出と売上げとの関係を把握することができる。外部データは政府や公共団体，業界団体や業界誌，調査会社，取引先などから得られるデータである。現在ではインターネットを利用してさまざまな情報が入手可能になっている。先述したマーケティング・インテリジェンス活動は，こうした外部データを日常的かつ継続的に内部化する活動でもある。たとえば，外部機関からデータを購入し，何らかの仕組みによってコンピュータで閲覧できるようになっていれば，内部データと同様に扱うことができる。

　リサーチを実施する際には，まず2次データが利用できないかを考える必要がある。2次データを利用することで，通常は1次データを取得するよりも低いコストでの情報収集が可能となる。また，

2次データを利用することによって，リサーチ全体にかける時間が節約できる。2次データでは解決できないことが確認された後に，はじめて1次データの収集が検討されることになる。

Column ⑧　情報の価値

マーケティング戦略を考えるときに，客観的なデータに基づいた科学的なアプローチを導入することは，マネジャーの主観的な思い込みを是正する意味でも重要である。しかし，このようなデータ＝情報に基づいた意思決定は，情報を収集・分析するのに見合っただけの価値をもたらさなければ，それを行う意味がない。もしマーケティング・リサーチのコストがそれによって得られる情報から生み出される収益の増大より高ければ，リサーチは不必要である。そこで，情報の価値，この例ではマーケティング・リサーチの価値を知ることが重要になってくる。ここではベイジアン意思決定理論に基づいて，新製品の導入におけるマーケティング・リサーチの価値を求めてみよう。

今回，A社が開発した新製品は，成功すると年に10億円の増益が見込めるが，失敗すると5億円の損失を生み出す。新製品開発部門は，過去のデータや経験などから40%の確率で成功すると予測した。通常はこの段階で，Bコンサルティング会社にテスト・マーケティングを依頼するのだが，今回は予算の都合でその見直しが迫られている。B社のテスト・マーケティングは，独自の手法に基づいて最終的に製品化をGoかNo Goで推薦し，いずれの結果になっても最適なマーケティング・プランを提示する。ここでB社のプランに基づいて製品化し成功した場合には，綿密なマーケティング・リサーチによる知見から増収が見込めるため，年間10億5000万円の収益が得られると仮定しよう。過去のデータによるとGo/No Goの予測精度は完璧なものではなく，実際に成功した新製品の2割はNo Goの，また失敗した新製品の1割にはGoの予測をしている。

企業Aは，このテスト・マーケティングがはたしていくらまでならB社に依頼するべきであろうか。つまり，B社の提案する情報の価値はいくらだろうか。この場合の意思決定ツリーが，図1に提示されている。

四角のノードは意思決定者（A社）の選択を表し，丸のノードは確

率的に決まる。まず，A社はテスト・マーケティングをB社に依頼するかの選択がある。

依頼しない場合（上の枝）には，製品化するかしないかの選択があり，前者の場合には40％の確率で成功，60％の確率で失敗が起きる。ペイオフは成功すれば10億円，失敗すればマイナス5億円である。製品化しない場合のペイオフは，もちろんゼロになる。

テスト・マーケティングを依頼した場合，B社の推薦にはGoとNo Goの2通りが想定される。Goの推薦に従ってA社が製品化に踏み切った場合，成功すれば10億5000万円，失敗すればマイナス5億円になる。No Goのケースでも，A社はB社の推薦に従わずに製品化してもよいし，推薦に従って製品化しなくてもよい。製品化して成功あるいは失敗したときのペイオフは，テスト・マーケティングの結果がGoの場合と同等である。

丸ノードの一番右の枝に評価された確率はベイズ・ルールによって求められる。新製品の成功と失敗の事前確率0.4と0.6は，テスト・マーケティングを依頼しない場合はそのままで，依頼する場合はそのテスト結果によってベイズ的に事後確率へと更新される。完璧に正確なテスト・マーケティングであれば，Goの場合の成功確率は1になるし，No Goの場合の失敗確率も1となる。この例のようにテスト・マーケティングの予測精度が完璧でなくてもある程度の信頼性があれば，Goの場合の成功確率は事前確率より高くなるし，No Goの場合の失敗確率も事前確率より高くなる。事後確率は，ベイズの定理により下記のように求められる。

$P(成功) = 0.4 \qquad P(失敗) = 0.6$

$P(\text{Go}|成功) = 0.8 \qquad P(\text{No Go}|成功) = 0.2$

$P(\text{Go}|失敗) = 0.1 \qquad P(\text{No Go}|失敗) = 0.9$

$P(\text{Go}) = P(\text{Go}|成功)P(成功) + P(\text{Go}|失敗)P(失敗)$
$\qquad = 0.8 \times 0.4 + 0.1 \times 0.6 = 0.38$

$P(\text{No Go}) = P(\text{No Go}|成功)P(成功) + P(\text{No Go}|失敗)P(失敗)$
$\qquad = 0.2 \times 0.4 + 0.9 \times 0.6 = 0.62$

$P(成功|\text{Go}) = \dfrac{P(\text{Go}|成功)P(成功)}{P(\text{Go})} = \dfrac{0.8 \times 0.4}{0.38} = \dfrac{32}{38}$

図1 意思決定ツリー①

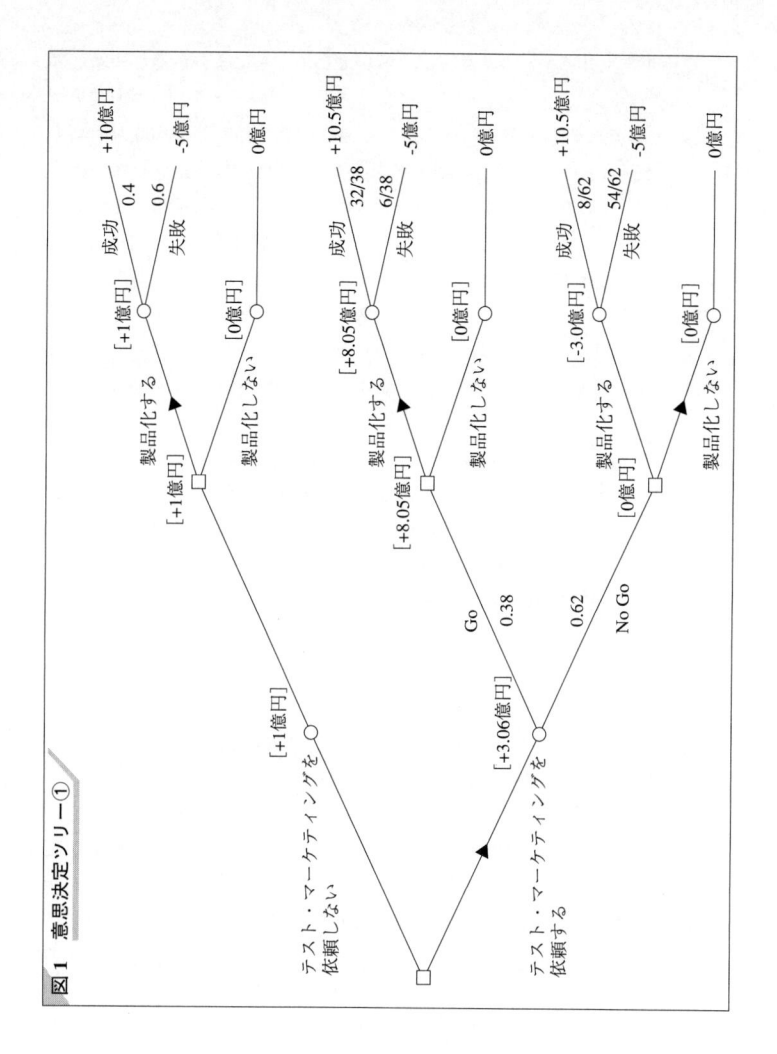

(意思決定ツリーの図)

末端：+10億円／-5億円／0億円／+10.5億円／-5億円／0億円／+10.5億円／-5億円／0億円

成功 0.4／失敗 0.6　[+1億円] 製品化する／[0億円] 製品化しない
成功 32/38／失敗 6/38　[+8.05億円] 製品化する／[0億円] 製品化しない
成功 8/62／失敗 54/62　[-3.0億円] 製品化する／[0億円] 製品化しない

[+1億円] テスト・マーケティングを依頼しない
[+3.06億円] テスト・マーケティングを依頼する
Go 0.38／No Go 0.62
[+8.05億円]／[0億円]

$$P(成功|\text{No Go}) = \frac{P(\text{No Go}|成功)P(成功)}{P(\text{No Go})} = \frac{0.2 \times 0.4}{0.62} = \frac{8}{62}$$

末端の右枝から，各丸ノードごとに上記の事後確率を用いてペイオフの期待値を計算して，各四角ノードではその期待値の高い選択肢を選び，

4　マーケティング・リサーチ　81

意思決定ツリーをバックワードに解いていくことにより最適な決断順序が求められる。図からわかるように，テスト・マーケティングの結果がGoの場合は製品化をしたほうがペイオフの期待値が8億500万円高く，テスト・マーケティングの結果がNo Goの場合は製品化をしないほうがペイオフの期待値が3億円高い。この決定ルールに従えば，テスト・マーケティングを行った場合のペイオフの期待値3億600万円は，行わない場合のペイオフの期待値1億円を2億600万円上回る。したがってB社のテスト・マーケティングのコストが2億600万円以下であれば，A社は依頼するべきである。2億600万円がこのテスト・マーケティングの価値であり，EVAI (expected value of additional information) と呼ばれる。

additional informationがない場合に最適な決定ルールを行って得られたペイオフの期待値をEV|CI (expected value given current information) と表記し，additional informationを用いた場合に最適な決定ルールを行って得られたペイオフの期待値をEV|AI (expected value given additional information) と表記すると，EVAI＝EV|AI－EV|CIと定義される。EV|CIは上の枝に対応し，テスト・マーケティングを依頼せずに製品化することによって得られるペイオフの1億円である。EV|AIは下の枝に対応し，3.06億円である。このときの最適な決定ルールは，テスト・マーケティングを依頼し，その結果がGoならば製品化，No Goならば非製品化することである。

意思決定ツリーは決断プロセスをシステマティックに描写するため，意思決定者のより客観的な判断を支援する。また，選択段階の階層が深くなったり選択肢が増えた場合でも比較的容易に拡張が可能である。弱点としては，期待値による評価では意思決定者のリスク回避傾向を考慮することができないことがあげられる。これは，ペイオフに対して非線形な効用関数を用いることによって解決できる。

実務での使用の問題点としては，それぞれの枝にペイオフと確率値を割り当てなければならないことがある。現実には，それらの値を正確に評価するのが難しかったり意思決定者によって異なる場合もあり，ツリーからの結論が変わってきてしまうこともある。対処法としては，ペイ

オフや確率の値がどの程度ぶれたら最適な決断プロセスが違ってくるかを検討することがある。たとえば上記の例でいうと，成功した場合のペイオフやテスト・マーケティングのコストがどこまで上がればB社に依頼する必要がなくなるのかを計算して，その値が非現実的であれば数値を正確に評価できなくてもテスト・マーケティングを依頼するべきであろう。決定ツリーのソフトによっては，このようなセンシティビティ分析を組み込んだものもある。

もう1つの対処法は，情報がもたらす価値の上限を求めることであり，これをEVPI（expected value of perfect information）という。上記の例の場合，仮に完全に正確なテスト・マーケティングが入手可能であれば，最適判断はテスト結果がGoであれば製品化して10億5000万円のゲインを得て，No Goであれば製品化せずにゼロのロスを得ることである。パーフェクトなテストの結果は0.4の確率でGo，0.6の確率でNo Goが起きるので，EV|PI＝0.4×10.5＋0.6×0＝4.2億円となる。テスト・マーケティングをしなくても1億円の収益が期待できるので（EV|CI），完全に正確なテスト・マーケティングに対して払う価値は，EVPI＝EV|PI－EV|CI＝3.2億円となる。それより値段の高いテスト・マーケティングは，いかに予測精度がよくても迷わず却下できる。

そのほかの対処としては，ペイオフや確率の評価を何人かのプロがコンセンサスで決めるノミナル集団法（nominal group technique），デルファイ法（DELPHI method），脚立法（stepladder technique）などの集団意思決定法が役に立つであろう。

Column ⑨　マーケティング・リサーチでよく利用される2次データ

本文中でも述べたように，マーケティング・リサーチを実施する際には，まず2次データが利用できないかを検討する必要がある。2次データには内部データと外部データとがある。次表は，主として公的機関が収集，公開している2次データについて，その種類と入手先を整理したものである。

表1　マーケティング・リサーチで利用される2次データの例

データの種類	調査実施機関	URL
景気統計（景気動向指数など）	内閣府	http://www.esri.cao.go.jp/jp/stat/menu.html
家計調査	総務省統計局	http://www.stat.go.jp/data/kakei/index.htm
消費者物価指数	総務省統計局	http://www.stat.go.jp/data/cpi/index.htm
全国消費実態調査	総務省統計局	http://www.stat.go.jp/data/zensho/2004/cgaiyo.htm#3
国勢調査	総務省統計局	http://www.stat.go.jp/data/kokusei/2005/index.htm
商業統計	経済産業省経済産業政策局	http://www.meti.go.jp/statistics/tyo/syougyo/index.html
商業動態統計調査	経済産業省経済産業政策局	http://www.meti.go.jp/statistics/tyo/syoudou/index.html
サービス業基本調査	総務省統計局	http://www.stat.go.jp/data/service/2004/index.htm
百貨店販売額	日本百貨店協会	http://www.depart.or.jp/cgi-bin/WebObjects/jdsa.woa/wa/showSales
チェーンストア販売統計	日本チェーンストア協会	http://www.jcsa.gr.jp/2_statistics/2_statistics.htm
コンビニエンス・ストア売上高	日本フランチャイズチェーン協会	http://jfa.jfa-fc.or.jp/tokei.html
SC年間販売統計調査	日本ショッピングセンター協会	http://www.jcsc.or.jp/data/report_selling/index.html
通信販売売上高	日本通信販売協会	http://www.jadma.org/02oshirase/02d-tokei.html
新車登録台数	日本自動車販売連合会	http://www.jada.or.jp/contents/data/index.html
消費者心理調査	日本リサーチ総合研究所	http://www.research-soken.or.jp/reports/csi/index.html
生活者意識調査	日本銀行	http://www.boj.or.jp/type/release/teiki/ishiki/index.htm
テレビ視聴率	（株）ビデオリサーチ	http://www.videor.co.jp/data/ratedata/r_index.htm
広告経済関連データ	（株）電通	http://www.dentsu.co.jp/trendbox/adkeizai/index.html
新聞雑誌広告　広告出稿動向	エム・アール・エス広告調査（株）	http://www.mrs-ads.com/mrsrep/index.html
新聞広告　各種調査	日本新聞協会	http://www.pressnet.or.jp/data/list.htm
雑誌発行部数リスト	日本雑誌協会	http://www.j-magazine.or.jp/data_001/index.html

5　1次データの収集方法

> **質問法**

1次データを収集するための調査には大きく分けて3つの方法がある。それらは**質問法，観察法，実験法**の3つである。まず，質問法について説明しよう。質問法を調査対象者への接触方法によって分類すると，主な方法として**面接調査，電話調査，郵送調査，留置調査，インターネット調査**をあげることができる。

面接調査は文字通り調査員が調査対象者に面接しながら調査を行う方法である。調査員が調査対象者の自宅などを訪問する**訪問面接調査**のほか，面接を行う場所によって，**街頭面接調査，店頭面接調査**などがある。また，調査員と調査対象者が1対1で行う調査のほかに，調査対象者が1つの会場に集合して実施される**集合面接調査**がある。

面接調査では，写真や製品そのものを見せたり，多少複雑な質問でも調査員が丁寧に説明することによって調査対象者に理解してもらうことが可能だといった利点がある。これに対し，調査員の人件費をはじめとしたコストがかかることが大きなネックになる。日本では，伝統的にマーケティング・リサーチにおいては訪問面接調査のウェイトが高かったが，徐々にそのウェイトが低下してきている。

電話調査のメリットは即時性にある。新製品の知名率やCM認知度などを発売後すぐに確認し，以降のマーケティング計画の修正に役立てたい，というようなニーズに適している。ただし，あまり複雑な質問を行うことができないし，数多くの質問を行うこともできない。

郵送調査は調査票を郵便で送り，郵便で返却してもらう調査である。郵送調査の利点の1つは低コストということである。面接調査や電話調査などのように調査員の人件費がかからないため，低コストで実施可能である。欠点の1つは本人確認ができないということである。ある特定の人を対象として調査票を送り，それが返送されたとしても，記入したのが本人か否かは確認しようがない。

　留置調査は，調査票を調査対象者のところに留め置き後日回収する方法である。調査票を郵送し，後日訪問して回収する方法，最初に訪問し調査票について説明したうえで，後日郵送してもらう方法など，いくつかのパターンがある。製品の使用状況などを一定期間にわたって記入してもらう**日記調査**などでは，留置調査が必須となる。

　近年では，インターネットの普及に伴い，インターネット調査の利用度が高くなってきている。インターネットを利用した調査方法は大きく3つに分けられる。1つは，電子メールで質問を送り，電子メールで回答してもらう方法である。この方法は，調査対象者が手軽に回答できる利点があるが，電子メール上で複雑なレイアウトの質問票を構成することは難しいので，シンプルな質問構成にする必要がある。2つ目の方法は，質問項目が掲示されているWeb上のアドレスを電子メールで送付し，それを通じてホームページにアクセスしてもらいWeb上で回答してもらう方法である。Web上で質問票を作成することにより，回答によって次に提示する質問を変えるなど，少し複雑な質問構成にも対応することができる。最後の方法は，Web上に質問票を掲示し，そこにアクセスした人に自由に回答してもらう方法である。この方法を利用すると，調査対象者の名簿やメールアドレスを保持していなくても調査が可能となる。しかしながら，後述するような母集団を設定し標本を抽出するとい

うステップを踏むことが不可能なため，回答結果から母集団の値を推計するといったことは不可能であり，統計的誤差に関する議論もできない。

観察法

観察法は，調査対象者の行動を，調査員が自分の目と耳を使ったり，ビデオカメラなどを利用して文字通り観察する方法である。観察法はさらに，調査員と対象者との接触があるか否かによって**参与観察**と**非参与観察**とに分けられる。

非参与観察は，調査員が調査対象者の行動を外から観察する方法であり，対象者の自然な行動を把握しようとするものである。観察法の典型的な例として，小売店舗内の買物行動に関する調査があげられる。調査員は，調査対象者に気づかれないようにしながら，対象者の売場内の歩行経路や製品の購入状況を記録する。多くの場合には，対象者が観察されていることを認識することによって行動が変化してしまうため，調査員が対象者に気づかれないように観察することになる。狭い範囲の行動を捕捉する場合には，ビデオカメラを利用した観察も行われる。

これに対し，参与観察は調査員が調査対象者（多くの場合には調査対象グループ）と一定期間行動を共にしながら実施する。したがって，参与観察の場合には，調査対象者が観察者を認識することになる。たとえば，海外や国内のパッケージ・ツアーに参加した旅行者が，どのように土産物を購入しているかについて，その実態を深く理解しようとするような場合に，参与観察が利用される。この場合，観察者が調査対象者である旅行者と同じ行動をとり，旅行者の行動を見続け，彼らと会話を交わすことによって，土産物の購買行動に関する豊かな知見を得ることが期待できる。

参与観察は，このように特定の対象者やグループを内側から観察

することによって，質問調査などでは得られにくいような，事実や知見を抽出しようとするものである。

> **実験法**

実験法には**フィールド実験**と**実験室実験**がある。前者は，実際のフィールドで行われる実験であり，営業している店舗を利用した実験などがこれに当たる。これに対し，模擬的な売場を設定して行うような実験は後者の実験室実験に相当する。

実験法は，原因と結果に関する因果関係を明確に捕捉するために実施される。実験法によってはじめて，原因と結果との関係がクリアになるようなケースも多い。たとえば，前述したさまざまな社内データによって，製品ごとの売上げの詳細は明らかになるだろう。小売業者であれば，POSデータによって店舗別，日別に単品別の売上げが捕捉できる。こうしたデータがない場合でも，観察調査によって，どの製品がいつどれくらい売れたのかを捕捉することもできる。また特定の店舗内において，どの製品が，どの売場の，どの位置に，どのくらいのスペースで陳列されているかを捕捉することができる。しかしながら，一般には，これらのデータから製品の位置やスペースと売上げとの因果関係を明確に捕捉することは難しい。製品間の売上げの差が，陳列位置やスペースの要因によるのか，製品そのものの差に起因するのか，あるいはその他のさまざまな要因が影響しているのかを識別することが困難だからである。

こうした場合には，対象製品群の陳列位置や陳列スペースを計画的に変更し，その結果として売上げがどのように変化するかを確認することによって，両者の因果関係を明確に捕捉することが可能となる。このように，実験法によって，焦点を当てている要因が結果に対してどのように影響しているかを，他のさまざまな要因による影響と識別して抽出することが可能となる。

調査対象者の選定

調査対象者の設定方法は、**全数調査**（悉皆調査）と**標本調査**の2つに分けることができる。官公庁が実施する調査ではしばしば全数調査が行われるが、マーケティング・リサーチにおいては、ほとんどが標本調査となる。若い女性をターゲットとした新製品の調査を実施する際に、その全員を調査対象とするわけにはいかない。調査対象となる標本（サンプル）を抽出するためには、まず**母集団**を設定し、そこから何らかの方法で標本を抽出する必要がある。

母集団から標本を抽出する際には、できるだけ偏りのない標本を抽出したいと考えるのが普通である。若い女性をターゲットとした製品に関する調査を企画した会社が、自社の女性社員を対象として調査を行っても、偏りのある結果しか得られない。そのため、設定した母集団から無作為に標本を抽出することが、標本抽出に関する基本的な考え方となる。**無作為抽出**によって、母集団に対してできる限り偏りのない標本を抽出することが可能となり、さらに、標本から得られた結果の誤差を推定することができる。これによって、標本調査の結果から母集団の値を推計することが可能となる。

無作為抽出の中で最も基本的な方法は、**単純無作為抽出**である。たとえば、100人の母集団の中から10人の標本を抽出する場合を考えてみよう。母集団の100人に1〜100までの番号が付けられ、無作為に10個の番号を選んで10人を抽出する方法が、単純無作為抽出である。ただし、実際の調査を行う場合には、このような方法が不都合になる場合がある。たとえば、母集団を構成する消費者が日本全国に在住している場合に、単純無作為抽出によって標本を抽出するとさまざまな地域の居住者が抽出されることになる。こうして得られた標本に対し訪問面接調査を行うことは非常に効率が悪い。また、そもそも母集団を構成する消費者全員からなる名簿を準備す

ることも困難である。そこで，実際の調査や標本抽出に関する便宜を図るために，さまざまな種類の無作為抽出法が考案されている。

調査によっては標本を無作為抽出することが不可能な場合がある。たとえば，非常に特殊な趣味を持つ人々を対象に調査を行いたいという場合を考えよう。これらの人々が，どこに，どれくらい存在しているかがわからなければ，母集団の特定ができない。便宜的に，一般の人々を母集団として無作為に標本を抽出しても，こうしたごく少数の人々がたまたま調査対象となる確率は低く，非常に効率が悪い。

このように，無作為抽出が困難であったり意味のない場合も多く存在する。こうした場合には**有意抽出**という方法がとられる。これは，調査者が意図を持って標本を抽出する方法であり，先のような例であれば，まず少数の特殊な趣味を持つ人を見つけて，その人たちに順次同じ趣味を持つ人々を紹介してもらい，雪だるま式に調査対象者を探すというような方法がとられることがある。これは**スノーボール法**と呼ばれ，有意抽出法の一種である。

無作為抽出法，有意抽出法にもさまざまな方法があるが，本書ではそれらについての説明は割愛する。詳細については，巻末で紹介した参考書を参照してほしい。

Column ⑩ 標本調査における統計的誤差

無作為抽出によって，標本調査における統計的誤差を特定できる。ここでは，本文で述べた単純無作為抽出法によって抽出した標本に対する調査に関する誤差について説明しよう。なお，統計的誤差に関するより詳細な議論は，鈴木・高橋（1998）などを参照してほしい。

いま，ある母集団から単純無作為抽出法によって複数の標本セットを抽出することを考えよう。たとえば，母集団としてある地域の成人男性を設定し，得られた標本の身長を測定するとしよう。最初に得られた標本における身長の平均を算出しそれを$\overline{X}_1$とする。さらに，二度目に得

られた標本による平均値を $\bar{X}_2$ とし，以下，$\bar{X}_3$, $\bar{X}_4$, …, $\bar{X}_m$ としよう。

標本平均 $\bar{X}_1$, …, $\bar{X}_m$ の分散 $V(\bar{X})$ の理論値は，

$$V(\bar{X}) = \frac{N-n}{N-1} \cdot \frac{\sigma^2}{n}$$

となる。ここで，N は母集団の大きさ，n は標本サイズ，σ^2 は母集団における特性値（この場合は身長）の分散である。なお，式における $N-n/N-1$ は有限修正項と呼ばれ，母集団のサイズ N が標本サイズ n に比して非常に大きい場合にはこの値をほぼ1と見なすことができる。

標本平均の標準偏差は標準誤差と呼ばれ，

$$S(\bar{X}) = \sqrt{\frac{N-n}{N-1} \cdot \frac{\sigma^2}{n}}$$

で表される。

次に，ある母集団から単純無作為抽出法によって複数の標本セットを抽出し，得られた標本から，母集団の何らかの特性に関する比率を算出することを考えよう。たとえば，ある製品に関する保有の有無を調査するものとし，m 回の標本抽出によって得られた保有率の値をそれぞれ，p_1, p_2, p_3, …, p_m としよう。この場合，標本比率 p の分散 $V(p)$ の理論値は以下のようになる。ここで，P は母集団における保有率である。

$$V(p) = \frac{N-n}{N-1} \cdot \frac{P(1-P)}{n}$$

同様に，標本比率の標準誤差 $S(p)$ は，次のようになる。

$$S(p) = \sqrt{\frac{N-n}{N-1} \cdot \frac{P(1-P)}{n}}$$

標本の誤差は一般に標準誤差で表される。以上の式からわかるように，この値は標本サイズの平方根 $\sqrt{n}$ に反比例する。逆にいえば，調査の精度は $\sqrt{n}$ に比例すると見ることができる。したがって，調査の精度は標本サイズそのものに比例して向上するわけではない。1次データの収集に際しては，標本サイズを増加することによる誤差の改善度と，標本サイズの増加によるコストや調査期間の増大といったトレードオフを考慮する必要がある。

Column ⑰ 家計調査

マーケティングで利用される情報の中でも，消費者の消費動向に関するデータは頻繁に利用されるものの1つである。家計調査は，世帯の所得と消費について捉えた統計であり，企業のマーケティング・リサーチにおいても非常によく利用される2次データの1つである。ここでは，家計調査の特徴について整理しよう。

家計調査は，総務省統計局によって行われている調査である。調査対象などについて何度かの改正が行われているが，近年では2002年1月に大きな改正が行われた。改正点の1つは，このときから単身世帯が調査対象に加わったことである。単身世帯の家計状況については，1995年から調査が始まり，2001年までは「単身世帯収支調査結果」として公表されていた。この調査が2002年1月に家計調査に統合され，単身世帯の家計状況も家計調査結果として公表されるようになった。また，2002年1月からは，世帯の貯蓄と負債も家計調査の中で調査されるようになった。この結果，現在の調査内容は次のようになっている。

(1) 調査の対象

学生の単身世帯を除外した全国の全世帯が調査対象である。ただし，料飲店や旅館などを営む併用住宅の世帯や外国人世帯などは，世帯としての収支を正確に計ることが難しいことなどから除外されている。

(2) 調査世帯の選定

上記の調査対象世帯を母集団として，層化3段抽出法という方法で調査世帯が選定される。層化3段抽出法は無作為抽出法の1つの方法であり，家計調査では次のようなステップで調査世帯が抽出される。まず，第1ステップでは人口規模によって市町村が層化され，各層から市町村が抽出される。第2ステップでは調査活動の効率性を考慮して設定された，各市町村内の単位区の中から調査単位区が抽出される。さらに，第3ステップで抽出された単位区から調査世帯が抽出される。調査世帯は，2人以上の世帯については6カ月，単身世帯については3カ月継続して調査され，順次，新たに選定された世帯と交代する仕組みになっている。たとえば2人以上の世帯の場合には，毎月6分の1ずつの世帯が順次入れ替わることになる。

(3) 調査方法

調査は「世帯票」「家計簿」「年間収入調査票」および「貯蓄等調査票」の4種の調査票を用いて行われる。家計簿は一定の書式になっており，調査世帯が日々の家計上の支出について，品目ごとに購入金額と購入数量とを記入する。購入数量は総務省から配布された「はかり」を用いて量る。なお，「貯蓄等調査票」は2人以上の世帯が対象となり，貯蓄・負債の保有状況などの調査に利用される。

(4) 結果の公表

2人以上の世帯のうち勤労世帯に関する調査結果は調査月の翌月末に，全世帯の調査結果は翌々月の5日前後に，それぞれ速報が公表される。その約1カ月後には「家計調査報告」（月報）が刊行され，年平均の結果が「家計調査年報」として翌年6月ごろに刊行される。なお，単身世帯の調査結果および単身世帯を含めた総世帯の調査結果は四半期ごとに公表される。

➡課　題

1　上述したように，現在ビデオリサーチが実施している世帯視聴率調査では，関東地区の世帯数1772万5000の母集団（2010年10月時点）に対して600世帯の標本を抽出して調査を行っている。ここで，ある番組の標本視聴率が20%であったとき，信頼区間を95%として母集団視聴率の区間推定を行ってみよう。また，標本サイズが1200，1800，2400と変化したときに，母集団視聴率の信頼区間がどのように変化するかを確認してみよう（いずれのケースも，標本視聴率は20%，信頼係数は95%とする）。

2　まず，任意の項目に関する100人分のデータを収集しよう（身の回りにいる100人の身長でもよいし，過去に自分が受けた100回分のテストの得点でもよい。あるいは乱数を100回発生させてもよい）。この100人分のデータから単純無作為抽出法によって10人を選出し，10人の平均値を算出する。この作業を何十回も繰り返し，算出した平均値の分布がどのようになるかを確認してみよう。

3　コラム⑨で示したさまざまなデータの情報源にインターネットを通

じてアクセスし，実際にデータの内容を確認したうえでそれぞれの情報源の特徴を整理してみよう。

4 Webエクササイズ

http://www2.kke.co.jp/marketingscience にアクセスしよう。

第4章 マーケティング戦略の決定

> ●イントロダクション：マーケティング戦略を定める
>
> 製品仕様の決定，価格設定，広告，流通といった具体的なマーケティング・ミックスの意思決定が整合的で一貫性を持って行われるためには，明確なマーケティング戦略を策定することが必要となる。顧客をよく理解し，ターゲットとすべきセグメントを決定し，そのセグメントに最も強く訴求するように戦略ポジショニングを決めなければならない。この"だれに""何を"を決めるためには，少なくとも2つの視点から慎重な分析を行う必要がある。1つは類似した消費行動をとる同質的な集団に顧客を分割する作業であり，いま1つはそれに先立って市場の競争構造を明らかにする作業である。前述の通り，市場の競争構造分析の課題は，競合他社の製品を含む緩やかに定義された製品カテゴリーにおいて，製品間の競合状況を考察し競争優位に立つための戦略的な事業領域を確定することであった。もちろん，この2つは相互に密接に関連しており，ターゲティングを定める際は，同時に考慮されなければならない。このように，マーケティング戦略策定においては，セグメンテーション（S），ターゲティング（T），ポジショニング（P）の3つを明確に規定する必要がある。本章では，顧客の分割，セグメンテーションの方法の紹介から始め，続いてターゲティングと戦略ポジショニングについて考えていきたい。

1 マーケット・セグメンテーション（市場細分化）

明確な STP の決定

なぜ，マーケティング・ミックスの決定に先立って，STP（セグメンテーション，

ターゲティング，ポジショニング）を明確に決定しなければならないのであろうか。化粧品市場を例にその理由を考えてみよう。化粧品市場においては，高価格帯の製品群は対面販売を行う百貨店が主要なチャネルである。なぜ，それらはコンビニエンス・ストアやドラッグストアのようなチャネルを通して売られないのであろうか。「低価格帯の化粧品は，すでにドラッグストアで売られている。高級品も一緒に販売してはどうか」といった提案に対して，はっきりと "NO" といえるためには，STP を明確にしておく必要があるのである。

化粧品に限らずアップスケール・マーケット（高級品市場）で**価格プレミアム**（より大きなマージン）をとるためには，**製品差別化**に基づいた**ブランディング**がとくに重要である。その場合には，広告コピーの内容はいうまでもなく，ターゲットとなる顧客層がどのような雑誌を選ぶかといったメディア選択や店舗の質感といったことも同時に強く意識しなければならない。1つひとつのマーケティング活動がばらばらではなく整合的かつ一貫性を持って行われなくては，そのセグメントの高い要求水準に十分応えることはできず，ブランドを構築し高い顧客満足度を達成することはできない。ターゲットとなる顧客層を明確に定義することなくして，整合的で一貫性あるマーケティング活動などありえないのである。このように，"だれに，どのようなベネフィットを提供するのか？" ということを，具体的なマーケティング・ミックスの決定に先立ってマーケティング戦略で明確に規定しなくてはならない。

セグメンテーションの基準

戦略を目指すべきゴールへと導く地図にたとえるとすれば，セグメンテーションがその後のマーケティング戦略策定に決定的な影響を及ぼす。マーケット・セグメンテーションは市場細分化とも

いわれるが、後に述べるようなさまざまな尺度、たとえば、性別、所得、購買行動のパターンなどの違いにより、規定された市場における顧客を分割することである。セグメンテーションはいくつかの尺度を組み合わせて行われるのが普通であるが、どの尺度を使って分割したらいいかといった点について決まった方法はない。シルバー・マーケット、ベビー・マーケットといったように、年齢で顧客を分割することはよく行われる。しかし同じ30歳代であっても、価値観や行動には大きな差異が存在する。たとえば、成人の"読書"に対する消費行動は、年齢よりも学歴や職業の差のほうが説明力は高い。

当たり前のことだが、このようにある1つの尺度で顧客を分割することで消費者の行動を説明できる局面は限られているのである。"標的を定める"ことは、標的としないセグメントを決定することと同じである。すなわち、セグメントの尺度の決定がちょうど地図上の最初の分岐点を書くことに相当するのである。

1つ例をあげると、デルでは、サーバー、デスクトップ、ノートブック、周辺機器、ソフトなどの製品カテゴリーでセグメントを構成せずに、一般の消費者、ビジネス・ユーザー、教育機関などのように情報処理ニーズの違いにより市場細分化を行っている。このことによって、セグメント別のマーケティング・プロセスが効果的になり、より高い顧客満足を生み出せる。自社の提供する製品やサービスのレベルでセグメントを構築することは、一見、合理的に思えるが、マーケティングの基本を十分理解していない人たちが陥りやすい誤りである。このようにセグメンテーションの方法が、その後のマーケティング戦略やマーケティング戦術のベクトルを大きく左右することになる。ここで道を間違えたら、迷子になって永遠にゴールにたどり着けなくなることを覚悟しなければならない。

「コラム①アスクルのケース」を見てもわかるように,顧客の異質性を考慮して全体市場をいくつかの同質的な市場へ細分化することがセグメンテーションの考え方であり,目的である。細分化されたそれぞれのセグメントに含まれる顧客は製品やサービスに対して同質的な認識,選好,動機を有しており,別の細分化された顧客セグメントとは異質であるということがセグメンテーションの必要条件である。

たとえば,ある食品に対する味の好み(甘さを好むか辛さを好むか)を横軸にとり,縦軸には人数をとるとすると,図4-1のようなイメージの図を書くことができる。(a) が全体市場で,(b) と (c) はある尺度に基づいて (a) を分割したことを示している。その食品市場を分析するときに,(c) が性別による分割で,(b) が地域による分割であるとする。どちらのセグメンテーションが優れているといえるであろうか。この2つを比較してわかることは,ある地域の住人は辛さを好むのに対し,別の地域の住人は甘い味を好むことを (b) が示すことに成功しているのに対して,性別による好みの差はあまり大きくないということであろう。したがって,この図からは,(b) のほうが (c) よりも優れているといえよう。

このように,グループ内では同質,グループ間で異質になるようにグループ分けをすることが重要である。分割の基準となる尺度にはさまざまなものが利用されている。それらは,大別すると以下の4つに分類することができる。

(1) 地理的変数:国,地域,空間など
(2) 人口統計的変数(デモグラフィック変数):性別,年齢,ライフステージ,職業,所得,学歴,社会階層,資産など
(3) 心理的変数:ライフスタイル,認知度,関与度,好みや購買動機など

図 4-1 市場における分布の違い

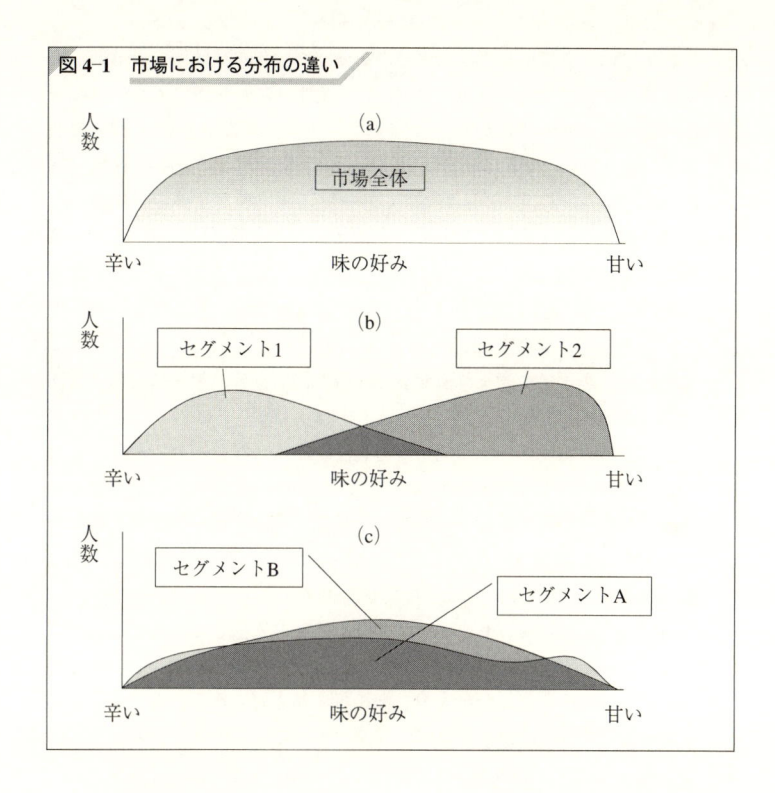

(a) 市場全体／人数／辛い──味の好み──甘い

(b) セグメント1、セグメント2／人数／辛い──味の好み──甘い

(c) セグメントB、セグメントA／人数／辛い──味の好み──甘い

(4) 購買行動変数：消費パターン，消費経験の有無，価格感度，プロモーションに対する反応パターンなど

Column⑫ ばらつきをヒントに分割を考える

統計学においては，平均からのばらつきを分散という測度で捉える。この分散の大きさを手がかりにして，セグメンテーションを行うことができる。以下では，いくつかのグループの平均値の差を検定する方法である分散分析の基本的な考え方を説明したい。分散分析では分割されたグループ別の平均，分散と同様に，グループ間の平均の分散も計算される。分散分析のより詳しい議論については，巻末に示した統計学の教科書などを参考にしてもらいたい。

表1に示されているようなデータを使った簡単な数値例で、分散分析のイメージをつかんでもらいたい。いま全サンプルを表のように、AとBの2つのグループに分割したとする。グループAの平均は20、分散は37.5、グループBの平均は12、分散は18である（分散の計算では$n-1$で除する点に注意）。2つのグループの平均値が全体の平均値の周りにどのように変動しているかは、全サンプルの平均である16からの残差二乗和を自由度（この場合は行数$-1=2-1$）で除することで計算され、32となる。また、グループAの分散とグループBの分散の平均を「込みにした分散」(pooled variance) というが、このケースではそれぞれのグループに含まれるサンプル数が同じなので単純に平均すればよい（27.75になる）。

さて、もしこのデータが同一の母集団から得られたものであり、したがってグループ間に本来差がない、AとBの差は偶然であると仮定すると、グループ間の変動と込みにした分散の関係はどのようなものになるかを考えてみよう。次式で示されるように、n個の標本の平均は、n個の確率変数の和にn分の1を乗じたものであるから、その分散は、母分散の$1/n$になる。したがって、標本分散をn倍してやれば母分散になる。上の数値例では、$n=5$であるから、32の5倍となり、160となる。一方、込みにした分散も母分散の推定量となるから、もし仮定が正しければ、2つの推定値は誤差の範囲で等しくなるはずである。これが、分散分析の考え方である。

$$Z = aX + bY$$
$$E[Z] = a\mu_X + b\mu_Y$$
$$Var[Z] = a^2\sigma_X^2 + 2ab\sigma_{XY} + b^2\sigma_Y^2$$
$$Var[Z] = a^2\sigma_X^2 + b^2\sigma_Y^2 \quad (\because \sigma_{XY}=0)$$

表1 分散分析

	I	II	III	IV	V	行平均
A	20	20	30	15	15	20
B	12	12	18	12	6	12

分散分析においては，以下の式のようにこれらの2つの分散の比をとり（これをF比という），その大きさにより仮説の妥当性を判断する。このケースでは，160÷27.75≒5.76となる。このF比は，仮定が正しければ誤差の範囲で1に近い値をとるはずである。実際に計算されたF比が1とどの程度離れているか，言い換えれば同一の母集団であるという仮説を前提にした場合に，どのくらい珍しいことが起こったかは統計の教科書に載っているF分布表を見ればわかる（この場合は，分子の自由度が1，分母の自由度が8であるので，F分布表から有意水準5%の臨界点は5.32であることがわかる）。計算されたF比はこの値より大きいので，仮定が正しければこのようなことは，100回に5回以下しか起きない。それぐらい珍しいことが起きたと考えるより，仮定そのものが疑わしいと考えるほうが合理的で自然であろう。したがって，この仮説は棄却され，2つのグループは統計的には有意な差があると判断されるのである。

$$F = \frac{n\sigma_X^2}{s^2}$$

2 セグメンテーションの方法

セグメンテーションの基準を見つける

セグメンテーションの実施に際しては，先述したような何らかの基準を利用して市場を分割することになる。たとえば，当該製品に対する選好や消費行動が，年代と性別によって大きく異なっていることがあらかじめ分かっていれば，年代と性別を基準としたセグメンテーションを行うことになるであろう。また，地域によって選好や消費の仕方が大きく異なっている場合には，地域を基準としたセグメンテーションが採用されるであろう。

ここで注意しなければならないことは，消費者のニーズの違いなどを深く理解せずに，性別，年代，収入などの直感的な基準に基づいて，自動的にセグメンテーションを行わないことである。このようにして形成されるセグメント数は，すぐに解釈不能なレベルに増えてしまうからである。たとえば，上記の基準で，年代が5つのカテゴリー（10代，20代，……50代以上），収入は5つのカテゴリーに分類されていたとし，性別も考慮すると，すでに合計で50の消費者セグメントが存在することになる。新しい基準を追加するごとに，セグメント数は幾何級数的に増えてしまう。

　上記のような明確な基準があらかじめ分からないこともある。その場合には，何らかのデータを利用して，製品の嗜好や消費行動と結び付いている消費者の属性を見つけ出すという作業が必要になる。たとえば，消費者の購買履歴データから，さまざまなブランドに関する個人別の購買データが得られたとしよう。このデータを利用して，後述するようなクラスター分析を行うと，ブランドへの選好が似た消費者同士がグループ化されることになる。ここから，それぞれのグループに分類された消費者の属性を整理することによって，何を基準にセグメンテーションを行えばよいかが明確になるであろう。

　セグメンテーションを行うための分析手法にはいくつかの方法があるが，以下では，クラスター分析と潜在クラス分析という手法を紹介する。

クラスター分析

　クラスター分析は，ある集団を複数の同質的な集団に分割していくために利用される最もポピュラーな方法である。クラスター分析では，データから対象間の距離を測定する。最も一般的な距離の定義は**ユークリッド距離**であり，対象1と対象2の距離は以下のように定義される。

$$d_{12} = \sqrt{\sum_{r=1}^{p}(x_{r1}-x_{r2})^2}$$

ここで，x_{r1}, x_{r2} は対象1と対象2に関するP次元のデータである。

ユークリッド距離以外にも，**ブロック距離**や分布状況を考慮した**マハラノビス汎距離**などの定義が知られている。対象間の距離は**表4-1**のようにマトリックスとして表記すると便利である。通常は，対象1から対象2の距離と対象2から対象1までの距離は等しく，対角線上は0になるから，対角線の上か下のどちらかを示せば十分である。直感的には，距離が近いものほど同質的であると考えられる。クラスター分析はこのような距離データが与えられたときに，距離の近い順番に対象をグループ化していく。

具体的には以下のような手順で計算が行われていく。

(1) 1つの対象が1つのクラスター（グループ）を形成していると考える。
(2) 距離の最も近い2つの対象を一緒にして，1つのクラスターとする。
(3) 1つひとつの対象，あるいは作成されているクラスターの中から，その次に近い2つを1つにする。すなわち，2つの対象から新たなクラスターを作成するか，ある対象を既存のクラスターに帰属させる。
(4) (3)に戻ってこの手順を繰り返し，すべての対象がクラスター化されるまで続ける（要するに最後は1つの集団になる）。

新しく形成されたクラスターとの距離は，形成されたクラスターの重心から測る（**重心法**）ことも，最も近い点から測る（**最近法**）ことも，最も遠い点から測る（**最遠法**）ことも可能であるが，どれか1つを選択する必要がある。そのような中で，比較的よく用いられるのは**ウォード法**である。いま，K 個のクラスターがあり，それぞ

表 4-1　クラスター分析

	A	B	C	D	E
A	0				
B	3	0			
C	7	4	0		
D	8	5	1	0	
E	13	10	6	5	0

れのクラスター内の平均偏差二乗和の合計をSとする。ウォード法は，その中の2つを1つにして，$K-1$個のクラスターにするときに発生するSの増加量を最も少なくするように新たな結合を考えるというものである。

表4-1の距離データを見てもらいたい。この場合は，C, Dの距離が一番近いのでこの2つが最初のクラスターを形成する。次に近いのはA, Bであるから，この2つが次にクラスターを形成する。読者は，最近法と最遠法におけるクラスター間の距離の測り方により，クラスターの形成が異なってくることを確かめてみられたい。

このようにクラスター分析は，クラスターの形成が距離に基づいており，なぜそのようなクラスターが形成されたのか理由がよくわからないといったケースがたびたび出現する。距離の定義やクラスター間の距離の測り方による結果の相違も，利用する側からすれば頭を悩ます点である。自動的にコンピュータがセグメンテーションをしてくれるような方法には注意が必要である。単純にデータをクラスター分析する場合に起こりうるこのような問題点を，少しでも減らすために便宜上よく使われている方法は，次のようなものである。ただし，以下に示す方法では，因子分析によって抽出された共通因子の因子得点だけを利用してクラスター分析を行うため，元デ

ータの有している情報をフルに用いるわけではない。分析結果を解釈する際には，この点に留意する必要がある。

(1) まず因子分析（第2章参照）などの多変量解析の手法でデータをうまく説明する少数個の要因を抽出する。いくつの要因を抽出するかの判断は難しい問題であり，統計的な情報量の減少率を判断基準にするのが常識的である。しかし，知覚マップなどの視覚的なツールの利用を考えた場合には，現実的には抽出される要因（因子）の数はせいぜい2～3個である。これは，分析者側の情報処理能力・判断力に限界があるからである。

(2) それぞれの対象を，抽出された要因を軸にした多次元空間に位置付ける。このような手続きにより，ある対象とある対象（セグメンテーションの場合は"人"）がどのような理由で距離的に近いか遠いかがわかる。

(3) この縮約され新たにつくられたデータをクラスター分析にかける。このようにすると，あるクラスターに含まれる人たちがどのような共通の特徴を持っているかを，比較的簡単に理解することができる。

セグメンテーションは創造的なプロセスであり，手法に振り回されることはナンセンスである。意思決定者にとって価値のないセグメンテーションは，結果が統計的に有意であっても何の意味もない。数量的な分析をする場合には，とくに実際に現象が起きている現場の生の感覚や何のための分析かということを分析者自身が十分に意識しないと，優れた分析はけっしてできないことを改めて強調しておきたい。

潜在クラス分析

潜在クラス分析は，母集団が異質な複数の集団の混合によって構成されていることを想定したうえで，観測されたデータを用いて分析対象を複数の潜在

クラス（グループ）に分割し，各クラスの特徴を把握するという手法である。

　潜在クラス分析は，クラスター分析と同様に，セグメンテーションのためによく利用される。たとえば，顧客別・商品別の購入データに潜在クラス分析を適用し，顧客のグループ化を行うことができる。同様のことはクラスター分析でも可能だが，潜在クラス分析の場合は，顧客の購入の状況を確率モデルとして表現する点が，クラスター分析と異なっている。この特徴は，他の分析モデルと組み合わせて拡張しやすい，分析対象の各クラスへの振り分けをクラスへの所属確率として把握できる，などの利点につながっている。

　ここでは，上述した顧客のセグメンテーションに潜在クラス分析を適用することを想定し，仮想データを利用して説明しよう。**表4-2**は，20人の顧客のブランドA～Dの購入状況を表している。表中の数値の1は購入を，0は非購入を示す。表のように，これらの顧客は，A，Bを購入する層とC，Dを購入する層に大きく分かれている。

　このデータに潜在クラス分析を適用したところ，クラス数＝2のモデルが適当だと判断された。潜在クラス分析では，適切なクラス数が分析結果としてアウトプットされるわけではない。任意のクラス数を指定した分析を複数回実行し，AIC（Akaike's information criterion），BIC（Bayesian information criterion）といった情報量基準などの指標を比較することによって，適切なクラス数を判断する。このようなステップを経て，表4-2のデータの分析結果からは，クラス数＝2のモデルが適切だと判断された。

　潜在クラス分析では，各クラスの相対規模，サンプルごとの各クラスへの所属確率がアウトプットされる。2つのクラスへの20人の顧客の所属確率は，表4-2に示されている。このように各顧客と

表4-2 潜在クラス分析の例

顧客No.	A	B	C	D	クラス1 所属確率	クラス2 所属確率
1	1	1	0	0	0.999	0.001
2	1	1	0	0	0.999	0.001
3	1	1	0	0	0.999	0.001
4	1	1	0	0	0.999	0.001
5	1	1	0	0	0.999	0.001
6	1	0	0	0	0.994	0.006
7	1	0	0	0	0.994	0.006
8	1	0	0	0	0.994	0.006
9	0	1	0	0	0.991	0.009
10	0	1	0	0	0.991	0.009
11	0	0	1	1	0.001	0.999
12	0	0	1	1	0.001	0.999
13	0	0	1	1	0.001	0.999
14	0	0	1	1	0.001	0.999
15	0	0	1	1	0.001	0.999
16	0	0	1	0	0.006	0.994
17	0	0	1	0	0.006	0.994
18	0	0	1	0	0.006	0.994
19	0	0	0	1	0.009	0.991
20	0	0	0	1	0.009	0.991

もに、いずれかのクラスへの所属確率が1に近い数値になっていることがわかる。さらに、クラス1に属する顧客はA, Bを買いやすく、クラス2に属する顧客はC, Dを買いやすいことが分かる。なお、2つのクラスの相対規模は、いずれも0.5となっている。

このように、潜在クラス分析を用いることによって、分析結果から適切なクラス数を判断したうえで、各サンプルのそれぞれのクラ

スへの所属確率と各クラスの相対規模を把握することができる。

セグメンテーションの評価

近年，顧客を取り巻く環境は大きく変化してきており，セグメンテーションの必要性は増してきている。セグメンテーションは創造的な活動であり，うまく行えば競争優位に立ったり，新たなビジネス・チャンスを発見したり，未開拓の市場を創造する可能性を持っている。

しかし，企業として各セグメントに対応するために必要な労力が増大するというデメリットがあることも忘れてはならない。すなわち，細分化された市場は全体市場の一部にすぎないから，まず規模の利益は減少する。また，たとえば選好やライフスタイルの異なる複数の顧客層に対応しなくてはならない点で，組織的な対応が急速に複雑になる。企業にとっては，セグメント数の増加に伴うコストの増加と，顧客への対応がうまくいくことによる収益の増加とを慎重にバランスさせる必要がある。この両面を同時に配慮しつつ，セグメンテーションを行うことが重要である。

3 ターゲティングとポジショニング

ターゲティング

これまで見てきたような論理的なプロセスにより，市場の競争構造とセグメンテーションに対する理解を深めることが重要である。そのうえで，だれに対して（ターゲティング），どのような製品・サービスを通じて（市場の規定），どのような価値を提供するのか（戦略ポジショニング）を慎重に決めなければならない。ターゲット（標的）となる顧客層にとって，自社が提供する製品・サービスのベネフィットが重

要であり，競合他社にない独自のものでなくてはならない。

　識別された複数のセグメントの内からターゲットを絞ったら，次のステップは，記述変数で対象とするターゲット・セグメントを描写し，アプローチの手段を考察することである。ここでの記述変数は，特定のセグメントにアクセスしマーケティング活動を行うために用いられるため，セグメンテーションで使われた基準変数と同じである必要はない。たとえば，新製品の広告をどの雑誌に出稿するべきかを計画する場合，ターゲットとしている顧客セグメントとそうでないセグメントで，読んでいる雑誌の違いを把握することが重要である。ここでの記述変数は，読んでいる雑誌の種類になる。またダイレクト・マーケティングなどでは，企業はターゲットとしたセグメント内での顧客獲得を行うために，記述変数の値から消費者の属するセグメントを予測する必要がある。ターゲティングでは，セグメントと記述変数の関係を知ることが重要になってくる。

　ターゲティングにおいて対象とするターゲットは1つとは限らないし，異なるターゲット間で相乗作用が働いてうまくいくような場合も考える必要がある。しかし，ターゲティングで大切なことは，異なるターゲット・セグメントには異なるマーケティング・プログラムで対応するということである。すべてのターゲット・セグメントに対して同一のマーケティング・プログラムを適用するのでは，セグメンテーションとターゲティングを行う意味がなくなってしまう。

ポジショニング

ターゲティングに次ぐプロセスがポジショニングである。ポジショニングは，「標的顧客の心の中に独自のポジションを占めるために，製品の特徴やイメージをデザインすること」というように説明できる。ポジショニングは，たとえば次のように表現される。「30人以下の小規模事業

所やSOHOに対して，オフィスの中で日常的に必要になる消耗品，とくに事務用品を，必要なときに，低コストで提供する」，「家族で楽しく乗れる，最も安全で耐久性のある，アップスケール・マーケットのワゴン車」。

このように明確なポジショニングを行うことによって，その製品が標的顧客に対してどのような価値を提供するのかが規定されることになる。ここでいう価値とは，第5章のバリュー・マーケティングで説明されるように，製品やそのイメージ，付随するサービスなど顧客に満足感をもたらすものから，支払わなければならない費用，考える労力，心理的コストなど不満足をもたらすものを差し引いたものとして考えることが重要である。単に価格が安いからといって価格に見合っただけの品質が得られなければ，価値があるとはいえない。価格と品質の両面から価値をとらえることが重要である。

ここでいう品質には，耐久性といった単なる機能的な側面ばかりでなく，「楽しく乗れる」，「健康志向」といった感情的な側面の意味も含まれる。ポジショニングを考える際には，品質と価格の水準をどのレベルに設定するかも同時に決定しなくてはならない。

成功を収めた企業のマーケティング戦略や競争戦略を調べた研究においては，①卓越したオペレーションで低価格を実現する，②顧客との優れた関係性の構築を通じて解決策を提供する，③卓越した品質で最高の満足感を提供する，という3つのどれかを選択することが成功の秘訣であることが示されている。3つを同時に追求して成功した企業は少ないということである。もちろん，どれか1つを選択したら他のものは関係ないというのではなく，他の項目に対しても競争企業にあまり見劣りしない程度には追求しなくてはいけない。

魅力的な標的市場の見当がついたとしても，そのターゲットに対

して高品質の製品をプレミアム価格で導入すべきか，必要十分な品質の製品を徹底した低価格で導入すべきかという選択に迫られるということである。あいまいな選択は，失敗の原因である。注意しなければならないのは品質だけではない。もちろん，ここまできちんと論理的なプロセスを踏んでくれば，このような意思決定に必要な判断材料はほとんどそろっているはずである。

　繰り返しになるが，だれに対して，どのような製品・サービスのレベルで，どのような価値を提供するかを明確にしておく必要がある。この意思決定に沿ってはじめて，次章から続くような具体的なマーケティング・ミックスの検討を始めることが可能になる。

Column ⑬　セグメントのプロファイリング

　基準変数に基づいてクラスター分析によってセグメント分けされた既存顧客を，アクセスに有用な記述変数で識別する方法としては，記述変数の線形結合型で行う判別分析と逐次的に行う決定木が代表的な手法である。

(1) 判別分析

　セグメント分けされた既存顧客を，その記述変数（デモグラ）の線形結合である判別関数の値（これを判別スコアと呼ぶ）によって区別する。したがって，同一セグメントの顧客では判別スコアが類似するし，異なるセグメントでは，このスコアが大きく違うことになる。判別関数の各記述変数に対する重みは，以下の式のように，判別スコアがセグメント間でなるべく異質に，またセグメント内でなるべく同質になるよう推定される。

$$\max \frac{\text{セグメント間の判別スコアの分散}}{\text{セグメント内の判別スコアの分散}}$$

推定された判別関数に基づいて，新規顧客の判別スコアを記述変数（デモグラ）の値から計算し，セグメントを識別する。新規顧客は，多次元においてセグメント重心までのマハラノビス汎距離（前述の「クラスター分析」の項参照）が一番近くなるセグメントに割り当てられる。この判別の精度はヒットレートなどで評価することができる。また，判別関

図1 判別分析

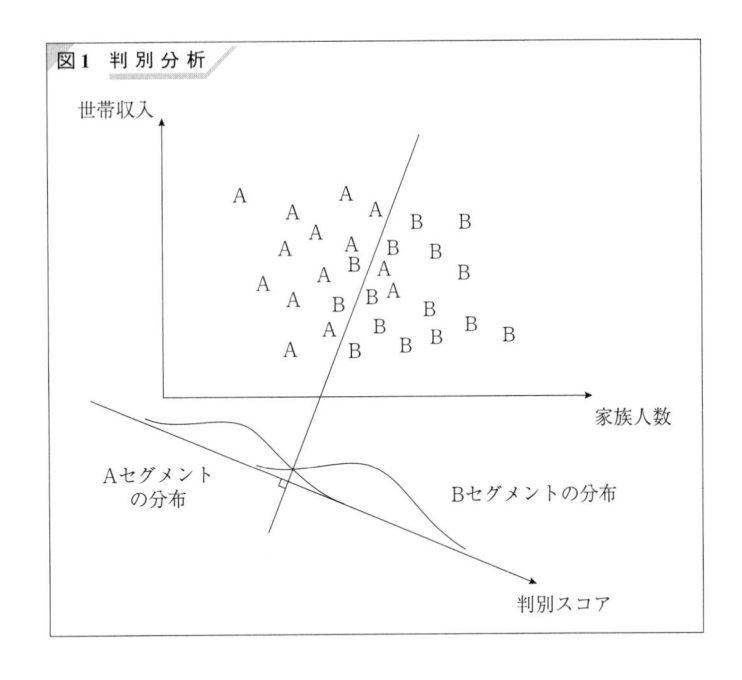

```
世帯収入
        A   A  A
       A A A    B  B
        A A A  B B B
       A  A A/B  B  B
      A  A A/B B   B
       A  A/B B B B
        A /A B B B B
       A / A B B B  B
         /  B
────────────────────────────────→ 家族人数
   Aセグメント          Bセグメントの分布
     の分布
                            ↘
                          判別スコア
```

数の係数を比較することで、どの記述変数が判別に有効かが分かる。

　例として、ある企業が顧客ターゲットとして、光ファイバーの高速ネット回線に対するニーズが高い消費者に絞る状況を考えてみよう。まずは、インターネットの使用目的（メール、ネット検索、動画）や使用頻度などアンケートから収集された基準変数の結果に基づいて、高速インターネット・サービスの必要性が高い消費者（B）と低い消費者（A）の2つのセグメントにクラスター分析で分けた。もちろん企業は、Bの顧客に対して高速ネット回線のマーケティング戦略を進めていけばよいのであるが、アンケートに答えていない消費者に関してはどちらのセグメントに属するか分からない。幸い、この企業は潜在顧客に関して家族人数と世帯収入という情報を持ち合わせていた。そこでクラスター分析でAかBのセグメントに分けられた消費者に対して、家族人数と世帯収入を記述変数とした判別分析を行った結果が図1である。AとBの

消費者を完全ではないが一番うまく分けられる直線が判別関数を表す。この直線の傾きは，家族人数と世帯収入の相対的な重み付け（線形結合）で決まる。この例では，世帯収入より家族人数のほうがセグメントの区別には有効であることが分かる。この直線と垂直に交わった線上に各消費者を投影した値が判別スコアになる。

若干の重複はあるものの，Bセグメントに属する消費者の判別スコアは，Aセグメントに属する消費者の判別スコアよりおおむね大きくなっている。アンケートに答えていない消費者でも，家族人数と世帯収入という情報から判別スコアを計算することによって，その値が大きければBセグメントに属する可能性が高く，この企業のターゲットになる。

ここでは簡単な2セグメント，2記述変数の例を考えたが，セグメントがK個存在する場合，最大$K-1$の直交する判別関数が存在する。セグメントの重心を判別関数別に計算することによって，どの関数はどのセグメントの区別に有効かが分かる。また第一判別関数から，とくにどのグループの差が大きいかが分かる。

(2) 決定木

決定木は，分析対象の顧客がなるべく1つのセグメントにだけ属するように，記述変数の値に基づいて2つのグループに分割するというプロセスを繰り返す手法である。セグメントを識別するうえで一番有効な記述変数から逐次的に2分割を繰り返すため，2本ずつ枝分かれしたツリー形状になる。末端の枝に行けば行くほど特定のセグメントの割合が大きくなるため，各枝分かれ条件を逐次的に適用することによって，そのセグメントを記述変数で判別するルールになる。

高速ネット回線のデータを決定木で分析した結果が，図2に示されている。これによると，まず高速ネット回線に対するニーズの高低は，家族人数が3人以上か3人未満かで大まかに分類できる。さらに家族人数が3人未満の場合，世帯収入が364万未満であるとニーズが低い可能性が強く（セグメントAの割合は90.5％），364万円以上であるとニーズが高い（セグメントBの割合が100％だが，全サンプルの2.2％を構成する7人しかいないことに注意）。家族人数が3人以上の枝を見ると，世帯収入が472万円以上，あるいは収入はそれ未満でも家族人数が

図2 決定木

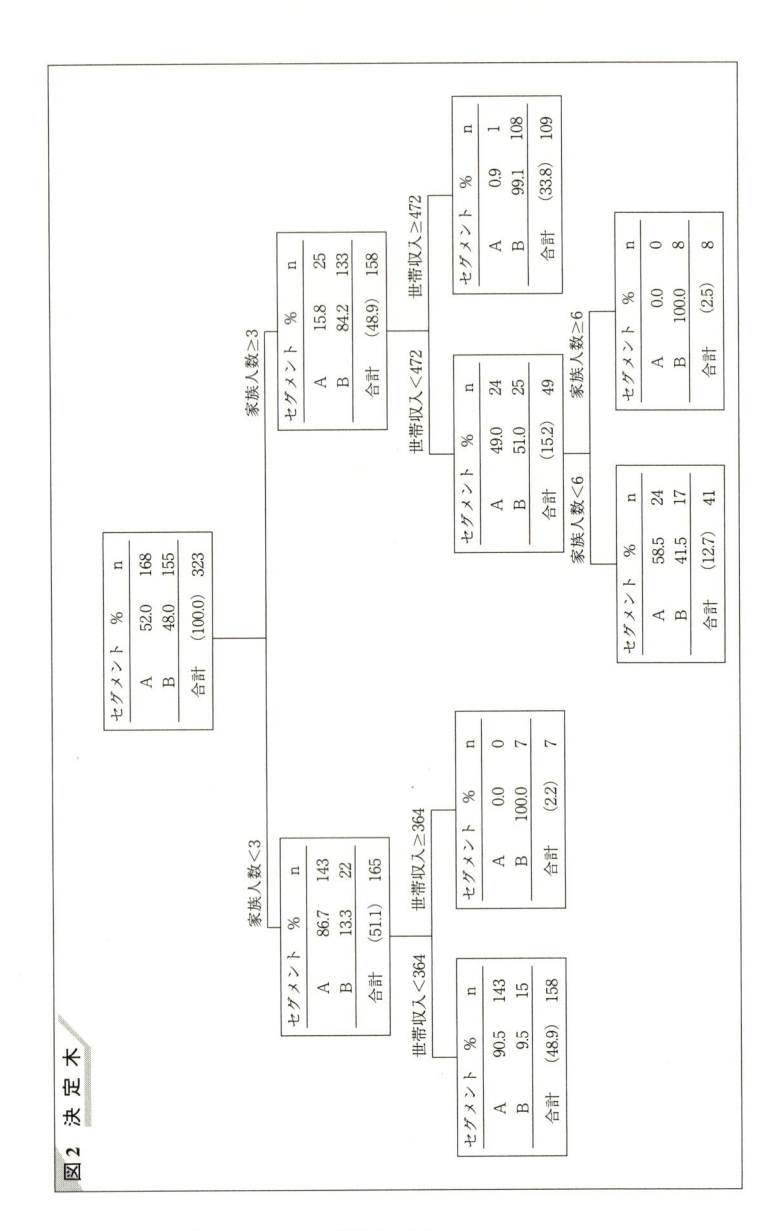

[根ノード]
セグメント	%	n
A	52.0	168
B	48.0	155
合計	(100.0)	323

家族人数<3 (左側)

セグメント	%	n
A	86.7	143
B	13.3	22
合計	(51.1)	165

— 世帯収入<364

セグメント	%	n
A	90.5	143
B	9.5	15
合計	(48.9)	158

— 世帯収入≥364

セグメント	%	n
A	0.0	0
B	100.0	7
合計	(2.2)	7

家族人数≥3 (右側)

セグメント	%	n
A	15.8	25
B	84.2	133
合計	(48.9)	158

— 世帯収入<472

セグメント	%	n
A	49.0	24
B	51.0	25
合計	(15.2)	49

—— 家族人数<6

セグメント	%	n
A	58.5	24
B	41.5	17
合計	(12.7)	41

—— 家族人数≥6

セグメント	%	n
A	0.0	0
B	100.0	8
合計	(2.5)	8

— 世帯収入≥472

セグメント	%	n
A	0.9	1
B	99.1	108
合計	(33.8)	109

6人以上の場合，ニーズが高い。それ以外の場合（3≦家族人数<6 かつ世帯収入<472万円）はニーズの高いセグメントの識別が難しい（セグメントAの割合は58.5%）。

決定木は離散的なセグメント分けの判別に用いられるのみならず，連続的な基準変数（購買意向など）の記述変数によるセグメント分けにも使われる。この場合，基準変数はセグメント間でなるべく異質に，またセグメント内ではなるべく同質になるように記述変数の条件が逐次的に選択される。この手法はデータ・マイニングや機械学習でよく用いられ，セグメント間の異質性を測定する基準やアルゴリズムによってCART，C5.0，AID，CHAIDなどさまざまなアプローチが存在する。

➡ 課　題

1　成功していると思う製品と，その製品カテゴリーで苦戦している競合製品について，セグメンテーションと市場の規定，ターゲティング，ポジショニングを比較してみよう。なぜ，ある製品がうまくいっているのに，他の製品はうまくいっていないのか，その理由を考えてみよう。

2　百貨店の売場の構成が，顧客から見た分類と対応しているかどうか，異なっている場合にどのような改善案があるか，グループで話し合ってみよう。

3　新しいセグメンテーションの軸を見つけることがマーケティング戦略にどのような意味を持つのか，ホンダの耕耘機 Pianta（http://www.honda.co.jp/tiller/）を例に考えてみよう（第2回マーケティング大賞奨励賞受賞）。

(1)　耕耘機市場のセグメンテーションにはどのようなものが考えられるだろうか。

(2)　カセット・ガスボンベを燃料にしたPiantaのターゲットとするセグメントの特徴を考えてみよう。Piantaの戦略ポジショニングはどのようなものか。

(3)　これまでにない切り口でSTPを決めることで，Piantaの4Pはユニークなものになった。Piantaの4Pについて調べてみよう。

(4) Pianta の競争優位を調べるために，競合ブランドとどのように認知的に差別化されているかを知覚マップをつくって確認してみよう。知覚マップが書けたら，知覚マップ上の各製品のポジショニングと消費者の選好がどのように関わっているか考えてみよう。

4 Web エクササイズ

http://www2.kke.co.jp/marketingscience にアクセスしよう。

第5章　製品デザイン

● イントロダクション：戦略を実現するための戦術を策定する

　前章でマーケティング戦略について考えた。そこでは競争優位に立つために，"だれに""どのような"価値を提供するかを簡潔かつ的確に規定することが求められた。本章から第9章までの各章では，そのようなマーケティング戦略を実現するための具体的なマーケティング戦術，すなわち4Pの策定方法について考えていくことにする。戦略が地図にたとえられるなら，戦術はその地図に基づいて目的地まで一歩一歩進んでいくことに相当しよう。ここでは，具体化のプロセスが課題となる。しかし第2章で見てきたように，顧客が製品・サービスを評価し選択する実際のプロセスは複雑であり，そのすべてを理解することは当面不可能である。それゆえ，そのような複雑な消費者の購買行動を非常に単純なモデルを通して眺めることには大きな利点がある。本章では，4Pの中の製品（product）に対する消費者の評価や購買行動を捉える属性アプローチの考え方を説明し，現実問題へ適用するプロセスを紹介する。

1 属性アプローチと製品ポジショニング

属性アプローチの考え方

　顧客の製品選択行動をモデル化する際に，マーケティング・サイエンスで最も広く採用されているのは**属性アプローチ**と呼ばれる考え方である。ビデオカメラを例にとって，属性アプローチとは何かを考えてみよう。幼稚園や小学校の運動会・文化祭で，わが子の元気な姿をビデオカメラの液晶画面越しに懸命に追っている父

図5-1　属性アプローチ

製品・サービス ⇔ 属性空間 ⇔ 効用・選好

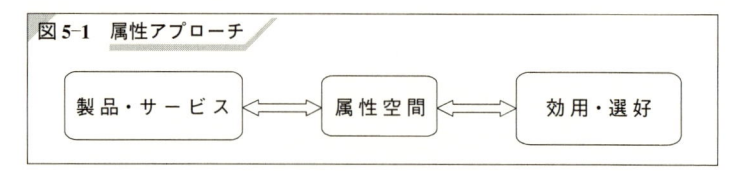

親・母親のほほえましい光景は，製品が顧客に提供する価値を考えるきっかけを与えてくれる。一体，顧客はビデオカメラに対して何を求めているのであろうか。ビデオカメラに支払われた対価は機能に対するものであろうか。そうではないだろう。顧客の本当に求めるものは，子どもとの楽しい思い出をいつまでも残しておきたいという親の思いであろう。属性アプローチでは，大型液晶ディスプレイ，高密度の画素数，小型・軽量のボディ，長時間持つバッテリーといった製品の属性（機能・特徴）と，このような見えない顧客の欲望とが結び付いていると考えるのである。

　図5-1のように製品・サービスが顧客に満足感をもたらすのは，製品そのものではなく製品を構成する属性であるというのが属性アプローチの基本的なアイデアである。製品は顧客に満足をもたらすいくつかの属性の束からなっており，顧客はそこから得られる総合的な満足感とその対価として支払うコストとを比較検討して，最も価値の高いものを選択していると考えるのである。属性アプローチにおいては，それぞれの製品が持っている属性のレベルやその組合せの違いに基づいて，製品に対する満足感の大小が判断される。

　製品・サービスをこのように属性の束として捉えるということは，反対に属性を軸に構成された多次元の属性空間上に製品・サービスを位置付けることが可能であることを意味する。競合する製品を含めて1つの共通の属性空間上に製品・サービスを位置付けることを**製品ポジショニング**というが，この属性空間上で自社製品の相対的なポジショニングを認識することで，顧客に提供できる便益は何か，

何を顧客は手にするのかを考えるのと同時に、競合する製品に対して競争優位を獲得するためには何が必要かを詳細に考察することができる。これは、STPにおいて決定した戦略ポジショニングを具現化するための、さらに一歩踏み込んだ分析であると考えてよい。

欲望と属性のつながりに注目するこの属性アプローチが広く支持される理由は、分析の起点が顧客の製品選択にあるからである。属性アプローチでは、すべてのマーケティング活動が顧客の視点から評価される構造になっているので、統合的なマーケティング・ミックスを考察することができる。すなわち、競争優位に立つために必要な製品開発やコミュニケーション計画、プライシング、流通といった相互に複雑に関連する多様なマーケティング活動をどのように決めていったらいいか、首尾一貫して応えることができるのである。

さらに、顧客の選択行動に対する説明力の高い少数個の重要な属性にフォーカスして議論を展開できる点も、属性アプローチの魅力である。なぜある属性が特定のセグメントにアピールするのか、それを顧客に理解してもらうために何をすべきなのかといったことが明確になることによって、競争優位を達成するプランを論理的に議論することが可能となる。たとえば、食品にとって安全性というのは最も基本的な属性である。しかし、ある特定の加工処理技術が安全性の向上に重要であるとしても、すべての競合企業の製品がすでに十分な安全性を満たしている場合、たとえば、製造コストの劇的な引下げにつながらなければ競争優位には立てない。属性アプローチは、企業の置かれた競争環境に応じて、このように柔軟にマーケティング活動の立案に寄与することができる優れた特性を持っている。

属性空間と選択行動

架空の洗剤を例にとって、これまでの議論を具体化する仕組みを見ていこう。ブラン

1 属性アプローチと製品ポジショニング

表 5-1 属性アプローチの数値例

	ブランドA	ブランドB	ブランドC
洗浄力	4	3	2
ソフトさ	2	3.5	4
価　格	200	200	200

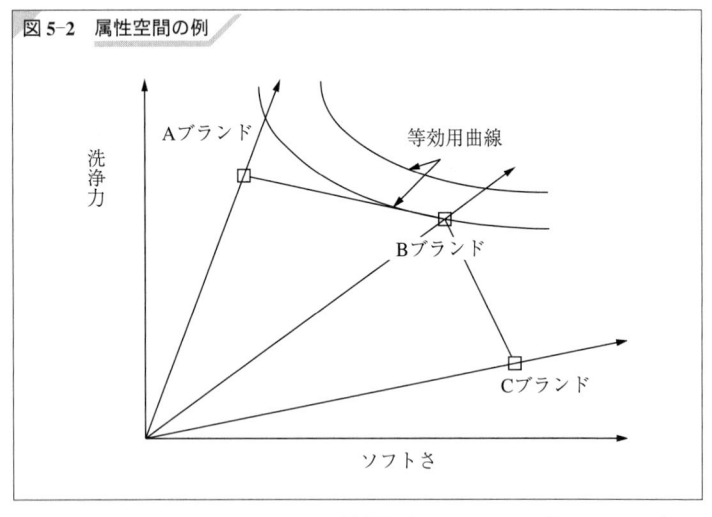

図 5-2 属性空間の例

ドA，B，Cが**表5-1**のような属性を有していたとする。この例では，顧客が製品選択の際に重視するのは，汚れがどれだけ落ちるか（洗浄力）と，色落ちや繊維を傷める程度（ソフトさ）の2つの要因であると想定している。ブランドAはブランドB，Cよりも洗浄力に優れているが，ソフトさでは劣っているといった具合である。また，それぞれのブランドは，1個当たり200円であったとする。顧客の予算が800円であったすると，顧客はそれぞれのブランドを4個ずつ購入することができる。そのときに，それぞれのブランドから顧客が手に入れる属性の量を，洗浄力とソフトさという2つの

属性を軸にした平面（属性空間）にプロットすると，**図5-2**のようになる。

図5-2で，同一の効用曲線上における属性の水準の組合せに対して，顧客は同じだけの満足感を得ることができる。すなわち，顧客の好みの違いを効用曲線は表しているのである。属性を原点から離れるほど顧客に満足感を与える方向で定義すれば，効用曲線も原点から離れれば離れるほど大きな満足感を顧客に与えることになる。したがって，原点から離れたところから次第に近づけてきて，最初に効用曲線が接するブランドが一番大きな満足感を顧客に与えるということになる。図5-2では，ブランドBになる。効用曲線についての詳しい議論は，ミクロ経済学の教科書を参照してもらいたい。

顧客の好みは，セグメンテーションのところでも議論したように，一様ではない。このことは，属性空間では属性の重視度が人によって異なるということであり，効用曲線においてはその傾き具合で表現することができる。説明を簡単にするために，以下の図では効用関数を直線で近似的に表現している。たとえば，洗浄力重視の人の効用曲線はより水平になるし，ソフトさ重視の人の効用曲線は，より垂直になる。その結果，**図5-3**のように，洗浄力重視の人はブランドAを，ソフトさ重視の人はブランドCを選択することになるのである。

このように，属性アプローチでは好みの違いを効用関数の形状，すなわち，選好パラメータの違いで表現することが一般的である。ここでは，直線のパラメータは図から明らかなように"角度"であり，人々の角度の分布が明らかになれば，それぞれのブランドを選択する人数を計算することができる。反対に，顧客の実際の購買データから選好パラメータを推定すれば，角度の分布は各ブランドのシェアと一致する。**図5-4**の縦軸は，人数，もしくは割合を表して

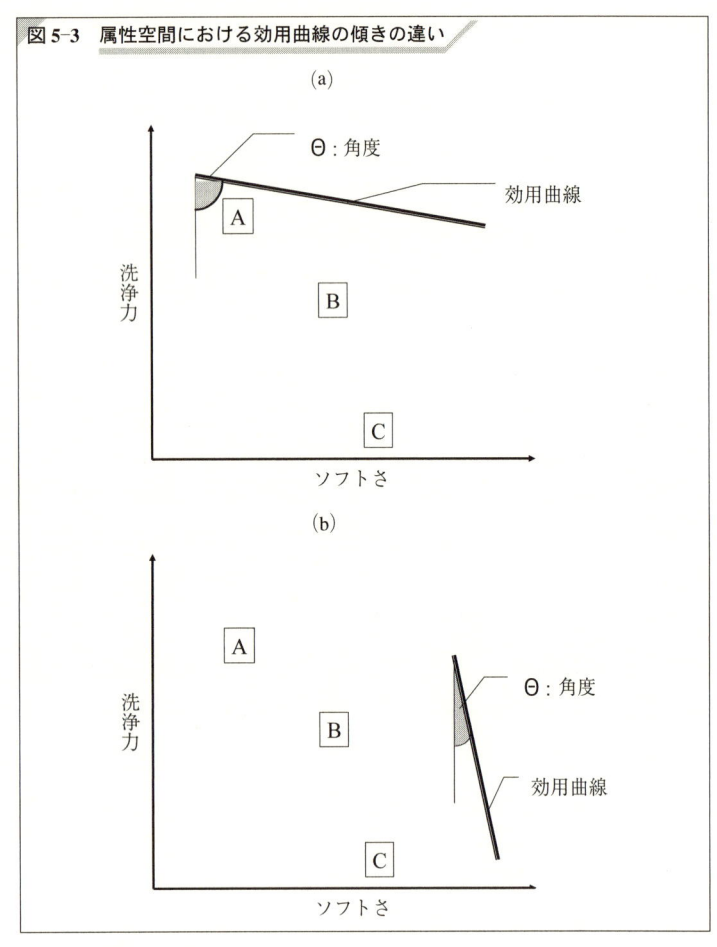

図 5-3　属性空間における効用曲線の傾きの違い

(a)

- Θ：角度
- 効用曲線
- 縦軸：洗浄力
- 横軸：ソフトさ
- 領域 A, B, C

(b)

- Θ：角度
- 効用曲線
- 縦軸：洗浄力
- 横軸：ソフトさ
- 領域 A, B, C

おり，横軸は効用関数の角度を表している。角度が，0度からα度までがブランドC，αからβまでがブランドB，βから90度までがブランドAを選択していることを示している。点線の下の面積が100になるように調整すれば，それぞれの領域はマーケット・シェアと一致する。

図 5-4 各ブランドのシェア

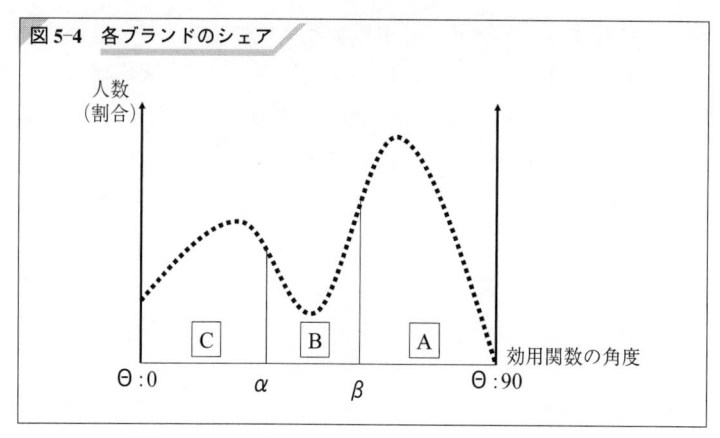

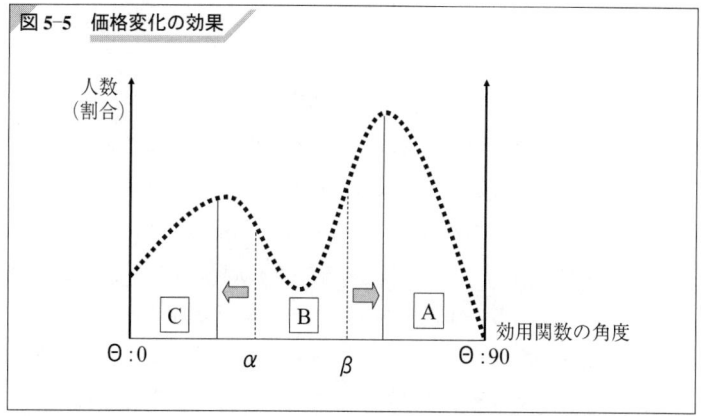

縦軸: 人数（割合）
横軸: 効用関数の角度
Θ:0 ── α ── β ── Θ:90
領域: C / B / A

図 5-5 価格変化の効果

縦軸: 人数（割合）
横軸: 効用関数の角度
Θ:0 ── α ── β ── Θ:90
領域: C ← B → A

　この図を使うと，新たな新製品が参入してきたときの状況の予測や，あるブランドが価格を変化させたときの影響度の予測など，さまざまなシナリオのシミュレーションを行うことができる。

　たとえば，ブランドBが価格を引き下げたら何が起きるのであろうか。ブランドA，Cのシェアは落ちるだろうが，ブランドBがどちらのブランドからどのくらいシェアを獲得するのかを知りたいときにどうしたらいいのであろうか。この問題に答えるには，価

格引下げによりブランドBの位置がどこに動くかを考えればいい。たとえば、ブランドBが100円になったら、単純に2倍購入できるから、洗浄力、ソフトさも2倍獲得できる。したがって、価格変化によるブランドの位置の変化は、原点とブランドの位置を結んだ線上を移動することがわかる。読者は、ブランドBの価格が100, 150, 250円になったら、どのように点が動くのかを実際に計算してほしい。このことを図示したのが、図5-5である。この場合は、獲得する人数という観点からはブランドAに対する影響のほうが大きいことが読み取れる。どのブランドから、どれだけシェアを奪ってくるかを予測することは、どのブランドからどのような反撃がくるのか、そのためにどのような戦術を考えるかといったシミュレーションをするために欠かせない。

　同様に、新規ブランドの投入による市場競争状況の変化を考えることも可能である。たとえば、ブランドDが新たに図5-6で示される場所に参入してきたとしよう。それぞれのブランドはどのような影響を受けるのであろうか。このことを図示したのが、図5-7である。非常に興味深いことは、ブランドCはまったく影響を受けないという点である。属性アプローチでは属性が効用をもたらすので、属性水準の組合せの近いもの、すなわち製品ポジショニングの近い点同士が、より激しく競合することになる。差別化されない、似たもの同士のほうが、常に厳しい状況に置かれているという現実をよく表現しているといえよう。

　このように属性アプローチは、製品・サービスが持つ属性や価格と、顧客の製品選択との関連性について、一貫して論理的な議論を展開することができる。この属性アプローチの考え方を具体的な問題に適用するためには、これまでの議論からも明らかであるが、他の製品との相対的な独自性を考察するというフェーズと、価格を考

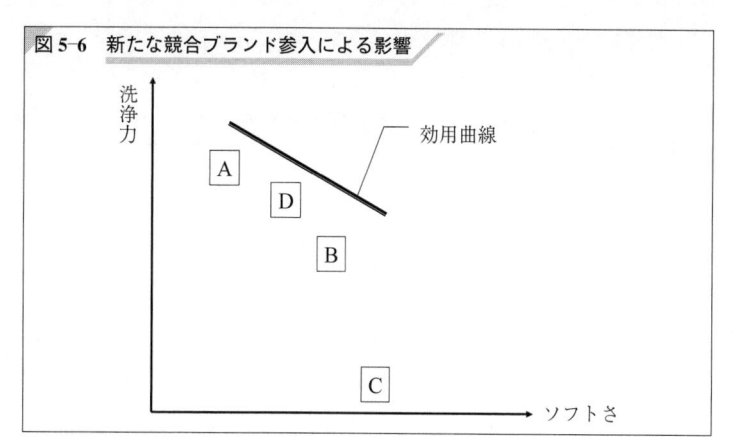

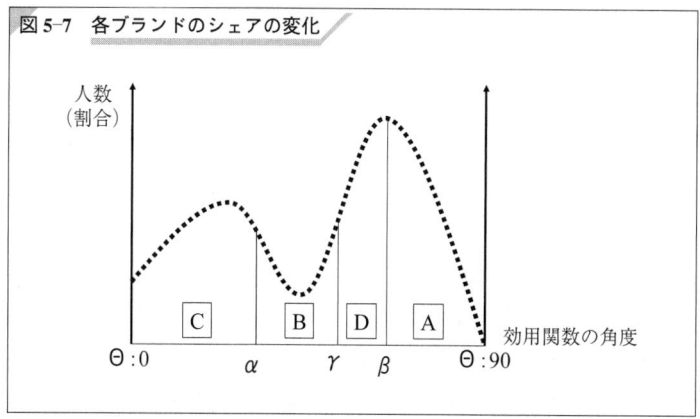

図5-6 新たな競合ブランド参入による影響

縦軸: 洗浄力、横軸: ソフトさ

ブランド位置: A, D, B, C
効用曲線（右下がりの直線）

図5-7 各ブランドのシェアの変化

縦軸: 人数（割合）、横軸: 効用関数の角度

Θ:0 — C — α — B — γ — D — β — A — Θ:90

慮して顧客の選択行動を考察するというフェーズがある。前者は製品ポジショニングの問題であり，後者は**選好分析**の問題となる。製品ポジショニングは，顧客に何を提供するのか，だれと競争するのか，どのように競争するのかといった質問に解答を与えることが課題であり，選好分析ではこのような製品ポジショニング分析と相まって顧客に対する価値とそれに対応した選択行動を説明することがその課題となる。以下では，マーケティング・サイエンスでよく利

用されている方法を，それぞれのフェーズごとに簡単に紹介したい。

2 プロダクト・マップと選好分析

顧客は主観的に製品・サービスを認識・判断し，そして評価している。したがって，製品ポジショニングを考察する際は，その製品が消費者から見てどのような属性の集合として認識されているかを明らかにすることと，それらの属性の集合が消費者の満足感とどのように関連しているかを明らかにするという2つのステップを踏む必要がある。技術的には前者はプロダクト・マップの作成に，後者は選好分析に対応する。以下では，これらについて簡単な説明を行う。

プロダクト・マップ　同一製品市場において互いに競合している各ブランドを，顧客がどのように知覚・認識しているかを理解することは，マーケティング活動を考えるうえできわめて重要であることは，すでに述べた通りである。プロダクト・マップとは，第2章において説明したように，顧客の知覚構造を視覚的に表現するために，製品やサービスを消費者ニーズを満たすいくつかの属性を軸とした多次元空間の中に位置付けたものである。このプロダクト・マップは，新製品開発の過程における製品コンセプトの創出や検証，市場における製品の競争構造の把握といった，さまざまな問題に対して強力な分析ツールとして広く利用されている。

たとえば，図5-8は，テニス，ゴルフといった短期レジャー活動のプロダクト・マップの例である。第2章で説明したように，私たちがそれぞれの対象をどのようにパターン認識しているかを視覚的

図5-8 プロダクト・マップの例

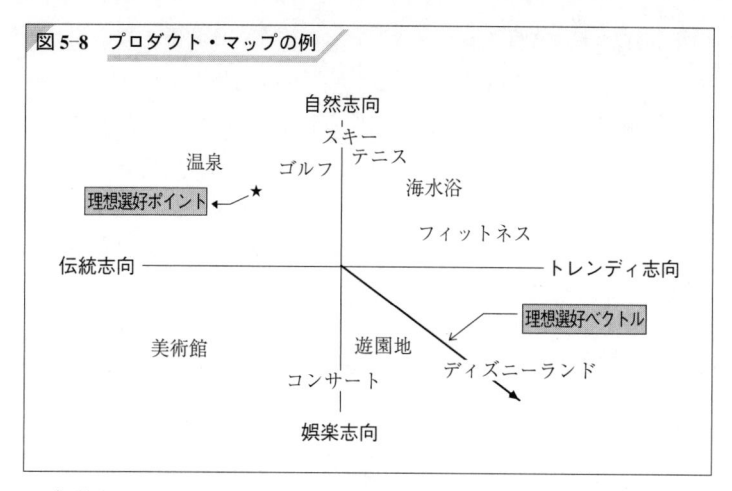

```
              自然志向
            スキー
       温泉  ゴルフ テニス
                    海水浴
  理想選好ポイント ←★
                 フィットネス
  伝統志向 ─────────┼───────── トレンディ志向
                              理想選好ベクトル
       美術館    遊園地  ←
            コンサート ディズニーランド
              娯楽志向
```

に表現するプロダクト・マップ作成手法には、さまざまなものがある。

　ここで問題になるのは、このような競合関係や補完的な関係がなぜ生じているのか、顧客に満足感をもたらしている重要な主観的属性は何かということである。この問いに答えるためには、プロダクト・マップの軸の解釈を行わなければならない。この軸の解釈を行うことで、各対象の主観的な評価基準が明らかになる。このケースでは、軸の解釈を行った結果、横軸がトレンディ志向を表す軸であり、縦軸が自然志向を表す軸であるとして描かれている。たとえば、ディズニーランドはトレンディで人工的なイメージが強いのに対して、温泉旅行は伝統的で自然なイメージが強いと知覚されているといったことがわかる。

　どのプロダクト・マップ作成手法が優れているかを判断することは、それほど簡単ではない。作成されたプロダクト・マップの解釈可能性とマネジリアルなインプリケーション、次項で述べるプロダクト・マップの情報を活用して各対象の選択を予測した場合の予測

2　プロダクト・マップと選好分析

の正確性，データ収集の容易さといった観点から評価されることが多い。とくにデータ収集の容易さから，因子分析のようなキーワードの評価データに基づく手法が用いられることが多いが，キーワードに基づく場合は適切なキーワードが質問票に含まれていることが絶対的な必要条件である。とくに言葉で表現しにくいような製品カテゴリーや，微妙なニュアンスが重要な場合などは，類似度データに基づく手法が適しているといえよう。

選好分析

このようにプロダクト・マップは，消費者がどのような主観的な属性によって製品やサービスを理解し識別しているのかを捉えているが，最終的なゴールは，なぜある製品がより多くの消費者から選択されるのかを解明することである。すなわち，製品ポジショニングと満足度の関連が明らかになってはじめて，自社製品の競争優位性を高めることが可能になる。

選好回帰分析とは，プロダクト・マップを構成している製品属性と価格，消費者の満足度の関係を回帰分析を用いて明らかにしようとするものであり，選好分析の代表的な方法である。また統合化されたマーケティング活動を行うためには，製品属性や価格ばかりでなく，広告，流通といった個々のマーケティング活動と消費活動との関連も明らかにされなくてはならない。このように，個々のマーケティング活動と消費者の購買行動との関連性が明らかになってはじめて，統合され一貫性を持ったマーケティング戦略を展開することができる。

ところでこの選好回帰分析には，属性空間のある方向に行けば行くほど満足感が増加すると考える**理想ベクトル・モデル**と，属性空間のある1点に近づけば近づくほど満足感が増加すると考える**理想点モデル**の2つの代表的なモデルがある。

図5-8の矢印が理想ベクトルの例であり，矢印の方向に沿って製品に含まれる各属性の量が大きくなると満足感が高まるということを表している。この場合は，トレンディで娯楽的なものほど平均的な消費者の満足感は高まることを示している。同様に，図5-8の星印は理想点を表しており，この点の属性の組合せに近ければ近いほど満足感が高まることを意味している。なお，理想ベクトルも理想点も個人別に推定することも可能である。

　理想ベクトルと理想点のどちらがよいかは，製品カテゴリーの属性の性質に依存して決められるべき問題である。また，この理想ベクトルや理想点は市場におけるニーズの強くなる方向や点を表しているのであるから，いずれの場合も，市場にある各ブランドがどのようなニーズ・欲求に対してどの程度適合しているかを評価することができる。このような情報が戦略的にいかに重要なものであるかはいうまでもなかろう。当然のことながら，自社の製品は他社の製品のポジショニングや経営資源との相対的有利性を十分に考慮したうえで，最も望ましい場所にポジショニングしなくてはならない。

ジョイント・スペース・マップ

　図5-8のように，プロダクト・マップと選好ベクトル（ポイント）を同一空間に描いたマップのことを**ジョイント・スペース・マップ**と呼ぶ。ジョイント・スペース・マップの描き方には，大きく分けて内的分析と外的分析の2種類の方法がある。

　前者は，属性ベースの知覚マップを構築する際に（コラム④参照），「選好」という属性を加えて因子分析することによって，「選好」の因子負荷量（各因子との相関係数）が回答者の平均的選好ベクトルを表す。内的分析と呼ばれる理由は，選好データが知覚データと同時に処理されてマップが作成されるためである。後者では，類似度ベースか属性ベースで構築したプロダクト・マップ上に，選好分析

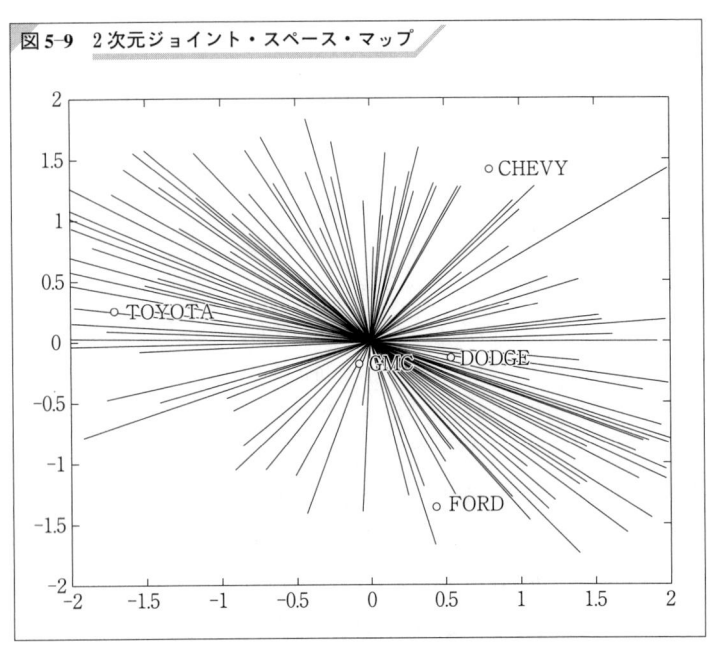

図5-9　2次元ジョイント・スペース・マップ

に基づいて理想ベクトル（ポイント）をプロットする。ここでは，プロダクト・マップと選好マップの作成は分離しており逐次的に行われるため，外的分析と呼ばれる。

　マーケティングでは消費者の異質性が重視されるため，知覚や選好の個人差がマネジャーの意思決定に重要な影響を与えることもある。それゆえ，セグメント別にマップを作成したり，より節約的なモデルとしてマップの軸スケールをセグメントごとに最適化したりすることも多い。また図5-9のように，セグメントの平均的な知覚を表したプロダクト・マップ上（自動車のブランド）に各個人の理想ベクトルをプロットすることによって，個人別にカスタマイズされたマーケティングへの応用も可能である（第11章参照）。

3 コンジョイント分析

> バリュー・マーケティングの考え方

　属性アプローチでは，製品を顧客に満足感（不満足感）をもたらすいくつかの属性の束として捉えるということを学んだ。すなわち，製品には顧客へ満足感をもたらすいくつかの属性があり，顧客は手に入れることの便益と支払う費用とをよく考えて判断するというものであった。

　図5-10のように，顧客に便益をもたらすものには，さまざまな機能的な側面のみではなく，イメージ的なものや，アフターサービスの良し悪しなども含まれる点に注意しなくてはならない。当然ここにはブランドの価値などが含まれる。所有しているが机の引出しにしまっているだけなのに，考えただけでウキウキするといった満足感を十分に考慮しなくてはならない。また支払わなければならない費用にも，実際の価格以外に，その製品がどの程度の品質かを評価し，どの程度の価格まで支払ってもよいかを考えなくてはならないといった考えるコストなども含めなくてはならない。一般的に高額製品など知覚リスクが高い製品は，購買に踏み切るまで慎重な判断プロセスを経なければならず，この考えるコストは相対的に大きくなる。

　満足感にプラスに作用する便益部分とマイナスに作用する費用部分の差を価値と定義することにすると，顧客は最も価値の高いものを選択すると考えることができる。いくら安くても，品質があまりに劣っているものは選択されない。また反対に，いくら高品質でも，あまりに高価格では購入されない。このように人々は品質と価格を

図5-10　価値を構成する要因

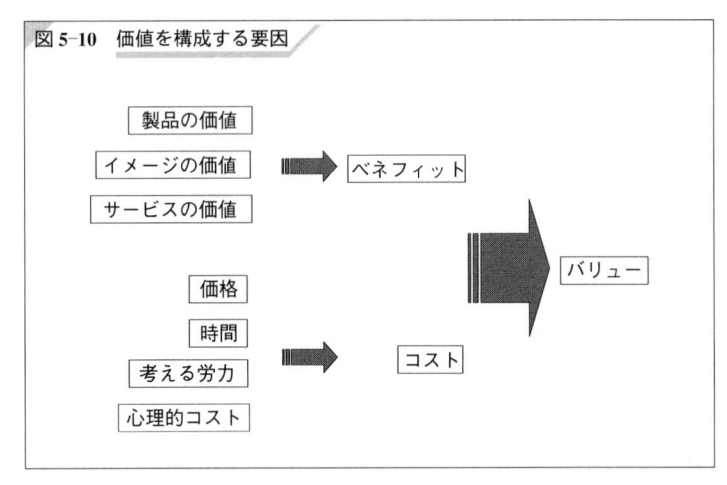

- 製品の価値
- イメージの価値 → ベネフィット
- サービスの価値

- 価格
- 時間
- 考える労力 → コスト
- 心理的コスト

→ バリュー

天秤にかけて，便益と費用の差の最も大きいもの，すなわち価値の最も高いものを選択すると考えるのである。このような考え方を，**バリュー・マーケティング**という。ここではバリュー，すなわち顧客に対する価値をいかに大きくするかがマーケターの課題となる。

コンジョイント分析の構造

プロダクト・マップは「カジュアルな感じがする」といった主観的な属性を表現するために用いられることが多いが，「8時間持つバッテリー」といったように客観的な機能で評価される製品も多い。このような客観的な属性と選好度の関連を分析する場合によく用いられるのが，**コンジョイント測定法**である。コンジョイント測定法は製品開発において，どの特性を，どのくらいの水準で，いくらくらいの価格で提供すると最も顧客の満足感が高くなるか，といった課題に応えることを目的として行われることが多い。

コンジョイント測定法は，属性の組合せや属性水準の異なる仮想的なプロファイルに対する選好順序を測定することで，属性と満足感の関係を推定することができる。コンジョイント測定法の最もオ

図5-11 プロファイル・カードの作成例

・カード番号 10
・画素数　500万画素
・ズーム　2倍
・バッテリー持ち時間　2時間

ーソドックスなデータ収集の方法は，各プロファイルについて図5-11のようなカードを作成し，買いたい順あるいは好きな順に並べてもらうやり方である。

このカードの例は，仮想的なデジタルカメラであるが，属性として次のようなものを考えているとする。価格については，技術的な問題を考えて属性の組合せに対応して決めることが一般的である。

(1) 画素数：30万画素，200万画素，500万画素
(2) ズーム機能：なし，2倍，5倍
(3) バッテリーの持続時間：60分，90分，120分

この場合，これらの属性とその水準の組合せの総数は，$3 \times 3 \times 3 = 27$ 通りである。たとえば，あるカードには，30万画素，ズームなし，バッテリーが60分の組合せが書かれている。このようにして作成された27枚のカードを買いたい順に並べるのは大変な作業であるが，実は統計的な手法で枚数を大幅に減らすことができる。さらに最近では，コンピュータ・インタビューが普及してきており，答える側の負担はかなり緩和されている。

このように集められたカードの順序は，目に見えない満足感の大きさ（効用値）によって並べられていると考えるのである。そしてこのそれぞれのカードの総効用は，それぞれの属性からの部分効用の合計であると考える。このように考えると，総効用は5.1式のように表すことができる。

3　コンジョイント分析

図5-12 部分効用

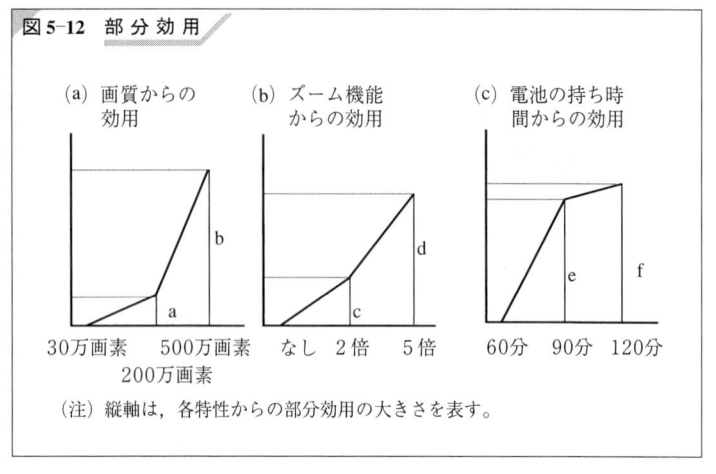

(a) 画質からの効用
(b) ズーム機能からの効用
(c) 電池の持ち時間からの効用

30万画素　200万画素　500万画素
なし　2倍　5倍
60分　90分　120分

（注）縦軸は，各特性からの部分効用の大きさを表す。

　総効用＝部分効用の和
　　　　＝画素数からの部分効用＋ズームからの部分効用
　　　　　＋バッテリーからの部分効用
　　　　　－対価を支払う負の効用　　　　　　　　　(5.1)

　このようにして集められたデータから，たとえば，**図5-12**のような計算結果が出てくる。

　この仮想的な例においては，画素数が500万画素，ズーム機能2倍，バッテリー持ち時間120分，価格 p 円のプロファイル・カード（10）の総効用値 U_{10} は5.2式のようになる。g は，支払価格を負の効用に変換するパラメータである。価格のデータは対数変換してインプットされることが多いが，それはこのように変換することで推定されたパラメータ g が価格弾力性になるからである。

$$U_{10} = b + c + f - (g \times p) \qquad (5.2)$$

　推定のアルゴリズムは本書の範囲を超えるので説明は省略するが，適当な初期値から出発して少しずつ値を変化させて，観察されたカードの並び方を最もよく再現するように，a から g までの値が計算

される。要するに、a, b, cといった推定された部分効用値は、その属性を有することから得られる得点と考えればよい。それぞれのカードに付与された合計得点の順序が、測定された選好順序と一致すればいいのである。

コンジョイント分析の使い方

コンジョイント測定法では、イメージ的な属性よりも、この例のように画素数といった客観的な属性に向いており、ある機能を付与することが顧客から見てコストに見合うかどうかといった点をチェックすることができる。たとえば、画素数を200万画素から500万画素に増やすために必要なコストが、顧客の視点から正当化されうるかどうかということである。$(b-a)$の得点の増加分が、製品の価格上昇分に見合っているかどうかを判断しなくてはならない。最も顧客から支持される、すなわち満足感の大きな属性の組合せと価格とのバランスはどのようなものかを知るためによく利用される手法である。

コンジョイント分析は、このように新製品のコンセプト評価に非常に大きな力を発揮する強力な手法である。しかし何にでもコンジョイント分析を適用できるかというと、そうでもない。コンジョイント分析は、何となく癒される感じがする、ちょうどいい味加減、いい匂いといったような言語化しにくい属性には向いていない。それは、そのようなプロファイルの記述を行うことが困難だからである。このようなケースでは、すでに述べた知覚マップなどの手法が向いている。

ただし、乗用車の場合であればワンボックス、ワゴン、セダンといったように、住宅であれば和風建築、コンクリートの打ちっぱなし、ログハウスといったように、すでに製品のスタイルがいくつかのパターンに決まっているような場合には、そのようなスタイルを

属性として測定することは可能である。住宅の場合などは，ログハウス系がいいのか，鉄筋コンクリート系がいいのか，2×4系がいいのか，伝統的な木造建築系がいいのかといったことは製品選択の最も重要な要因であり，このようなケースはコンジョイント分析に向いている。

とくに最近の情報技術の進歩は，このようなデザインを表現するための大きな力となっている。まるで実際に住宅の中に入っているようなバーチャルな体験ができるような状況が生まれつつある。また，実際にすべてのプロファイルをカードにして並べてもらうといったことを被験者にやってもらうことなく，最も効率的にデータを収集するコンピュータ・インタビューのシステムもすでに実用化されている。利用しやすさという点では，コンジョイント分析の利用環境は整いつつあるといえよう。

もう1つ，コンジョイント分析を実際に適用する際に興味深いのは，セグメンテーションとの連動である。個人別に部分効用を推定した場合は，個人別に図5-12が計算されることになる。これらの形状のパターンの違いを第4章で説明したクラスター分析により，いくつかの同質的なセグメントに分割することが可能である。これも，ベネフィット・セグメンテーションの一例である。たとえば，画質志向派，コンパクト志向派といったように，顧客を欲望の同質性によりセグメント化することが可能かもしれない。そして，ターゲットとする人々の接触するメディアや性別，年齢，住んでいる地域，パーソナリティなどの属性がわかれば，専門誌に記事にしてもらうのがいいのかテレビ広告がいいのか，どのようなメディア・ミックスが最適か，製品のよさをどのように訴求していったらいいのかといったことについて，よりリアルなイメージを頭に描きながら，マーケティング・プランを立案することができる。

4 属性アプローチの限界

　これまで説明してきた属性アプローチは，基本的には個人の選択モデルである。すなわち，人々が自分自身で各代替案を評価・判断し，他者とは独立に選択するという考え方に基づいている。このような個人選択モデルの大きな特徴の1つは，個人の幸福は他者の存在に依存しないという点にある。したがって，マーケティング・リサーチにおいてその実用性を高めるには，知覚構造や選好構造が同質的な集団への市場の分割が志向されるのが普通である。すなわち，均質的な世界の中で，この個人の選択モデルの有効性を高めようというのが一般的な精緻化の方向である。

　しかしながら，1人ひとり独立に，客観的な属性と価格との合理的な比較・評価を常に行っているわけではない。したがって，均質的な世界において数量的なモデルの有効性を高めるという方向での精緻化には，いくつかの重要な落とし穴が隠されている点に注意が必要である。たとえば，私たちは，製品の良し悪しを判断する際に周りの人の意見を聞いたり専門家の助言を求めたりするが，このような社会的ネットワークを活用して知覚リスクを解消するというダイナミックなプロセスについての視点が欠如している。また，顧客が心に思い浮かべる比較対象となる製品群の違いにより，選択行動が影響を受けるといった点について配慮されていない点などもあげられる。製品Aと製品Bの相対的な評価は，製品Cとは無関係であるという性質としてよく知られている，いわゆる無関係代替案からの独立性はこれまで説明してきた選択モデルが前提とする条件である。しかし，最近の実証的な研究の成果からこの点に対して強い

疑問が提起されているのである。この点については，第6章を参照されたい。

これらの制約はしかし，本章で説明してきた属性アプローチの有効性を否定するものではない。このようなリスクを少しでも減らすようにモデルの適用範囲を設定するように心がければ，依然として統合的なマーケティング戦略を考えるうえで非常に有効な考え方である。そして，人間の行為自体の研究がさらに進めば，このような問題を解消ないし回避する属性アプローチの適用モデルも開発されると思われる。

➡課　題

[1]　第2章で知覚マップについて学んだ。ここでは，第2章のような数量的な手法に頼らずにグループワークで簡便につくる方法を学ぼう（1グループの人数は，5～6人まで）。

手順①：適当な製品カテゴリー（たとえば，雑誌）から，対象となる製品を10個程度ピックアップし，付箋に記入する。

手順②：やや大きめの紙に，似ているものは近くに，似ていないものは離れるように付箋を貼っていく。

手順③：グループ全員で納得がいくまで，場所を適当に移動してみる。

手順④：完成した知覚マップを眺めて，近いもの同士を適当に線で囲んで，いくつかのクラスターを形成してみる。さらに，クラスターに含まれる対象の性質を，横に書き出してみる。

手順⑤：書き出された，特徴，キーワードを手がかりに，それぞれのクラスターに名前をつけてみる。

手順⑥：適当に，直交する軸を記入する。類似度に基づく知覚マップであるから，原点の位置や方向は任意である。

手順⑦：軸に名前をつける。当然，手順④⑤で考えた，特徴，キーワード，クラスターにつけた名前を考慮する。

　　　複数のグループでやる場合には，同一製品カテゴリーで対象をそろえておけば，このようにしてできた知覚マップをお互いに比較するこ

とができる。まったく異なった知覚マップが出てきた場合には，その理由をディスカッションしてみよう。

2. 就職市場を考えてみよう。以下のようなプロセスで，知覚マップと選好ベクトルを書いてみよう。

(1) クラス参加者が就職（あるいは転職）したい企業を10社程度選んで，それらの企業を表現するキーワードを15〜20個程度考えてみよう。さらに，各社に対する選好度，企業として尊敬できる度合いなど，選好分析における被説明変数もいくつか考えてみよう。

(2) クラス参加者を被験者としてデータを集めてみよう。因子分析を使って知覚マップを作成しなさい。

(3) 各個人別に選好ベクトルを引いてみて，就職市場の分析を行ってみよう。

(4) 相対的に人気のない企業の採用担当者になったつもりで，現状を改善するためには，知覚マップ上のどのあたりにリポジショニングできればいいのか考えてみよう。

(5) その場合に，どのようなマーケティング活動が適切なのか，みんなで話し合ってみよう。

3. Webエクササイズ

http://www2.kke.co.jp/marketingscience にアクセスしよう。

第6章 プライシング

● イントロダクション：プライシングはアートである

　前章では，製品デザインについて考えた。そこでは，価格は品質に見合ったものとして陰に隠れて表に出ることが少なかった。しかし，価格の決定は製品の売上げや利益に非常に大きな影響を与えることはいうまでもない。高すぎると感じれば消費者の購買意欲は減退し，反対に安売りをすればマージン率の低下を招いてしまうからである。プライシングには，この高すぎると感じたり安いと感じたりする基準（参照価格）を設定する役割もある。また，現実には単一の製品ではなく製品ライン全体のプライシングを考えなければならないケースも多い。この製品ライン・プライシングには，単一の製品のプライシングにはない難しさがある。製品コンセプトの評価から具体的な属性レベルの決定に至る製品の意思決定プロセスに対して，価格の決定は極端にいえば最後の最後で値札に値段を書き入れれば作業自体はそれで終わりである。しかし，現実には最も微妙で難しい判断を要求されることも少なくない。"プライシングはアートである"といわれるゆえんである。本章では，前章で触れなかった価格をめぐるさまざまな議論を紹介し，プライシングに対する科学的な理解を深めていきたい。

1 数量と価格の関係

　少しでも利潤を増やしたいと思ったときに，価格を引き上げたらどうなるのであろうか。製品1単位当たりのマージン（利益）は増えるから，もしも同じ販売量を確保できれば，めでたく利潤を増すことができる。しかし，"もしも同じ数量だけ販売できたら"とい

うところが問題である。価格を引き上げれば，販売数量は減少するだろう。価格と販売数量には密接な関係があるからである。それでは，どのようにしたら適切なプライシングを行うことができるのであろうか。

PSM分析

1つの方法は価格と品質に対する消費者心理を直接聞くことで，価格設定のヒントを探ることである。PSM (price sensitivity measurement) 分析は，このような手法の1つで，以下の4つの質問を消費者に行うことで，価格の目安を見つけようというものである。

[質問]
(1) あなたは，この商品がいくら以上になると「高い」と感じ始めますか。
(2) あなたは，この商品がいくら以下になると「安い」と感じ始めますか。
(3) あなたは，この商品がいくら以上になると「高すぎて買えない」と感じ始めますか。
(4) あなたは，この商品がいくら以下になると「安すぎて品質に問題があるのではないか」と感じ始めますか。

この質問の結果を図示すると，図6-1のように示すことができる。

線Aは，質問1に対応するものである。買う気はあるが，高いなと感じる割合の変化を示している。線Bは，質問3に対応するものである。買う気があっても，高すぎると感じる割合の変化を示している。線Cは，質問2に対応するものである。品質に不安はないが，安いなと感じる割合の変化を示している。最後の線Dは，質問4に対応するものである。安すぎて品質に不安を感じる割合の変化を示している。

線Aと線Dの交点をPMC (point of marginal cheapness) と呼ぶ。

図 6-1 PSM分析

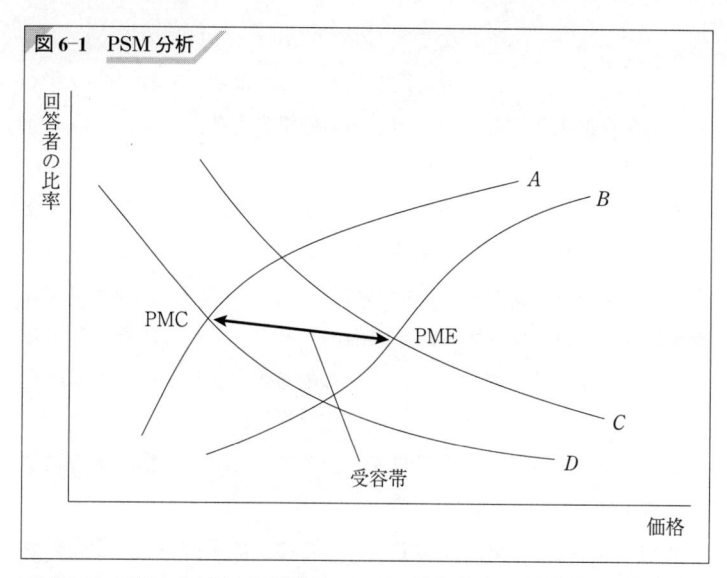

（縦軸：回答者の比率、横軸：価格、曲線 A、B、C、D、交点 PMC と PME、その間が受容帯）

PMC は，高いと感じる割合と，これ以上安いと消費者は品質に不安を持って買わなくなる割合が等しくなる価格である。すなわち，この価格より低価格の場合には，高いと感じる人より品質に不安を持って購入をやめる人が多くなるのである。

反対に，線 B と線 C の交点は PME (point of marginal expensiveness) と呼ぶ。PME は，安いと感じる割合と，これ以上は高すぎて買えない割合が等しくなる価格である。すなわち，この価格より高価格になると，安いから買おうという人よりも高すぎて変えない人が多くなるのである。

この2つの価格の間が，高すぎることもなく，安すぎることもない価格ということで受容帯と呼ばれる。この受容帯の間で商品カテゴリーや競合条件などに配慮して，適切な価格を見つければいいというのが，PSM 分析の考え方である。

1 数量と価格の関係

マークアップ原理

プライシングにあたってはこのように顧客の心理を探ることが重要である。そのうえで，利潤を最大化するという観点から価格設定を行うにはどのように考えたらいいのであろうか。

原価に一定のマージンを上乗せするという考え方は，多くの企業で新製品の価格設定に実際に使われている。このような価格設定の方式を，**マークアップ・プライシング**といったり**コスト・プラス・プライシング**といったりするが，原価＋マージンといった考え方が合理的なものかどうかについて，十分な配慮がなされないまま慣行的に利用されていることも多い。ここでは最初に，このようなマークアップ・プライシングの合理性を検討することで，価格設定の課題を明らかにしたい。

縦軸に価格を，横軸に需要量をとってグラフを書くと，販売数量と価格には一般的に後出する図6-3のような右下がりの関係があるとされる。すなわち，価格を上げれば，売上げは落ちるというのが経済学の前提とする右下がりの需要曲線の性質である。いま話を単純化するために，独占企業のモデルを考える。独占企業は価格を自由に設定することができる。このとき利潤は，以下のように表すことができる。

$$\pi = p \cdot x(p) - c(x) \quad (6.1)$$

ここでπは利潤を，pは価格，xは販売数量（価格pでの販売数量），$c(x)$はxを生産するのに要する費用である。$c(x)$には，固定費と変動費が含まれる。この利潤を最大化するような価格と販売量の水準の組合せを見つけるには，それぞれの変数で微分して0とおけばいい。計算すると，次のように整理できる。

$$p = \left(\frac{\eta}{1+\eta}\right)MC \quad (6.2)$$

ここで，*MC* は**限界費用**である。限界費用の限界とは経済学の用語で追加的という意味であり，この場合は追加的な製品を製造するのにかかる費用のことである。固定費は限界費用には反映されないことに注意しなくてはならない。また，η は**価格弾力性**であり，次のように定義される。

$$\eta = \frac{\Delta x/x}{\Delta p/p} = \frac{\text{販売量の変化率}}{\text{価格の変化率}} \tag{6.3}$$

このように価格弾力性とは，価格変化に対する数量の変化の比のことである。たとえば価格を5％引き下げたときに，販売数量が10％増加したとしたら，価格弾力性は−2となる。価格と数量は反対方向に動くのが普通なので，マイナスの符号を付けて正の値にすることもあり，注意が必要である。弾力性については，第8章のコラム⑲も参考にしていただきたい。

利潤を最大化するように価格を設定するにはどうしたらよいかを考えてきたわけであるが，得られた結果は実にシンプルである。すなわち，限界費用に価格弾力性で調整したマージンを乗せて価格を設定すればよいということである。ここで得られた結果は，独占企業を前提とした単純なモデルに基づいているものであっても，次のような価格設定を考える際に注意すべき重要な点が含まれている。

(1) 利潤を最大化する意味で，最適な価格と数量の組合せを模索する必要がある。

(2) 最適な価格設定には，価格弾力性と限界費用にとくに着目しなければならない。

(3) 費用にマージンを上乗せする**マークアップ原理**には，一定の合理性がある。

ところで，限界費用は企業にとって既知であったとしても，マークアップ原理では価格弾力性の変動を考えておらず，一般的には合

理的であるとはいえない。原価に一定のマージンを乗せるという多くの企業で採用しているマークアップ原理の考え方が合理性を持つとすれば、この価格弾力性が当該市場において安定しており、何度も意思決定を繰り返す中から経験的に最適値に近いマージン率が採用されている場合であることがわかる。価格弾力性とは価格変化に対する顧客の反応度であり、ある期間、ある顧客層にとっては比較的安定していると考えることができるから、この範囲でマークアップ原理は合理性を持つということである。反対に、価格弾力性が大きく変化しているとすれば、たとえば顧客が価格に対して敏感になってきているとすれば、一定のマージンを乗せるマークアップ原理の合理的な根拠はない。

製品差別化と利潤率の関係

このマージン率が価格弾力性に大きく依存しているということについて、もう少し考えてみよう。価格弾力性が大きくなったら、それに応じてマージンを引き下げる必要性があるのは、6.2式から明らかである。反対に、価格弾力性が小さくなったら、マージン率を引き上げればよい。この関係をわかりやすくするために、先ほどの6.2式を次のように変形してみよう。

この6.4式の左辺の分子は利益の大きさを表しており、分母は販売価格であるから左辺は利潤率、より正確にいえば**限界利潤率**を表している。したがって、6.4式から見て取れることは、利潤率と価格弾力性は反比例の関係にあるということである。もし利潤率を高めたければ、価格弾力性を小さくしなくてはならないということである。

$$\frac{p-MC}{p} = \frac{1}{-\eta} \qquad (6.4)$$

それでは、価格弾力性の大きさは何で決まるのであろうか。この

ことを考えるために，製品カテゴリー間の価格弾力性の違いをイメージしてみたい。たとえば，鉄やアルミのような素材と，化粧品や医薬品などを比べてみてほしい。ライバル企業が製品の販売価格を引き下げてきたとき，鉄のような素材のほうがシャネルの香水よりはるかに敏感に価格に反応するはずである。同じものなら安いほうがいいに決まっているが，この同じものと顧客が感じる程度が鉄と化粧品では異なるからである。顧客が製品間の相違を意識しないものを**コモディティ**という。したがって，コモディティに対しては顧客は価格に非常に敏感になりやすく，コモディティの価格弾力性は高いということになる。6.4式からいえることは，コモディティ化すれば利潤率は低くなるということになる。

著名な経営学者のT.レビットは，「すべての製品は差別化できる」といっている。利潤率を高めるためには製品差別化しなければならないということは，鉄と化粧品の例を考えれば明らかであろう。いかにして差別化するかはマーケティングの課題である。しかし，価格弾力性を小さくすれば利潤率を上げることが可能であるが，差別化するためにかかる費用が問題となる。

広告支出と売上高定率法

製品差別化のために企業の行うマーケティング活動は多様であるが，広告を主体としたコミュニケーション活動により製品の訴求点を差別化したり，イメージによる差別化を図ろうとしたりすることは最もポピュラーなものであろう。この広告費予算が，売上高のほぼ一定比率に決められるルールを**売上高定率法**と呼ぶ。実際に，売上高に占める広告費や研究開発費は比較的に安定しており，大体何％くらいといった緩やかな基準を採用している企業は多い。原価に一定のマージンを上乗せするマークアップ原理は価格弾力性が安定しており，かつ経験的に最適値に近いマージン率が採用されて

いれば，利潤を最大化するという意味において合理的であると述べたが，同様にこの売上高定率法もある前提のもとで合理的であることを示すことができる。

6.5式の右辺の a は，広告費を示している。先ほどと同様に，x と a で微分してゼロと置き，適当に変形していくと，6.6式のような結果になる。ここで，γ は**広告支出弾力性**とでもいえるものであり，価格弾力性の分母が価格変化率ではなく広告支出変化率に変わったものである。広告費が2%増えたら，販売数量は何%増えるかという数値である。

$$\pi = p \cdot x - c(x) - a \tag{6.5}$$

$$\frac{a}{R} = -\frac{\gamma}{\eta} \quad \text{ただし，} R = p \cdot x \tag{6.6}$$

6.6式もきわめてシンプルでわかりやすい。利潤を最大化するように広告費を決めたかったら，売上げに占める広告費の割合を価格弾力性と広告支出弾力性のバランスで決定すればよいということである。価格の効果が広告の効果より相対的に大きければ，広告費は相対的に小さくなるということである。広告支出弾力性も，ある製品カテゴリーで，ある期間をとれば安定しているということがわかっていれば，経験的に知られている広告費比率は最適水準に近いことが期待できる。

例：売上高定率法

少し具体的な数値例で，以上述べてきたことを確認してみよう。販売量，価格，広告費に次のような関係があるとき，最適な価格と，広告費の水準はいくらくらいになるのであろうか。

$$x = 1000 - 5p + 2\sqrt{a}$$
$$c = \text{fix cost} + 100x$$
$$\pi = p \cdot x - c(x) - a$$

図6-2　利潤の等高線

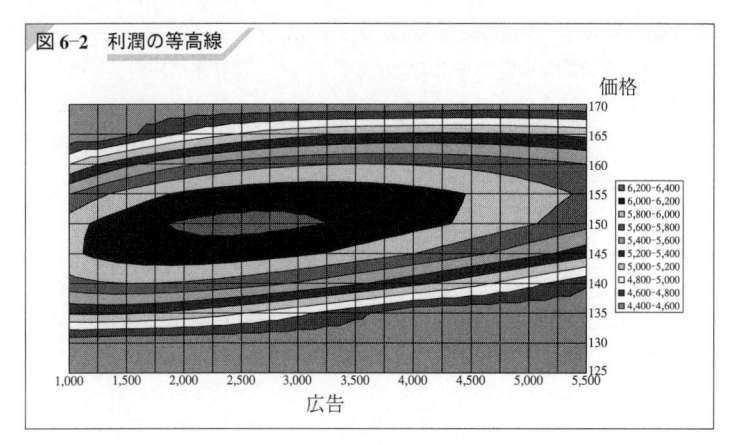

凡例
6,200–6,400
6,000–6,200
5,800–6,000
5,600–5,800
5,400–5,600
5,200–5,400
5,000–5,200
4,800–5,000
4,600–4,800
4,400–4,600

縦軸：価格、横軸：広告

　このような問題に対しては，計算して答えを求めることもできるが，表計算のソフトを使ってグラフ化することは単に最適解を求める以上の大きな利点がある。

　図6-2のようなグラフを作成するメリットの第1は，市場規模，変動費，固定費，価格感度といった動かしたい変数を変数のまま式に組み込んでおけば，パラメータの値を変えるだけで，グラフは自動的に更新されるという点である。メリットの第2は，視覚化することで，最適解のみを解析的に求めた場合に比べて，獲得できる知識の量が圧倒的に大きいという点である。たとえば，価格のどの程度の変化に対して利潤がどの程度敏感に反応するかは，なかなか感覚的にわからないが，グラフから，広告費は2000から3000の間では利潤はそれほど大きく変動していないことがわかる。このように，変数の値を変えるとグラフまで自動的に更新され，大雑把に問題のポイントを視覚的に把握できる点が，表計算のソフトを利用する大きなメリットであるといえよう。

Column ⑭ 情報の非対称性とプライシング

　売り手は商品の品質をよく知っているのに，買い手には商品の品質の評価が難しいということはよくあることである。情報の非対称性というのは，このように売り手と買い手との間に存在する取引の対象となる商品に関する知識の非対称性をいう。次のような問題を考えてみよう。

　いま，中古車の売買を考えている売り手と買い手がいたとしよう。売り手である中古車業者は，品質の良い中古車なら100万円で，欠陥のある中古車なら10万円で売ってもいいと考えている。それに対して，買い手は品質の良い中古車なら110万円で，欠陥のある中古車なら20万円で買ってもいいと思っている。ただし，売り手には品質の良し悪しがわかるが買い手にはわからない，こんな状況を考えてもらいたい。

　さて，この場合にいくらで売買が成立するであろうか。品質の良い中古車なら110万円で，欠陥車なら20万円で売買は成立するであろうか。よくよく考えてもらいたいのだが，残念ながら売買は成立しない。なぜならば，買い手は中古車の品質を正しく評価できないからである。

　もし品質の良い車と欠陥車の比率が半々であったことがわかっていたとしたら，どうなるであろうか。期待値を計算して（$110 \times 0.5 + 20 \times 0.5 = 65$），65万円（リスクがある分だけもっとディスカウントしてもいい）で売買が成立するであろうか。この場合でも，よく考えると売買が成立しなくなることがわかる。なぜならば，品質の良い中古車は100万円以上でないと商品として市場に出てこなくなるからである。結果として，中古車市場には欠陥車があふれてしまうことになる。経済学ではこのような状況を「市場の失敗」という。このように，情報の非対称性があるときには，品質に見合った価格設定をすることができないために，市場は失敗してしまう。高品質の商品にプレミアムがつかない状況では，高品質の商品は市場に供給されなくなってしまうのである。

　このような状況を回避する方法はあるのであろうか。そのためには，買い手が売り手のいうことを信用できる状況をつくらなくてはならない。現実には，そのような状況を生み出すためにさまざまな取組みや工夫がなされている。たとえば，1年なら1年，売り手が品質を保証することなどがある。故障したら無償で修理すると約束すれば，売り手が倒産し

ない限り買い手は安心して購入することができるからである。あるいは，"品質の証しとなる"ブランド構築により買い手を安心させることは，品質評価の難しい商品カテゴリーにはとくに重要なマーケティング活動になる。食品などでよく産地の偽装などが問題となるが，このような観点からも消費者を欺く売り手は厳罰に処されなければならないことが分かる。

2 差別的価格設定

差別的価格設定の効果　これまで見てきたのは，ある製品に対して1つしか価格を設定できないとした場合である。もし価格を1つ以上設定できるとしたらどうなるだろうか。

図6-3を見てもらいたい。もし，すべての顧客に価格Pで販売した場合には，三角形APBの部分の利益を失うことになる。なぜならば，需要曲線において価格Pより上の部分は，もっと高価格でも購入する人たちを表しているからである。このような意味から，三角形APBの部分は消費者余剰と呼ばれている。

しかしこれはあくまでも，1つしか価格設定ができないのであればという条件のもとでの話である。もし複数の価格設定を行うことが可能であれば，限界費用を上回る範囲で価格を設定し販売量を増やして利益を上げることを考えることが可能となる。三角形$AP'C$が企業として獲得したい最大領域であるが，図6-4のように複数の価格設定が可能であれば，消費者余剰や潜在顧客余剰を取り込むことで企業の利潤を増加させることができるのである。

このような差別的価格設定を行う基本的なアイデアは，顧客が考えている製品の価値に見合った対価を，すなわち，高い価値を認め

図 6-3　消費者余剰

(図：価格と需要量のグラフ。点A、B、C、P、P'、消費者余剰、潜在顧客余剰、変動費、「この線より上の三角形の面積＝潜在利益」を示す)

図 6-4　差別的価格設定

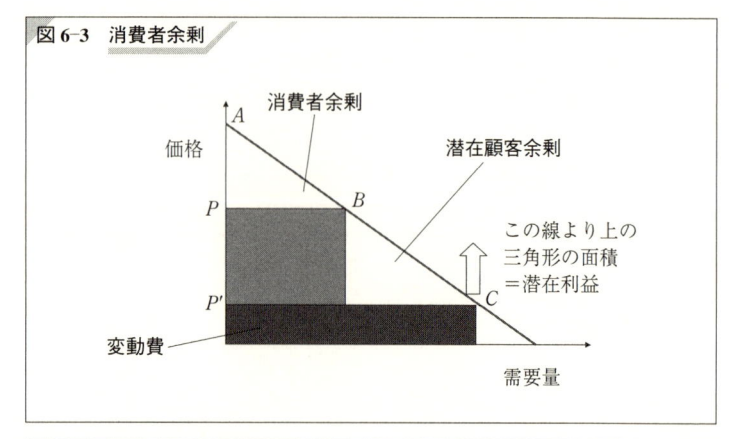

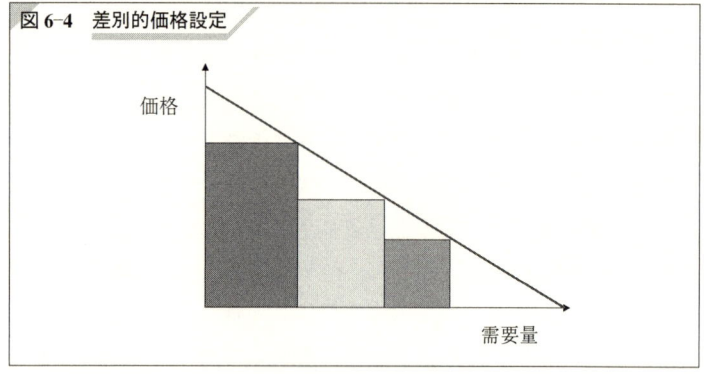

(図：価格と需要量のグラフ。3つの階段状の長方形が需要曲線の下に描かれている)

ている顧客にはそれなりの対価を支払ってもらおうというものである。このために，古くからさまざまな工夫がなされてきたが，それらは次の3つの原則に集約される。

(1) 価格を個別化しろ：**個別化プライシング**
(2) 顧客の自由選択の文脈をつくれ：**製品のバージョン化**
(3) グループ別に価格設定しろ：**セグメント別プライシング**

これらの原則の違いは，**留保価格**（＝消費者がいくらまでなら支払ってもよいと感じる価格）の識別コストに依存する。識別コスト

と追加的な利益が見合うかどうかが，以下に述べるようなさまざまな工夫が考えられてきた理由である。

個別化プライシング　だれがいくらまで支払ってくれるかが簡単にわかる場合には，その価格で購入してもらえばよい。これが第1の原則である。この原則が典型的に現れる古典的な例を1つあげると，ひげ剃りの柄と刃など組み合わせて使わなければ意味のないような製品のケースがある。この場合は，刃を売るためには柄を買ってもらわなくてはならないので，柄の価格を低価格に設定し，刃にマージンを多めに配分することで，より多くの顧客から利潤を上げることができる。こうすれば，各個人を識別する必要はないが，各個人のひげ剃りの欲求量に応じて料金を徴収することが可能となる。

第2, 第3の原則は，使用量の識別コストが次第に高くなってくる場合の工夫である。**製品バンドリング**と呼ばれる方法がよく知られている。これは，レストランのセット・メニューのようにいくつかの製品を組み合わせて販売するものである。それぞれの製品の留保価格が顧客により異なっている場合に，バンドリングすることで販売量を増やし利潤を高めることができる。

表6-1を見てもらいたい。太郎君は，ハンバーグ定食に1000円まで支払ってよいと考えているが，花子さんは700円までなら支払ってよいと考えている。同様に，コーヒー＋ケーキに対しては，それぞれ300円，500円支払ってよいと考えているとする。もしこのとき，ハンバーグ定食に1000円，コーヒー＋ケーキに500円の価格を付けたらどうなるであろうか。このとき2人から得ることのできる売上げの合計は1500円にしかならないはずである。しかし2人とも，ハンバーグ定食とコーヒー＋ケーキに対しては，少なくとも1200円までは支払ってもよいと考えているので，それらをセッ

表 6-1 レストラン・メニューの例

	ハンバーグ定食に対する留保価格	コーヒー＋ケーキに対する留保価格	各人の留保価格の合計
太郎君	1,000 円	300 円	1,300 円
花子さん	700 円	500 円	1,200 円

トにして販売したら，売上げの合計は 2400 円まで増えるはずである。これが，バンドリング（抱合せ販売）の考え方である。お店にとっても，太郎君と花子さんにとっても，より望ましい状態になることに注意してもらいたい。デパートの駐車料金とデパートの買物，交響楽団などの 1 年間通しの会員価格など，このバンドリングの適用範囲は非常に広い。

製品のバージョン化

製品のバージョン化によって顧客に自由に選択してもらう，より一般的な方法は，松竹梅といった**製品ライン**を構築するやり方である。醬油のような日用品から家電や乗用車，ブランド品に至るまで多くの製品カテゴリーで高価格帯から低価格帯に至る製品ラインが形成されているのが普通である。次節で詳しく見るように，人々の製品の価値評価は，評価を行う文脈に大きく左右される。松竹梅といったような製品ラインの構築は，ある種の文脈を設定する効果を持つ。

飛行機や劇場のチケットやホテルの宿泊料金なども興味深い事例である。これらのケースは，期限が限られていて，それを過ぎると何の価値もなくなってしまうという特性をあわせ持っている。ホテルも飛行機も事業を行っていくうえでの固定費が巨額であり，一種の装置産業である。したがって，これらの産業ではいかに操業度を高いレベルで安定させるかが非常に重要になってくる。そのために，

リゾート・ホテルなどでは,広さや見晴らしのよさで細かく客室料金を変えており,予約する時期によって料金を変えることも,いまやコンピュータの利用により非常に洗練されてきている。

しかし,このようなケースでは品質差と価格差の微妙なバランスにとくに注意しなくてはならない。たとえば飛行機のケースなら,エコノミー・クラスの品質(快適性,サービスなど)を上げすぎることにより価格差に見合った品質差が縮小したら,ビジネス・クラスの顧客がエコノミー・クラスに移ってしまうかもしれない。利潤の減少を引き起こすような,このような移動が生じないように,価格差に見合った品質差を意識して,全体として最適な製品ライン・プライシングを考えなければならない。

乗用車,パソコン,衣料品など多くの消費財で,新製品の発売後に継続的に販売価格が低下していくものは,鮮度へのこだわりが顧客間で異なることを利用して時間を通じて価格差別化を行っていると考えることができる。

さらに,このような製品ライン全体を通してどのような価格設定を行うかは,単一の製品の価格設定を考える場合にはない次のような要因に配慮する必要がある。第1に,製品ラインの製品同士が,代替関係ではなく補完関係になる可能性を検討しなければならない。第2に,同じ工場施設を使うとか,流通網を共有できる,マーケティング活動をシェアできるといったような製品同士の生産コストに関連性がある場合には,それを考慮しなくてはならない。たとえば,音響システムといったように,製品バンドリングが一般的なケースでは,製品間の補完関係に注意を払う必要がある。単一の製品で顧客に満足してもらうのではなく,システム全体として顧客のソリューションを提供するケースはますます増えてきており,このような視点からプライシングを考えることは重要である。

セグメント別プライシング

第3の原則，セグメント別プライシングもよく利用される考え方である。セグメント別プライシングとは，セグメント間で製品に対する評価が異なる場合に適用される考え方である。このアプローチで重要なことは，セグメントが容易に識別可能で，セグメント間で**裁定取引**が起こらないということである。裁定取引とは，価格の安いところで仕入れて価格の高いところで販売することにより価格差を解消するような取引のことをいう。

たとえば，価格弾力性が地域により異なる場合には，地域ごとに異なる価格設定がなされることが多い。リーバイス・ジーンズの価格は日米欧でかなりの開きがある。価格弾力性の大きい市場では，差別化が不十分であるので，相対的に低価格が設定される。反対に，価格弾力性が小さければ相対的に高価格が設定される。この場合の裁定とは，たとえば，並行輸入業者がアメリカと同価格で販売することにより起きる。裁定により，輸送費や保険といった余分にかかるコストの範囲内で，同一製品は同一価格になる。

チャネル別の価格政策も同様である。通信販売やパソコンなどの直販に比べて，店頭で，店員に十分説明を聞き，実物を触って確認して購入する場合は，多少高くても顧客は文句をいわないであろう。同様に，学生セグメントを囲い込むためのコンピュータのソフトウェアのアカデミック・バージョンもこの例である。ソフトの機能が制限されているものもあるが，このような場合でも制限のない製品にわざわざ制限を加えたうえで，かなりの安価で販売される。これは，その製品に**ロックイン**（囲い込み）させることで，社会人になったときにノーマル・バージョンを購入してもらうことを期待しているからである。

このように価格差別化はさまざまに工夫され行われている。読者

にはぜひ身の回りの事例を観察して，どのような原則が適用されているのか考えてもらいたい。

Column ⑮ 価格戦略

価格戦略は競争の程度により，協調価格，適応価格，機会主義的価格，略奪価格に分類できる。協調価格は寡占市場でよく見られるように，プライス・リーダーシップを発揮した企業に他の企業が協調的に追随するケースである。たとえば，乗用車の価格設定の基本的な発想法がコスト・プラス方式であったとしても，非常に差別化された新たなカテゴリーを創造するような特別の場合を除いて2番手以降の企業が，マーケット・シェアがトップの企業を無視して価格を設定することは考えにくい。適応価格は小規模企業が大手の設定した業界標準価格を単純に受け入れるケースである。この場合は，小規模企業に選択の余地はほとんどない。また，機会主義的価格は価格を競争の積極的手段として使用するケースである。略奪価格は競争企業に対するシグナルや排除を目的に破壊的な低価格を実行するケースである。

さらに，製品・サービスの顕示性，品質評価の容易さの程度といった顧客サイドの要因や，技術革新のスピードなどの要因により多様な価格戦略が存在し，企業の利潤に直接関連するだけに意思決定には慎重な態度が要求される。

価格戦略は時間軸からの分類もよく知られている。浸透価格戦略とスキミング価格戦略の2つである。「スキム」とは，牛乳の最も貴重な成分である脂肪分をすくい取ることである。そこから市場の最もいいところだけをすくい取ってしまう価格設定を指す言葉となっている。どうせ価格を下げても大して需要が増えないのなら，高い価格でも買ってくれる少数の買い手に，より高い価格で買ってもらい，高い利益を得ようというのがスキミング価格である。ある製品やサービスに対する価格弾力性が低くて，価格が高くても低くても需要があまり変化しないときには，このような上層顧客をすくい取る価格政策が採用される。

それと正反対の考えが，浸透価格戦略である。多くのケースで規模の経済や経験効果から生産量の増大は生産コストの引下げをもたらす。このような事態があらかじめ予想され，需要の価格弾力性が大きいと考え

られるケースでは、価格水準をどんどん下げていくことで市場を拡大し、生産量を増大させることで競争企業より早く生産コストを引き下げることが有利に働く。このような価格設定を浸透価格という。歴史的には、テキサス・インスツルメントが、半導体市場で浸透価格戦略をとったことで有名になった。

3 価格設定の心理的側面

　人々があるものごとを評価する際に、それ自体ばかりではなく、判断する状況・場・文脈の設定の違いにより評価が大きく左右され、場合によってはまったく正反対の決定がなされることはよくあることである。しかし、ここまで述べてきたモデルでは、そのことを意識的に排除してきた。それは、伝統的な選択理論においては無関係な代替案からの影響がないという前提を置くことで、合理的な選択を行う仮想的な個人の理論構築が行われているからである。このような理論に真っ向から挑戦したのが、D. カーネマンと A. トヴァスキーである。まず彼らの提唱した**プロスペクト理論**について簡単に説明したい。

プロスペクト理論

　プロスペクト理論では、人々の評価は**図6-5**のような価値関数によって説明される。この価値関数の特徴は以下の3点である。第1に、人々のそれぞれの対象への価値評価はある期待からの乖離により行われる。この期待のことを参照点（**リファレンス・ポイント**）と呼ぶ。人々が評価を行うときには、必ずある期待を持ち、その期待より結果が良かったか悪かったかで判断が下されるというのが彼らの主張である。第

図6-5 価値関数

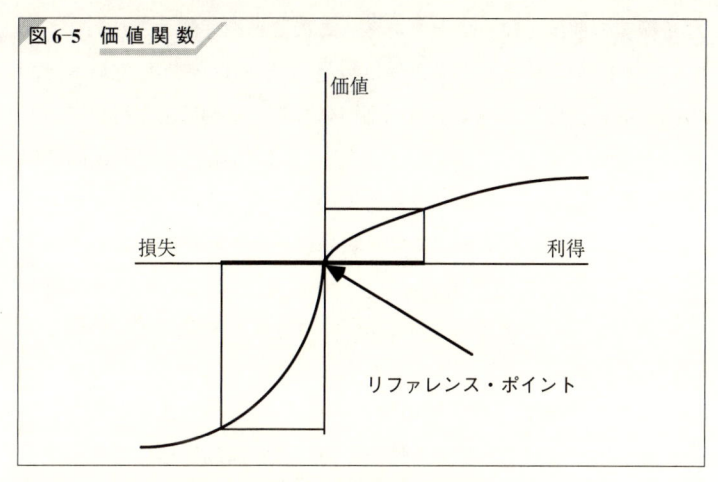

価値／損失／利得／リファレンス・ポイント

図6-6 リファレンス・ポイントによる評価への影響

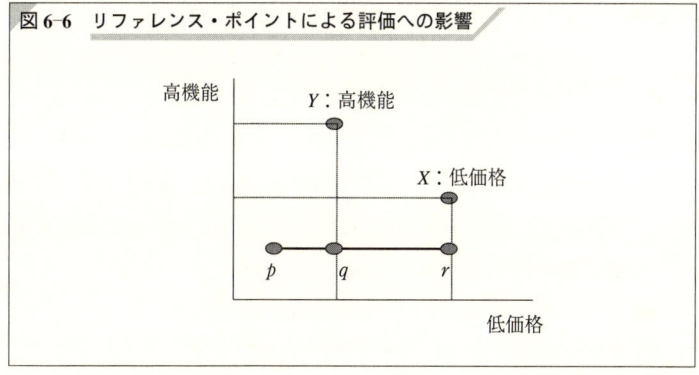

高機能／Y：高機能／X：低価格／p／q／r／低価格

2に，リファレンス・ポイントを上回ったときには危険回避的に評価を行うのに対して，それを下回る場合にはまったく反対に危険を受容する意思決定を行う。第3に，リファレンス・ポイントからの乖離が同じ程度なら，損失に対する拒否感は，期待を上回った場合の満足感よりも大きい。ただしどちらの場合も，追加的な満足感・拒否感は逓減する。

プライシングを考える際に重要になるのは，価値判断の基準点と

なる顧客の期待を知ることである。このことを理解するために、**図 6-6** の例を考えてみよう。2つの製品 X と Y が競合している。図の横軸は右に行けば行くほど低価格になり、縦軸は上に行けば行くほど高機能になることを示している。X は低価格を、Y は高機能を売りものにしているということである。ここで、いまリファレンス・ポイントが q であり、2つの製品の評価が同程度によいとしよう。ここで何らかの事情で、リファレンス・ポイントが p に動いた場合どうなるかを考えてほしい。p は q よりも左に平行移動しており、価格に対して寛容になったことを意味している。そうすると、価値関数の性質から満足度の増え方は Y の方が大きくなり、Y が選択されることになる。r に動いたら、反対に高価格に対する拒否感が増大するから、反対に X が選択されることになる。

このように人々のリファレンス・ポイント、すなわち期待が動くことが、いかにして製品の評価に影響するかをプロスペクト理論から理解することができる。人々は、それぞれの製品の価値を評価する場合に、その製品のみでなく関連する製品との比較で価値を評価すると考えると、比べる、あるいは比べられるものにより、同じものでも高く感じたり安く感じたりするのである。

いま1つ、事例を紹介しよう。**表6-2** を見てもらいたい。これはトヴァスキーと I. サイモンソンの行った実験の1つである。

通販のカタログから、3つのカメラのモデルを取り上げ、被験者に提示してその反応を測定したものが、表6-2 である。3つとも日本製の同一メーカーの1眼レフ・カメラであり、品質には問題ない。違うのは、あるグループでは、中級機と低級機の選択を問われたのに対して、別のグループでは3つのモデルすべての中から選択を問われた点である。2つの製品の比較では起きないことが、3つ以上の比較において起きることを彼らは繰り返し主張しているが、**極端**

表6-2　極端の回避効果

高級機：高機能・高価格	$469.99	21%	—
中級機	$239.99	57%	50%
低級機：低機能・低価格	$169.99	22%	50%

の回避と名付けられたこの例は，中間に位置する選択肢に人気が集中する傾向があることを示している。先に述べたプロスペクト理論に即して解釈すれば，高級機の高価格と低級機の低機能が，他との比較において強調されることで敬遠されるということである。

この実験からわかることは，3つ以上の製品ラインの構築は，選択における文脈を構築するということである。製品ラインによる文脈の設定が，割高感や割安感といったものを生じさせることが，全体として利潤を最適化する価格設定を難しくしている。

取引効用理論　価格設定で難しいのは，プロスペクト理論で触れたような顧客の心理的な側面である。このような顧客の心理的な側面を価格の問題として取り上げた理論にR.セイラーの**取引効用理論**がある。この理論によれば，顧客がある製品を購入して得られる効用は，6.7式で示されるように製品それ自体からの効用と取引からの効用の和として表される。

$$\text{総効用} = \text{製品それ自体からの効用} + \text{取引からの効用} - \text{支払価格} \tag{6.7}$$

取引からの効用とは，その製品のリファレンス・プライスと実際に支払う価格との乖離として規定される。簡単にいえば，割高感や割安感のことである。そして，この総効用が製品カテゴリーで規定されるあるハードルを越えたときに購入が行われると考えるのである。教育支出などのように必要であり望ましいという意識が強いものには財布のひもが緩くなるのに，贅沢品と意識されるものなどに

は財布のひもが固くなるという現象をハードルの高さで説明している。

このように考えると，従来，経済学では説明のつかなかった以下のような問題に対して，合理的な解釈を与えることができる。

(1) 「Q：レストランで顧客の混み方により値段を変えないのは，なぜか？」

経済学では，需要と供給の一致するところで価格が決まるといわれている。しかし，この原則に反するような価格設定が行われるケースは多い。レストランで，曜日や時間帯により価格設定を変えることが，なぜ行われないかを考えてもらいたい。仮に金曜日がいつも予約が受け付けられないほど満員ならば，金曜日のメニューの価格をいつもより高くしてもよさそうな気もするが，そうはならない理由はなぜか。

セイラーはこの問題に，次のように答えた。すなわち，常連客には料理に対してリファレンス・プライスが形成されていて，それを上回るような価格を単に混んでいるという理由のみで付けたならば，顧客の心には割高感が生じる。そして期待を裏切られたと感じた顧客は二度とその店には来なくなってしまう，というものである。論文の中では，このほかに，スーパー・ボウルやワールド・シリーズの価格がレギュラー・シーズンの価格と大差がないことを事例として紹介している。小さいころから親しんできた顧客には，アメリカン・フットボールや野球の試合に対するリファレンス・プライスが形成されているから，それを裏切ってはいけないというのがその理由である。

(2) 「Q：ワイン好きの友人に彼がいつも飲んでいる500円のワインを20本送るより，普段飲んでいないやや高めのワインを送ったほうが喜ばれるのは，なぜか？」

この問題に対する，経済学者の合理的な答えは500円のワインを20本送れ，というものである。しかし実際にそんなことをしたら，送られた人は気分を害するのではないであろうか。そうであるからこそ，プレゼントには少し上等な，たとえば，5000円のワインを2本送るのではないだろうか。

　セイラーは，この問題について次のように答えている。すなわち，人々はモラルという観点から意識的に贅沢を抑制する傾向があり，購入可能であっても実際の購入は控えてしまう。このとき，自分では買えなかったものを人からプレゼントされると嬉しいというものである。製品カテゴリーにより財布のひもの固さはずいぶんと異なる（コラム⑯参照）。仮に同程度の満足感が得られるとしても，教育といった望ましいものと思われているものには比較的寛容でも，ギャンブルといった望ましくないと思われているものに対しては，意識的に心理的ハードルを高くしているのである。

(3) 「Q：現金よりも，製品をプレゼントされるほうが喜ばれる場合があるが，それはなぜか？」

　こんな馬鹿なことがあるかというのが，合理的な答えかもしれない。現金はいくらもらっても腐ったりすることがないからである。しかし，現実にはハワイ旅行をプレゼントされたほうが，お金でもらうよりもらった人にとって満足感が大きいことがある。もし仮に現金でもらったとしても，それは家計に吸収されて自分の思うようには使えないことはよくあることだからである。(2)のように，贅沢品の場合はとくにそうである。

　このように価格設定には顧客の置かれた状況や比較対象となるものにより，同じものでも違った価値評価がなされることが多い。このことが問題を複雑にしており，「プライシングはアートだ」といわれるゆえんである。反対に，そうであるからなおさら，いままで

の知見では理解できない現象から学ぶために，論理的に詰められる範囲の問題については論理的に考えておく必要があろう。

Column ⑯　心理的財布

心理的財布という考え方は，直感的にわかりやすいものである。たとえば，毎日のスーパーでの買い物で 10 円，20 円を気にしている人が，大切な人の記念日プレゼントになると，専門店に行って正価で高価なプレゼントを買っていたりする。お金を支払うということは心の痛みを伴うものであるが，心の痛みの程度は状況により異なるのである。

このようなことは誰にでも思い当たるであろう。心理的財布という概念を提唱した小嶋外弘はさまざまな実証研究を行っている。私たちは購買意思決定を行う状況や商品カテゴリーにより財布のひもを緩めたり，財布のひもを締めたりしている，あるいは，心理的な財布は大きくなったり，小さくなったりしているのである。

この心理的財布の考え方は，本章で説明したトヴァスキーやカーネマンのリファレンス・ポイント（参照点），あるいは彼らの考え方を心理的会計として展開したセイラーのモデルに似通っている。状況により財布のひもが緩くなったり締まったりすることは，参照価格の話と，社会的規範などにより消費の望ましさに関するハードルの高さが変わるという話をあわせて考えると説明できる。心理的会計は心理的財布の 2 つの側面を区別して考察できる点で優れているが，心理的財布という概念のほうが説明は容易である。

たとえば，宝くじで当てた賞金とまじめに働いて得た所得では，同じ商品に対しても参照価格は変わりうる。あるいは，家を新築したというような状況においては，高額な家具や家電商品の参照価格は下がるはずである。非常に高額な支出を行い新しい生活を始めようとするときには，思わず財布のひもが緩んで，いつもなら高いと思うような家具でも購入したりするのである。

あるいは，社会的な規範により心理的財布は影響を受ける。たとえば，子どもに対する教育投資は望ましいと社会的に考えられているから，投資対効果がよくわからない状況でも，親は多少無理しても塾や習い事に子どもを行かせるのである。それに対して，贅沢は望ましくない消費と

して考えられているので，奢侈品の購入は踏み切りにくいのである。

　経済学では単純に貨幣の量で財布を定義しているが，消費者行動を考える場合には，経済学の財布ではなく心理的財布を考えるほうが有効である。経済状況がインフレ状態かデフレ状態かで，人々の心理的な財布はずいぶんと異なっているはずである。実際のプライシングを考える場合には，消費者が購買行動を起こす状況，経済・社会的な環境，あるいは社会規範などにより心理的財布は影響を受けるということを，まずは念頭に置かなければならない。

➡課　題

1　トヴァスキーとカーネマンが提案したリファレンス・ポイントを中心に非対称な形をした価値関数を前提とすると，次のような心理的算術のルールが得られる。空欄に，合算か分離のどちらかの言葉を入れよう。
  (i) 顧客にとっては，複数の利得は（　　　）して計算したほうが満足度は高くなる（利得だけのケース）。
  (ii) 顧客にとっては，複数の損失は（　　　）して計算したほうが満足度は高くなる（損失だけのケース）。
  (iii) 顧客にとっては，大きな利得と小さな損失は（　　　）して計算したほうが満足度は高くなる（利得と損失の組合せのケース）。
  (iv) 顧客にとっては，大きな損失と小さな利得は（　　　）して計算したほうが満足度は高くなる（利得と損失の組合せのケース）。

2　課題1のそれぞれのケースについて，その理由を価値関数の図を用いて説明しよう。

3　価格の心理的な効果がマーケティングの現場でうまく活用されていると思われるケースをいくつか考えてみよう。

4　6.2式および6.6式を導こう。

5　グローバル市場で同一の商品を販売する場合のプライシングについて考えてみよう。マークアップ率は同一にすべきなのか，市場の特性に対応して変えるべきなのか，商品カテゴリーにより違いはあるのか，といった点について議論してみよう。

3　価格設定の心理的側面

6 Web エクササイズ

http://www2.kke.co.jp/marketingscience にアクセスしよう。

第7章 コミュニケーションと広告

● イントロダクション：プッシュとプル

　4Pのマーケティング戦術について，第5章では製品（プロダクト），第6章では価格（プライシング）を紹介してきたが，ここでは3番目のPであるプロモーションに焦点を当てる。プロモーションの機能は，製品の認知・情報を高めて購買を促すことである。このプロモーション活動を分類すると，大きく，広告，パブリシティ，販売促進，人的販売の4つに分けることができる。このうち，広告とパブリシティはプル戦略として，主に顧客を自社製品に引っ張ってくる役目を担い，販売促進と人的販売ではプッシュ戦略として，製品を認知してさらには興味を示した顧客に対し，より積極的に購買を働きかける役割を果たす。ところで，プロモーションという用語は実務上はさまざまに使われている。販売促進，すなわち，セールス・プロモーションのみをプロモーションと呼ぶこともあれば，広告と販売促進の両者を含めてプロモーションと呼ぶ場合もある。本書では，第7章でコミュニケーション機能を担う中心的な活動として広告とパブリック・リレーションを扱い，第8章では販売促進機能を果たす中心的な活動としてセールス・プロモーションを考察する。

1 コミュニケーションの役割とプロセス

コミュニケーションの新たな役割

　プロモーション活動の**プル戦略**と**プッシュ戦略**の役割分担は，消費者の購買心理プロセスを一般化した AIDA（attention, interest, desire, action）モデルで検討すると，明白になる。

図7-1 プッシュ戦略とプル戦略

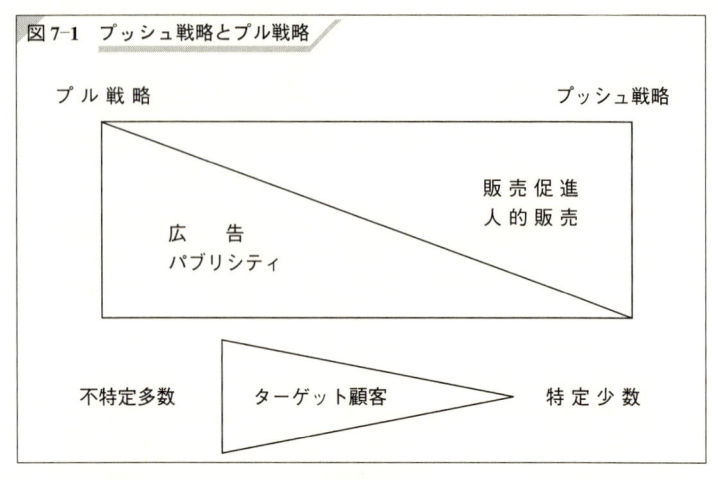

```
プル戦略                              プッシュ戦略

                              販売促進
        広 告                  人的販売
        パブリシティ


不特定多数    ターゲット顧客         特定少数
```

　まず，STPプロセスによって定めたターゲット顧客の中から，最終的に買ってくれそうな顧客に効率よくアプローチする方法としてプル戦略を使う。ここでは，広告とパブリシティによって製品を認知してもらい（attention），興味を引いて（interest），欲求を促す（desire）。この刺激に反応して来店や資料請求などの情報探索をするような購買確率の高い顧客に対して，販売促進や人的販売などのプッシュ戦略によってさらなる動機付けを行い，実際の購買行動（action）へとつなげるのである。近年成長の著しいeコマースでは，AIDAの認知から最終購買までの4ステップすべてをWeb上で完結させることができる。この意味においても，企業のホームページはプロモーション・ツールとして非常に効果的かつ重要な媒体となる可能性があることがわかる。

　企業がいかにすばらしい製品やサービスを提供しても，それが人々に認知され，さらにその特徴や便益が理解されて，しかも関心が持たれなければ販売には結び付かない。このように，コミュニケーションはマーケティングにおいて重要な位置を占める。そのため，

「製品・サービスのアピールにたけていて売り方がうまい」と「あの会社はマーケティングが上手である」が誤って同等の意味として理解されていることも多い。コミュニケーションには広告，セールス・プロモーション，人的販売，パブリシティ，スポンサーシップ，パブリック・リレーション，口コミなど，さまざまな手段がある。

しかし，製品と消費者のコミュニケーションは，物理的な製品自体（ラベル，パッケージング）でも語られるし，プライシングや流通段階での卸や小売店へのコミュニケーションや販売環境にも影響される。さらに，だれに対してどのようなコミュニケーションをとるかは，市場のセグメンテーションやポジショニングにも関連しており，ほとんどすべてのマーケティングの要因が複雑な相乗効果を及ぼし合ってコミュニケーションが築かれているといえよう。

そのため，これらを融合した一貫的なマーケティング戦略が，近年，**統合型マーケティング・コミュニケーション**（IMC）として重要になっている。これまでのように，製品によるコミュニケーションは製品開発部門が，広告によるコミュニケーションは広告部門が，販売促進や人的販売によるコミュニケーションは営業部門が，パブリック・リレーションによるコミュニケーションは広報部門が，というように別々の部署が管理するのではなく，個々のチャネルの戦略的役割や特徴を活かし，これらを**コミュニケーション・ミックス**として包括的な計画により，明確で一貫した最大限のコミュニケーション効果を生み出そうというものである。

コミュニケーション・プロセス

図7-2は，コミュニケーションにおける主な要因をモデル化したものである。メッセージは送り手によって記号化され，メディア（媒体）を通して送られる。それを受け手は解読することによってメッセージを得るのであるが，これらのプロセスにはノイズが含

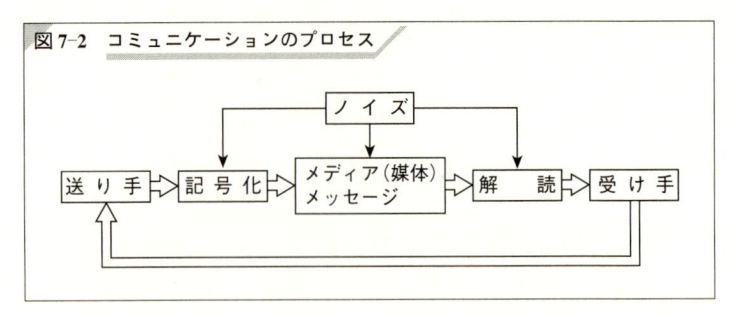

図7-2 コミュニケーションのプロセス

```
            ┌─────ノイズ─────┐
            ↓       ↓       ↓
送り手 → 記号化 → メディア(媒体) → 解読 → 受け手
                 メッセージ
  ↑                                        │
  └────────────────────────────────────────┘
```

まれてしまう。そして，受け手から送り手に対するフィードバックによって，双方向のコミュニケーションが成立する。

通常は，メッセージの送り手は売る側で，受け手は買う側であるために，媒体はマスメディアであったり，店頭，営業マンなどであり，フィードバックは消費者による購買/非購買や資料請求，苦情相談などである。本章では，コミュニケーションの中でも核となる広告に焦点を当てる。

2 広告のマネジメント・プロセス

一般的に広告マネジメントのプロセスは，**図7-3**のような5つのステップを踏む。

(1) 広告目的の明確化と目標の設定
(2) 広告予算の決定
(3) メディア選択とメディア計画
(4) 広告内容の決定
(5) 評価

以下では，これらのプロセスで用いられる科学的アプローチを紹介する。

図7-3 広告マネジメント・プロセス

広告目的の明確化と目標の設定 → 広告予算の決定 → メディア選択とメディア計画 → 広告内容の決定 → 評価

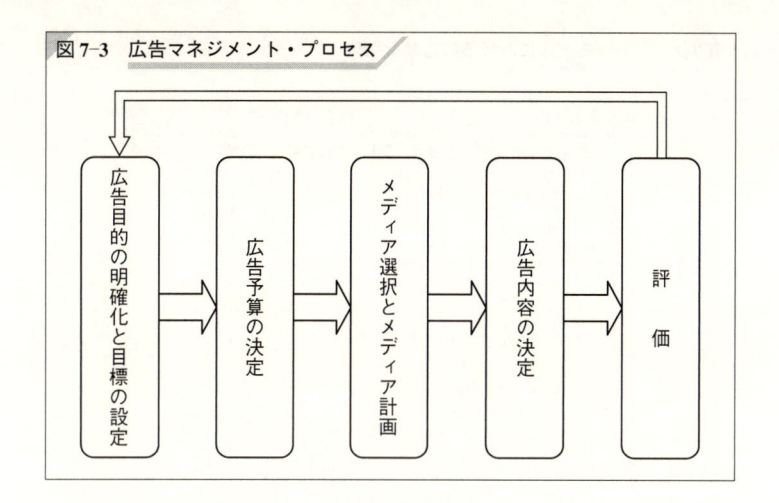

3 広告効果

広告効果の指標　広告の目的を明確化して目標を設定する場合や広告を評価する場合には，広告主が何を目的にしているのかによって，分析すべき効果測定の指標が異なってくる。つまり，広告は最終的には製品（サービス）を売ることに結び付いているのだが（action），製品カテゴリー，消費者，状況などによって，それが最終的な販売まで直接結び付く場合と，それ以前のプロセスにまでしか影響しない場合とがある。前者のような直接的効果を生む例としては，小売店のチラシ広告，週刊誌などの交通広告などが代表的である。逆に，一般的に自動車，住宅，耐久財などの高価格，高関与商品では，広告は購買に至る以前のプロセス，たとえば認知，理解，興味，態度形成，欲求にまでしか影響しない場合が多い。

表7-1 AIDAモデルにおける広告効果指標

消費者反応プロセス	広告効果指標
注意（attention）	助成/非助成認知率，知名度
興味（interest）	商品評価，イメージ，ブランド選好
欲求（desire）	購入意図
行動（action）	売上げ，ブランド選択

　前述のAIDAモデルに見られるように，広告に対する消費者の反応プロセスは逐次（階層）的であると考えられている。したがって，広告の目的が認知であれば関連のある効果指標はブランド再生率や再認率であるし，新製品の購買であればトライアル率，態度形成であればブランド・イメージや連想などである。AIDAモデルにおける各ステップでの効果指標を示したものが**表7-1**である。

　広告効果を認知度，好意度や購買意図などの心理的効果で測るのか，実際の売上げで直接測るのかは，広告の目的によって異なってくる。通常，広告代理店などが広告キャンペーンやコピーを評価する場合には，前者が使われる。その理由として，広告以外の要因がコントロールされた実験室などの環境において，広告テストに対する被験者へのアンケート調査から，比較的，信頼度の高い心理的効果指標の測定が可能なことがあげられる。逆に売上げや利益の増加が広告主の最終的な目的であっても，実際の売上げは商品力，販促，流通競合など他の要因に複雑に影響を受けるため，純粋な広告の効果を測定することは難しい。第7節では，広告と売上げの関係をフィールド実験によって科学的に検証したマーケティング・サイエンスの分野における研究をいくつか紹介する。

広告反応関数

　広告効果を具体的に定義したならば，次の関心はマーケティング変数がそれにどのよ

うに影響するかを知ることである。これをモデル化する際に考慮すべき要因は，①広告の効果反応の形状，②広告の残存効果，③広告と他のマーケティング要因との相互作用である。これに関して実務家と研究者の間で共有されている見解は，以下のようにまとめられる。

(1) 広告量の増加と減少は，効果指標に異なった速さで動的に影響を与える。
(2) 広告効果反応の形状は，飽和を伴った凹型（concave）の場合もあれば，低レベルで収穫逓増を伴ったS字型の場合もある。
(3) 競合企業による広告は，一般的にはマイナス効果を生み出す。
(4) 同じ広告投下量でも，コピー（クリエイティブ・メッセージ）やメディアの質とその環境によって効果が異なる。

これらの現象を組み込んだ**広告反応関数**は，計量経済学の手法を使って推定することが可能である。広告効果の指標としてよく使われる売上げを例にとって，この動的現象をモデルで検討してみよう。広告の残存効果は，過去の広告量をラグ項として説明変数に加えることで対処できる。残存効果を組み込んだ最も単純なモデルは，過去の広告効果が時間とともに一定の割合λで減少する等比数列になるため，t期の売上げと広告量をそれぞれS_t, A_tと記述し，誤差項をε_tとすると，下記のように表せる。

$$S_t = \alpha + \beta A_t + \beta\lambda A_{t-1} + \beta\lambda^2 A_{t-2} + \beta\lambda^3 A_{t-3} + \cdots + \varepsilon_t$$

この式において，tを$t-1$に置き換えλを乗じると，下の式が得られる。

$$\lambda S_{t-1} = \lambda\alpha + \lambda\beta A_{t-1} + \beta\lambda^2 A_{t-2} + \beta\lambda^3 A_{t-3} + \beta\lambda^4 A_{t-4} + \cdots + \lambda\varepsilon_{t-1}$$

この式を最初の式から引き，$\alpha^* = (1-\lambda)\alpha$, $\varepsilon_t^* = \varepsilon_t - \lambda\varepsilon_{t-1}$と置くと，下記のようなコイック型モデルと呼ばれるシンプルな回帰式が

得られる。

$$S_t = \alpha^* + \lambda S_{t-1} + \beta A_t + \varepsilon_t^* \qquad (7.1)$$

$\varepsilon_t^* = \varepsilon_t - \lambda \varepsilon_{t-1}$ は自己相関しているため,厳密な推定方法は計量経済学のテキストを参照してほしい。この式から,広告の短期効果は β,長期効果は $\beta/(1-\lambda)$ と解釈できる。後者は無限幾何数列の和 $\sum_n \lambda^n$ を計算することによって求められる。初期の広告効果を 100% とした場合,それが $100 \times r\%$ に落ちるまでの期間 k は,$\lambda^k = r$ から,

$$k = \frac{\log r}{\log \lambda}$$

になる。さまざまな研究者による 100 近くの調査をメタ分析した結果によると,期間を月に換算した場合の λ の平均値は 0.775 になった。つまり平均で見た場合,広告の長期効果は短期効果の約 4.5 倍であり,効果が半分になる期間は大体 2〜3 カ月,10% にまで落ちる期間は 6〜9 カ月であることがわかっており,広告の長期的効果を認識する重要性を裏付けている。

広告接触頻度　広告から受動的に受け取られた情報を消費者の記憶の中に植え付けるには,複数回の接触が必要である。この点に関してはいくつかの心理学的な実験により検証されており,購買サイクル内での最適な接触頻度は 3 回かそれ以上であり,頻度には収穫逓減効果が見られること,また頻度が過剰になると飽きからマイナスの効果になること,などが確認されている。

広告コピー効果　同等の広告接触量でも,コピーによってその効果が違うことは容易に察せられよう。これに関しては,コピーのサイズや色,動画か静止画か,背景,人物,内容などを制御したさまざまな実験が行われているが,その効

果は文脈にも影響されるため、あまり一般的な結論は出ていない。コピー制作における一般的な経験や法則を人工知能に組み込んだ広告制作ソフトなども開発されているが、診断に役立つ程度で、実用化には至っていない。だからこそ、優秀なクリエーターは、広告効果の科学的な理解とともにアートの感性を備えていることが重要なのである。

4 広告予算の決定

企業が広告予算を決定するための代表的な手法は、大きく以下の4つに分かれる。

支払可能額法

支払可能額法 (affordable method) は、企業の資金が許す範囲で、防御手段あるいは保険として、なるべく多くの広告を投入する手法である。この手法の問題点は、企業が広告と効果の関係を明白に把握していないために無駄な投資を行っている可能性があることである。

売上高定率法

第6章で説明された売上高定率法を使えば、下式のように最適な広告予算が決定できるかに見える。

$$\frac{a}{R} = -\frac{\gamma}{\eta} \quad \text{ただし、} R = p \cdot x$$

ここでは広告弾力性がわかっていることが前提だが、実際には広告弾力性 γ そして価格弾力性 η とも定数でなく売上げに依存するため、a/R は定率にならない。また、広告の長期的効果は考慮されておらず、今期の広告量が今期の売上げにのみ影響するというモデルに基づいている。そのほか、次の競合対抗法であげられている競合

企業の影響も考慮されていないという問題点も抱えている。

競合対抗法　競合対抗法 (competitive-parity method) は、競合企業の広告費と売上げやシェアに対抗するように広告予算を決定する手法である。問題としては、競合企業が論理的根拠に基づいて広告費を決めているとは限らないし、競合企業とは資源も環境も違うので、それに対抗する予算設定にどれだけ意義があるのか、ということがある。

客観的目標達成法　客観的目標達成法 (objective-and-task method) は、広告の費用対効果を把握したうえで、効果目標を達成するために必要な予算を決定する手法である。一般的に、次のような最適化問題となる。

$$\min \quad c(x)$$
$$\text{s.t.} \quad y(x) \geq R$$

ここで、$c(x)$ は広告量 x を投下したときの広告費用、$y(x)$ は x に対応した広告効果である。また R は目標とする広告効果である。

ここでは、費用、効果ともに広告量の関数であることを想定している。現実問題として費用対効果、つまり広告量と効果の関係を正確に推定するのが難しい。市場調査などからさまざまなデータを把握しても、それ以上の要因が混在するためである。この手法は多くの企業や広告代理店でも十分に使いこなしきれない、というのが現状である。

広告量と効果の関係を、多くのデータを使わずに人間の経験と勘に基づいて、ある程度、正確に見積もる方法にデルファイ法がある。これは、現場の状況に慣れ親しんだ複数のマネジャー、営業部長などに、広告費が現状とは異なったいくつかのレベル（たとえば50% 増えた場合、無限大に増えた場合、50% 減った場合、0になった場合の 4 レベル）での効果を個人個人で予測してもらい、その

結果を全員に告知した後，再度，個別に予測するという繰り返しを，結果が集約するまで続けるプロセスである。

Column⑰ 媒体別に見た日本の広告費

総広告費に占める割合は，マスコミ4媒体が48%である。インターネット広告費の増加が近年，顕著に見られる。また，諸外国に比較した日本の特徴として，交通広告の割合が高いことがあげられる。

表1　2009年の日本の媒体別広告費

広告費 媒体	広告費（億円）			前年比（%）		構成比（%）		
	2007年	2008年	2009年	2008年	2009年	2007年	2008年	2009年
総 広 告 費	70,191	66,926	59,222	95.3	88.5	100.0	100.0	100.0
マスコミ4媒体広告費	35,699	32,995	28,282	92.4	85.7	50.9	49.3	47.8
新　　　　聞	9,462	8,276	6,739	87.5	81.4	13.5	12.4	11.4
*雑　　　　誌	4,585	4,078	3,034	88.9	74.4	6.5	6.1	5.1
ラ　ジ　オ	1,671	1,549	1,370	92.7	88.4	2.4	2.3	2.3
テ　レ　ビ	19,981	19,092	17,139	95.6	89.8	28.5	28.5	29.0
衛星メディア関連広告費	603	676	709	112.1	104.9	0.8	1.0	1.2
インターネット広告費	6,003	6,983	7,069	116.3	101.2	8.6	10.4	11.9
媒　体　費	4,591	5,373	5,448	117.0	101.4	6.5	8.0	9.2
*広 告 制 作 費	1,412	1,610	1,621	114.0	100.7	2.0	2.4	2.7
プロモーションメディア広告費	27,886	26,272	23,162	94.2	88.2	39.7	39.3	39.1
*屋　　　　外	4,041	3,709	3,218	91.8	86.8	5.8	5.6	5.4
*交　　　　通	2,591	2,495	2,045	96.3	82.0	3.7	3.7	3.4
*折　　　　込	6,549	6,156	5,444	94.0	88.4	9.3	9.2	9.2
*Ｄ　　　　Ｍ	4,537	4,427	4,198	97.6	94.8	6.5	6.6	7.1
*フリーペーパー・フリーマガジン	3,684	3,545	2,881	96.2	81.3	5.2	5.3	4.9
Ｐ　Ｏ　Ｐ	1,886	1,852	1,837	98.2	99.2	2.7	2.8	3.1
電　話　帳	1,014	892	764	88.0	85.7	1.4	1.3	1.3
展示・映像他	3,584	3,196	2,775	89.2	86.8	5.1	4.8	4.7

（注）　2007年に「日本の広告費」の推定範囲を2005年に遡及して改訂した（*印が改訂したもの）。
（出所）　電通「2009年日本の広告費」より作成。

5 メディア計画

 広告主は決められた予算内で,ターゲットとなる視聴者に最大の効果を生み出すような出稿スケジュールを決定しなければならない。広告計画を立てるうえで重要なステップとして,どの媒体(テレビ,ラジオ,雑誌,新聞,交通,インターネットなど)にどれだけの広告量を投下するか,そして個別の媒体内ではどのビークル(番組,曜日や時間帯,記事,ページ位置など)にどれだけ出稿するのかを決定するメディア計画がある。基本的な考え方は,与えられた予算内で費用対効果が最大になるように広告を媒体やビークルに配分することであり,下記の問題を解くことである。

$$\max \quad y(x_1, \cdots, x_n)$$
$$\text{s.t.} \quad c(x_1, x_2, \cdots, x_n) \leq B$$

 ここで,$x_1, x_2, \cdots, x_n$ は,それぞれの媒体・ビークルに投下する広告量であり,$y(x_1, x_2, \cdots, x_n)$ はそれらの広告投下によって得られる広告効果である。また $c(x_1, x_2, \cdots, x_n)$ は媒体・ビークルへの広告投下に必要となる費用であり,B は予算制約である。

 客観的目標達成法と同様,効果と費用は広告量の関数であるが,媒体やビークルによる違いを考慮して広告量は媒体・ビークル別に設定されている。

 媒体にまたがって使われる広告量の指標として,業界では**リーチ**,**フリークエンシー**,**GRP** (gross rating points),**インパクト**などが使われる。

(1) リーチ (R):ある期間中にその広告キャンペーンに最低1回は接触した人々の,ターゲット・グループに対するパーセン

テージ。たとえばリーチ60％というと，ターゲット人口の60％がその広告を見たことがあることになる。
(2) フリークエンシー（F）：広告キャンペーンを最低1回は見た人々の平均接触回数。
(3) GRP：期間中の延べ接触回数で，リーチとフリークエンシーの積（R×F）で表される。GRPが同じ広告キャンペーンでも，リーチとフリークエンシーの組合せは無限にある。当然，広く浅く配信された広告と，ターゲットを絞った集中的なものとでは，その効果も異なってくる。
(4) インパクト（I）：同じ1GRPでも，媒体の特性によってもたらす効果が違うし，同一の媒体内でもビークルやコピーによっても違うため，この要因を数量化した指標。

広告の効果は，これらの要因が複雑に絡み合って決まる。マス媒体の中でも，新聞や雑誌などは**情報伝達型**で関与の高い商品に適し，テレビやラジオなどは**イメージ伝達型**である。最適な媒体，ビークルやコピーは，目的としている効果やターゲットとなる視聴者によって異なる。より幅広い視聴者に到達するためには，これらを混合して選択する必要がある。また，複数の媒体やビークルを使用するときには，ターゲットごとに視聴者の重複（duplication）も考慮する必要がある。

広告/媒体の値段も複雑な構造をしている。ビークルへの出稿価格は，視聴率，競合広告主による需要，放映，出版までの時間，広告主が直前の変更にどれだけ柔軟に対応できるか，などの要因に影響される。また，複数のビークルをパッケージにしたバンドリング価格，大量割引価格，お得意様価格，価格交渉のような慣習もある。そのうえ，出稿は先着順なので，希望のビークルがすでに埋まっている場合もある。この状況は，航空券の複雑な価格形態とも似てい

る。一般に業界でいわれる CPM（cost per mille, 1000 GRP 当たりの価格）のような広告のコストは，メディア計画が決まってわかるもので，事前には大まかな予測値でしかない。

このような理由から，数理計画法やシミュレーションによる費用対効果の分析には限度がある。実務では大雑把な（たとえば媒体間の）配分を見積もる場合に使われる程度で，その先は試行錯誤による慣習に基づいた方法で臨機応変に対応しているというのが，現状である。

6 広告内容の決定

広告は訴求内容によって，**情報提供型**，**説得型**，**リマインダー型**の3つに大きく分類できる。どのタイプの広告メッセージを用いるのが効果的かは，AIDA モデルにおける顧客のコミュニケーション・プロセスのどの部分に働きかけるか，そして製品プロダクト・サイクルのどの時点にあるかによって違ってくる。以下は，その3つのタイプの特徴を示している。

(1) 情報提供型：新製品に多い。認知促進。興味や欲求の喚起。
(2) 説得型：成熟製品に多い。競争下で有効。購売の動機付け。
(3) リマインダー型：成熟製品や低関与製品カテゴリーに多い。イメージの構築。

7 広告と売上げの関係

広告が消費者に与える心理的効果の議論の詳細は，広告やブラン

ドの専門書に譲るとして、ここではマーケティング・サイエンスの分野において、広告と売上げの関係を主にフィールド実験によって科学的に検証した海外の研究を紹介しよう。これらは実際の市場において広告実験を行い、広告以外のマーケティング要因や競合企業の影響を把握して統計的にコントロールするため、大掛かりなデータ収集の仕組みが必要となるばかりか、広告主にとっては売上減少のリスクが伴うために、日本ではほとんど行われることはない。

アンホイザー・ブッシュ社の実験

R. L. エイコフと J. R. エムショフは、1960年代に、地域によって広告の量、スケジュール、メディアを変えた広告実験を行った (Ackoff and Emshoff (1975))。広告量の実験では、広告費を標準レベルの -100, -50, -25, 0, $+50$, $+100$, $+200\%$ に設定し、その影響を正確に測定するために、それぞれのレベルは最低6地域で検証された。

その結果、広告費を減少させても短期的には売上げに影響が見られなかった。また、テレビ広告を1年以上、完全にやめた場合には売上げの減少が観測されたが、その場合、広告を中止以前のレベルに戻すと売上げも回復した。

キャンベル・スープ社の実験

J. O. イーストラックと A. G. ラオは、1970年代に、日常消費財の6つの既存ブランドで19の広告実験を分析した (Eastlack and Rao (1989))。実験では、広告費を標準値に対して -50% から $+50\%$ に設定したほか、スケジュール、クリエイティブ、メディア、そしてターゲット顧客層を系統立てて変化させ、実験前と実験後の売上げを他のコントロール市場との比較によって検証した。

結果は、広告量の増減は売上げにほとんど影響しなかった。しかし、クリエイティブ、メディア、ターゲット層の変化が特定の状況

では売上げの増加につながった。具体的には、広告費は同等であるがより幅広いターゲット層に広告を到達させた場合、5つ中3つの実験において売上げが統計的に有意に増加した。そして、クリエイティブを変えた5つの実験中2つは11%以上の売上増を観測した。また、有意な売上増が観測された実験では、初期の段階から売上げが増え始め、広告が何回も繰り返された後に増加が見られることはなかった。

アドテル社の実験

アドテル社は、全米の各地域に2000世帯以上の購買を日記式に記録するサンプル・パネルを抱える市場調査会社である。D. A. アーカーとJ. M. カーマンはアドテル社の仕組みを利用し、ケーブルテレビを使った大規模な広告実験によるテレビ広告の効果検証をまとめた（Aaker and Carman (1982)）。

これは**スプリット・ケーブル・テスト**と呼ばれ、ケーブルテレビの契約者を対応関係にある2つのサンプルに分け、IAT (individually addressable tap) という技術によって異なったコピーや広告量を投入し、それらの世帯の購買記録をスキャナー・パネル・データで収集することによって、広告の売上げに対する効果を測定するテストである。テレビ・コマーシャルへの接触ならば、通常はテレビに設置された視聴率を5秒ごとにモニターするテレビ・メーターという機器でわかるのだが、GRPやコピーを恣意的に変えて購買をモニターするような実験をするには、どうしてもIATを使う必要がある。しかし、日本ではケーブルテレビの普及率が低いのみならず、電波法の関係から、このテストは実施不可能である。

行われた120の実験のうち、48は広告量、36はクリエイティブ、24はスケジュールに関するものであった。広告量を変化させた48の実験中6つは広告を減少、そのうちの2つは2年以上も継続させ

たが，いずれも売上げの減少が観測されなかった。広告量を増やした 42 の実験では，30% にしか売上げの増加が見られず，増加が見られたケースのほとんどは新製品を使っての実験だった。また，クリエイティブを変えた実験の 47% では売上げが有意に変化した。

インフォメーション・リソーシズ社の実験

インフォメーション・リソーシズ社は，スプリット・ケーブル・テストによってテレビ広告を世帯別に操作するとともに，各世帯の該当広告への接触をテレビ・メーターによりモニターし，購買記録をスキャン・パネルの仕組みによって収集し，購買店舗での価格や販売促進活動に基づいて補正することにより売上効果を検証するビヘービア・スキャン（BehaviorScan）という市場調査サービスを提供している。

このように，広告接触率，購買記録，そして該当店舗環境を同じサンプル世帯に対して収集したものを，**シングルソース・データ**と呼ぶ。シングルソース・データには世帯購買とそのマーケティング環境が詳細に記録されているため，マーケティング要因の科学的分析に革命をもたらしたともいわれている。日本でも以前はビデオリサーチ社から，また最近ではインテージ社からシングルソース・データが提供されている。

L. M. ローディッシュらの分析（Lodish *et al.* (1995)）によると，さまざまな日用消費財に対する 6 年半にわたるビヘービア・スキャンのテレビ広告実験結果から，207 の既存ブランドでは 67% の製品で広告費の増加に対して有意（20% 水準）な売上げの増加が見られなかったが，85 の新製品では 55% において売上げが増えた。既存製品の広告弾力性の平均は 0.05 であり，統計的に有意ではなかったが，新製品の弾力性は 0.26 と既存製品の約 5 倍であり，かつ統計的に有意だった。また，広告効果は広告費の増加を終了した

後にすぐに消滅するものではなく，76％の製品で1年間以上，さらに28％の製品では効果が2年以上も継続したことが観察された。この研究によると，製品，広告クリエイティブ，あるいはメディア戦略の変更を伴わない場合，一般的にテレビ広告は売上げの増加に直接は結び付かないと結論付けている。

> 売上げへの広告の影響

以上の科学的手法に基づいた数少ない広告実験を分析すると，広告と売上げに関していくつかの一般化が導ける。

(1) 広告量を増やすだけでは，売上げの増加につながらない。

(2) 広告量を増やすだけでは売上げの増加につながらなくても，クリエイティブ，メディア，ターゲット層の変更が伴えば売上げが変化することもある。

(3) もし広告が売上げに影響を与える場合は，効果は初期の段階から現れる。後になって効果が上がってくることはない。

(4) 既存製品より新製品のほうが広告効果が現れやすい。

(5) 広告は売上げに長期的に影響する。広告量を削減しても売上げはすぐには減少しない。一定のレベルで継続的に広告を投下するよりも，たとえば3カ月オン，3カ月オフのような断続的なキャンペーンや広告のパルスが効果的である。

(6) 売上げに対する広告の短期的効果は，価格の影響と比較してはるかに小さい。平均的な広告の弾力性が0.1であるのに対して，価格弾力性はマイナス2.5である。アメリカの日用消費財と耐久財における262の価格と広告効果の研究をメタ分析したR. セズラマンとG. J. テリスの研究によると，2つの弾力性の絶対値の比率は平均で約20，日用消費財では25近くである (Sethuraman and Tellis (1991))。

上記から売上げに対する広告の影響は概して弱いといえるが，そ

れでは企業はなぜ何億円もの予算を広告に投じるのであろうか。大きな理由の1つに，まず広告テストが十分に行われていないことがあげられる。広告のクリエイティブは通常，何回かのテストが繰り返されるが，それには余計な費用と時間がかかるため，正確な結果が出る前の初期の不十分な段階でテストを終えてしまう傾向がある。

2つ目の理由は，広告代理店の役割にある。代理店が企業の広告を請け負った場合，一般にメディア（テレビやラジオのオンエア費や雑誌・新聞の広告掲載料）のコミッションで支払われるため，広告主の売上げや利益を増やすよりも広告量を増やすインセンティブが働きやすい。また，代理店のクリエイティブ制作担当者は芸術志向が強いため，自己の独創性や直感にプライドを持っており，芸術価値を低下させ一般受けを狙う過度の広告テストは好まれない。

3つ目としては，競合企業が広告をしているために，自社が広告をやめるとシェアが落ちるかもしれないという恐怖から習慣的に継続してしまっていることも指摘できる。

4つ目として，企業内での広告予算の決められ方に原因があると考えられる。多くの企業では，次期の広告予算が売上実績の一定率として決定されるために，因果関係が逆方向に働いており，広告で売上げを増加しようというインセンティブが弱い。

広告が売上げに結び付かない5つ目の理由としては，広告には最終顧客への売上額を増やすのではなくて，メーカーの卸価格を上昇させ小売価格を下げる効果があることも考えられる。つまり，顧客は広告で知った製品を小売店に買い求めるため，来店顧客の増加を狙う小売店はこれらの製品を特売品として値引きするとともに，卸問屋やメーカーへの受注が増加する。小売単価の減少が売上量の増加を相殺して，金額ベースでは売上高にあまり変化が見られないのである。

こうした状況を改善すべく，近年では広告代理店に対して売上げや利益増によるアカウンタビリティを求める広告主も出てきており，またインターネットという新しい媒体の出現もあり，広告業界はいま，大きく変動している。

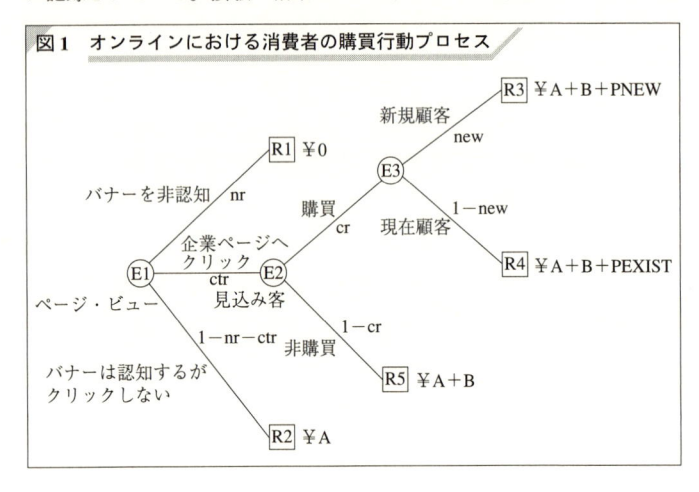

Column ⑱ オンライン広告のメディア計画

広告の効果測定にはさまざまなデータが必要であるが，インターネットでは，消費者の購買行動プロセス（オンライン広告への接触，サイト・ビジット，情報探索，購買など）が自動的に記録できるため，定量的な効果測定が容易にできる。異なったビークルや広告コピーの費用対効果を比較，検討することは，効率的なオンライン・メディア計画を立てるのに不可欠な情報である。

オンラインでの一連の消費者の購買行動を，ツリー形の確率プロセスとして描いたものが図1である。広告の評価は，意思決定ツリーのように末端に広告がもたらす利益を見積もり，それぞれの枝に確率を割り当てれば，それぞれの分岐点での期待値を計算することができる。

まず，プロセスの第1ステップは，消費者がWebページに置かれたバナー広告に接触することである。何人が接触したかはページ・ビューに記録されている。接触の結果としては，バナーを非認知，バナーを認

図1 オンラインにおける消費者の購買行動プロセス

- ページ・ビュー → E1
  - バナーを非認知 nr → R1 ¥0
  - 企業ページへクリック ctr 見込み客 → E2
    - 購買 cr → E3
      - 新規顧客 new → R3 ¥A+B+PNEW
      - 現在顧客 1−new → R4 ¥A+B+PEXIST
    - 非購買 1−cr → R5 ¥A+B
  - バナーは認知するがクリックしない 1−nr−ctr → R2 ¥A

表1 オンライン広告の評価例

ビークル／コピー	検索エンジンA	検索エンジンB	専門サイト	コピーA	コピーB
ページ・ビュー(pv)	84,391	18,216	9,391	100,000	100,000
バナー非認知率(nr%)	60.0	50.0	20.0	60.0	30.0
クリック・スルー率(ctr%)	1.2	0.8	8.9	1.0	2.0
見込み客数 (pv×ctr)/100	1,012.7	145.7	835.8	1,000.0	2,000.0
コンバージョン率(cr%)	8.5	5.0	16.4	4.0	8.0
購買者数 (pv×ctr×cr)/10,000	86.1	7.3	137.1	40.0	160.0
新規顧客の割合(new%)	30.0	18.0	50.0	30.0	40.0
ページ・ビュー1回当たり の期待利益(¥)=E1	23.7	15.2	234.3	13.6	37.6
見込み客1人当たりの 期待利益(¥)=E2	1,486.5	972.0	2,513.0	771.0	1,351.0
購買者1人当たりの期 待利益(¥)=E3	16,035.0	16,875.0	14,635.0	16,035.0	15,335.0
広告掲載価格(¥)	1,000,000	200,000	1,000,000	1,000,000	1,000,000
ページ・ビュー1回当 たりの価格(¥)	11.8	11.0	106.5	10.0	10.0
見込み客1人当たりの 価格(¥)	987.5	1,372.4	1,196.5	1,000.0	500.0
購買者1人当たりの価 格(¥)	11,617.3	27,448.4	7,295.5	25,000.0	6,250.0
1,000人の見込み客を 超えるまでの日数	6.9	48.0	8.4	7.0	3.5
バナー広告の効果(¥A)	15.0				
サイトの効果(¥B)	120.0				
新規顧客からの平均取 引利益(¥PNEW)	11,000.0				
既存顧客からの平均取 引利益(¥PEXIST)	18,000.0				

知するがクリックしない，バナーをクリックする，の3つがある．非認知率（nr）は，唯一Webからは得られない情報なので，アンケート調査あるいは他の情報源などから推測しなければならない．この場合の利益は¥0である．

バナーを認知するがクリックしない場合でも，消費者はある程度のインプレッションを受けて，それがオフラインでの購買や後のオンライン購買などにつながる可能性もある．そこで，バナー広告自体の効果とし

て少額の利益￥Aを割り当てる。

バナーをクリックした場合は，企業のホームページへとジャンプする。この確率がクリック・スルー率（ctr）である。ここでの訪問者は，企業にとっての見込み客である。ホームページにジャンプした後，最終的に商品やサービスの購買に至る場合とそうでない場合とがある。前者はコンバージョン率（cr）と呼ばれている。さらに購買は利益の違う新規顧客と既存顧客に分けられ，この割合（new）は企業の顧客データベースからわかる。

サイトで購買に至らなかった場合でも，カタログの請求，オフラインでの購買，後で購買などが考えられるため，これをサイトの効果として，利益￥Bが期待できると考える。企業サイトを訪問したということは商品に対しての興味のレベルが高いため，最終的に購買に結び付く確率が高く，一般的にBはAより大きい。

そこで，サイトで購買しなかった顧客（R5）からの利益はバナー広告自体の効果（￥A）＋サイトの効果（￥B）である。

サイトで購買に至った場合，新規顧客（R3）からの利益は，バナー広告自体の効果（￥A）＋サイトの効果（￥B）＋新規顧客の平均オンライン取引利益（￥PNEW）であり，既存の顧客（R4）では，バナー広告自体の効果（￥A）＋サイトの効果（￥B）＋既存顧客の平均オンライン取引利益（￥PEXIST）になる。

ビークルや広告コピーによって異なったタイプの消費者が誘引されてくるため，このツリーの確率や期待利益の値は必然的に異なってくる。ある1週間の結果をまとめた例が表1である。

このような表をつくることによって，個々のビークルやコピーの効率が明白になり，オンラインでのメディア計画で重要な情報になる。たとえば，検索エンジンAとBを比較すると，ページ・ビュー1回当たりのコストはほぼ同じであるが，見込み客1人当たりの期待利益を考慮すると，前者のほうが効率よいことが分かる。また，専門サイトはページ・ビュー1回当たりのコストが検索エンジンの約10倍ではあるが，見込み客1人当たりの利益とコストを考慮すると，十分，割に合っている。このサイトには関心のあるビジターが多く訪問することから，クリ

ック・スルー率，コンバージョン率ともに高いためである。

　また，コピーAとコピーBを比較することによって，バナー・メッセージの売上げに対する効果測定が可能になる。この例では，コピーBのほうがAより格段に効果的である。

➡課　題

1. 実際の広告を取り上げて，AIDAモデルにおける顧客のコミュニケーション・プロセスのどの部分に働きかけているのかを考えてみよう。さらに，対象製品がプロダクト・サイクルのどの時点にあるのかを考慮し，その広告は情報提供型，説得型，リマインダー型のどれに分類されるか，広告の目的は何か，などの点について話し合ってみよう。

2. さまざまな広告媒体を取り上げ，それらの媒体がどのような顧客をターゲットとする場合に適しているかを考えてみよう。同様に，伝達したい内容は何か，コミュニケーション・プロセスのどの部分に働きかけたいのかといった点から，それぞれの広告媒体の適性を整理してみよう。

3. 1980年代初めにピークを打ったウィスキーの消費量は一貫して低下してきたが，ここに来て（2010年現在）消費量の増加傾向が見えてきた。このトレンドは，サントリー角瓶のハイボールが火付け役であるといわれている（第2回マーケティング大賞を受賞）。この事例についてサントリーのホームページなどから資料を調べてみよう。
   (1) サントリーが創造した，これまでにない飲用シーンでウィスキーを体験できる工夫にはどのようなものがあるか。これまでにない飲酒体験の場を構築することの意味を考えてみよう。
   (2) "角ハイボール"のマスメディアの広告と連動したインターネットを活用したコミュニケーション活動にはどのような特徴があるか，さまざまなメディアにはどのような特性があるのか考えてみよう。

4. 7.1式を導きなさい。

5. 7.1式における広告の長期効果が$\beta/(1-\lambda)$になることを示しなさい。

6　Web エクササイズ

http://www2.kke.co.jp/marketingscience にアクセスしよう。

第8章　プロモーション

●イントロダクション：最後の引き金

　前章では，広告について考えた。本章では，プロモーション機能を果たす中心的な活動として，セールス・プロモーションを取り上げる。セールス・プロモーションとは，文字通り，製品やサービスの販売を促進するための活動である。よい製品を開発し，適切な価格設定を行い，適切な流通チャネルを選択してその製品を市場導入したとしよう。マス広告も投入し製品の認知を高めることにも成功した。その製品の販売に結び付けるための最後の引き金を引くのが，セールス・プロモーションの役割である。その引き金は，サンプル品を使用して品質に納得したということかもしれない。店頭での推奨販売によって行われていたことかもしれない。また価格訴求型のプロモーションによってお得感が訴求されたことかもしれない。本章では，このようなセールス・プロモーションのことをプロモーションと呼び，その計画と効果測定を科学的に行うための方法について説明する。

1　プロモーションに関する基本的理解

プロモーションとは

　プロモーションとは具体的にはどのような活動を指すのであろうか。アメリカ・マーケティング協会の1988年の定義によれば，「セールス・プロモーションとは，トライアル購買の刺激，消費者需要の増加，製品の入手可能性の増大などのために，事前に決定された限られた期間において，消費者，小売業者あるいは卸売業者に対して実行される，媒体

および非媒体によるマーケティング・プレッシャーである」となっている。また、R. C. ブラットバーグとS. A. ネスリンは、「セールス・プロモーションとは、行動に焦点が当てられたマーケティング手段であり、その目的は顧客の行動に直接的な影響を与えることである」としている (Blattberg and Neslin (1990))。

このように、プロモーションは顧客の行動に焦点を当て、顧客の行動を直接的に変容させることを企図したマーケティング活動であるということができる。こうしたプロモーション効果のフローは、広告のそれと比較するとわかりやすい。広告は、消費者の認知促進、好意的な態度形成を促し、それらを通じて購買という行動に結び付くのが一般的である。新製品の広告を見て、すぐにそれを買いにいくという行動は、まったくないわけではないだろうが、一般的なケースとはいえない。広告に何度も接し、その製品やサービスの内容を理解し、好意的な態度が形成され購買に至るというのが一般的なフローだと考えられる。

これに対し、プロモーションの場合には購買行動に直接的に結び付くという効果が期待される。販売時点で値引きプロモーションに接して、すぐに購買に結び付くといったことが、その典型的なケースである。

プロモーションの分類

プロモーションにはさまざまな手法がある。そして、それらの手段はいくつかのタイプに分類することができる。加工食品や日用雑貨などの消費者向けパッケージ・グッズの領域では、だれがだれに対して行うのか、ということを基準にして、次のように分類されることが一般的である。

メーカーの立場から見たプロモーションは、対消費者、対流通業者という2つのタイプに分けられる。メーカーが消費者に対して行うものは、一般に**消費者プロモーション**と呼ばれる。これに対し、

メーカーが流通業者に対して行うものは，**トレード・プロモーション**あるいは**流通業者向けプロモーション**と呼ばれる。消費者の立場から見るとプロモーションは，実施主体によって2つのタイプに分けられる。1つは，前述した消費者プロモーションであり，メーカーが消費者に対して実施する。もう1つは，小売業者が消費者に対して行うプロモーションであり，**リテイル・プロモーション**と呼ばれる。流通業者から見たプロモーションにも，トレード・プロモーションとリテイル・プロモーションという2つのタイプが存在することになる。これらのプロモーションのタイプを図示すると，**図8-1**のようになる。

アプローチの方法によってプロモーションを分類することもできる。この分類に従うとプロモーションは，**店頭プロモーション，街頭プロモーション，パッケージ・プロモーション，ダイレクト・プロモーション，世帯向けプロモーション，キャンペーン・プロモーション，制度型プロモーション**のように分けられる。

店頭プロモーションは，小売業者やサービス業者の店頭で実施されるプロモーションであり，値引き，製品を山積みして目立つように陳列する特別陳列，試食や試飲をしてもらいながら販売を行うデモンストレーション販売などが含まれる。

街頭プロモーションは，街頭で実施されるプロモーションであり，サンプル品やクーポンを手渡すサンプリングやクーポニング，チラシなどの告知物の配布などが含まれる。

パッケージ・プロモーションは，製品のパッケージを利用して行われるプロモーションである。代表的なものは，パッケージにクーポンが挿入されたり，添付されたりする，インパック，オンパックのクーポンである。

ダイレクト・プロモーションは，消費者個人にダイレクトにアプ

図 8-1 実施主体と対象によるプロモーションのタイプ分類

```
                トレード・
                プロモーション
  ┌─────┐ ───────────────→ ┌─────┐
  │メーカー│                    │流通業者│
  └─────┘                    └─────┘
       \                         /
        \                       /
    消費者\                     /リテイル・
    プロモーション              プロモーション
          \                   /
           ↘                ↙
            ┌─────┐
            │消 費 者│
            └─────┘
```

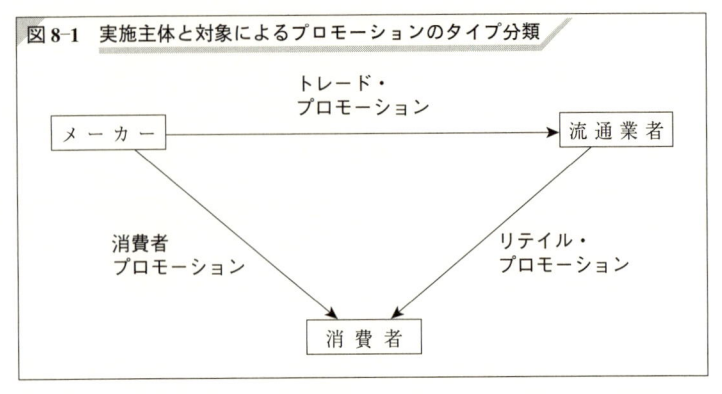

ローチするプロモーションである。ダイレクトメールはその代表的な方法であり，個人宛の郵送物で製品や店舗などの情報が提供される。クーポンやサンプル品を個人宛に郵送する方法もダイレクト・プロモーションの1つである。また，最近では郵送の代わりに電子メールを使って情報の告知やクーポンの送付などを行う方法も一般的になってきている。

世帯向けプロモーションは，個人ではなく世帯を対象として行うプロモーションである。具体的には新聞折込みやポスティングなどが含まれる。新聞折込みはチラシやクーポンを世帯に配布する手段として利用されている。また，ポスティングとは，家庭の郵便受けなどに人手によってチラシなどを配布することである。

キャンペーン・プロモーションは，マス広告などと連動した大規模なキャンペーンを展開するタイプのプロモーションである。懸賞キャンペーンはその代表的なものである。

制度型プロモーション　上記のプロモーションは，通常は一定期間展開され，終了したら通常の販売方法に戻ることになる。これに対し，制度として販売体制に組み込んで展開するようなタイプのプロモーションを制度型プロモーションと呼ぶ。

伝統的なものとしては、トレーディング・スタンプがある。これは、消費者の買物金額に応じて一定枚数のスタンプを発行し、それがたまったら特定の製品と交換するというものである。

　近年では、スタンプを発行する代わりにカードを利用して顧客の購買金額などを把握する仕組みに変化している。このような方法で顧客別の購買状況を把握し、優良顧客の優遇策と組み合わせた仕組みはフリークエンシー・プログラムと呼ばれる。この種の仕組みの先駆けとなったのは航空業界であり、フーリクエント・フライヤー・プログラムと呼ばれる。第3章で述べたように、同種のプログラムは、現在では、小売業やサービス業などの多くの業界で取り入れられている。また、自社の顧客を中心とした会員組織を形成し、その組織を基盤としてプロモーションを展開するという仕組みもある。これは**クラブ型プロモーション**などと呼ばれている。

　訴求ポイントによってプロモーションを分類することもできる。たとえば、**価格訴求型プロモーション**は文字通り、価格を訴求ポイントとしたプロモーションであり、値引きプロモーションがその典型である。さらに、クーポン配布やキャッシュ・バックも価格訴求型のプロモーションに位置付けられる。増量パックは、同一価格のまま、製品の容量を増量して販売するものである。この方法は、容量当たりの単価を下げて販売するという意味で、価格訴求型の1つに位置付けることができるだろう。

　価格訴求型以外のプロモーションには、**情報提供型、製品体験型、インセンティブ提供型**といったタイプがあり、これらはまとめて**非価格訴求型プロモーション**と呼ばれる場合もある。情報提供型は、文字通り製品やサービスに関する情報提供を目的としたプロモーションであり、チラシ配布やダイレクトメールによる情報提供および店頭POPなどの方法がある。製品体験型プロモーションには、サ

ンプリング,デモンストレーション,モニタリングなどがある。これらはいずれも,実際に製品を試してもらい,その特徴やよさを体験してもらったり,その体験を他の人に伝えてもらうという狙いを持っている。インセンティブ提供型は,景品やおまけといった製品以外のインセンティブを提供するものである。このタイプには,懸賞,プレミアム,コンテストなどが入る。

2 プロモーション計画

> プロモーション目的の設定

プロモーションの計画立案は**図8-2**のようなステップに分けて考えることができる。順に説明していこう。プロモーション計画は,プロモーションの目的を明確化することから始まる。プロモーションを実施する際の目的はさまざまである。それらのうち最も多く掲げられる目的は,短期的売上増加だろう。このことは,プロモーションが重宝される特徴の1つである**短期即効性**と関連している。プロモーションは消費者の購買行動に直接的に働きかけるため,即時的に売上げを増やすことが可能である。その特徴を十分に引き出し,短期的売上げを増加させようということが目的とされる場合が多い。

短期的売上増加のほかにも,プロモーションの目的はさまざまにある。売上げではなく,短期的な利益やシェアの増加も目的となりうる。また,継続的なプロモーションの実施,制度型のプロモーションの実施などによって,長期的な視点から売上げ,シェア,利益を増やすこともプロモーションの目的となる。さらに,ブランドの育成を念頭に置き,ブランド・ロイヤルティやブランド・イメージ

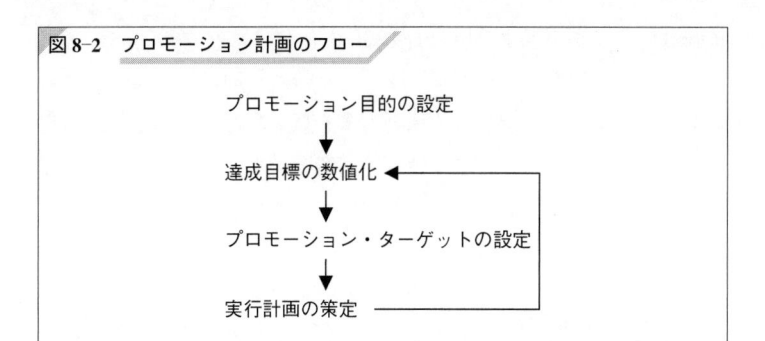

図 8-2 プロモーション計画のフロー

```
プロモーション目的の設定
        ↓
達成目標の数値化 ←──────┐
        ↓              │
プロモーション・ターゲットの設定
        ↓              │
実行計画の策定 ─────────┘
```

を向上させることがプロモーションの目的とされることもある。

達成目標の数値化　プロモーションの目的に従って達成目標の数値化がなされる。前述したように，短期的な売上増加がプロモーションの目的として設定されることが多い。この場合には，プロモーション期間中の売上げや出荷量が達成目標として具体的に数値化されることになる。その他の目的に関しても，できるだけ具体的な指標によって達成目標を数値化する必要がある。なお，ここで数値化した達成目標は，以降のステップでプロモーションの実行計画が具体化した段階で再度見直す必要がある。

プロモーション・ターゲットの設定　上記のようなプロモーション目的と密接な関係にあるのが，ターゲット設定である。プロモーションにおけるターゲット設定は，消費者の行動的側面に焦点を当てる場合が多いことに大きな特徴がある。たとえば，缶コーヒーやビールなどの製品では，製品に添付されているシールなどをたくさん集めて応募するかたちの，懸賞キャンペーンが頻繁に実施されている。これは，その製品カテゴリーのヘビー・ユーザーをターゲットとしている。また，その製品の既存顧客をターゲットとしてリピート購買の促進を狙ったプロモーションも考えられるし，競合製品のユーザーをターゲットとしスイッ

チ購買の促進を企図する場合もある。

　もちろん，消費者のデモグラフィック特性や地理的特性などに着目したターゲット設定を行う場合も多く見られる。たとえば，特定の地域における特定の年齢・性別の消費者をターゲットとして駅周辺や街頭で若い女性を対象にサンプル配布を行うといったプロモーションはその1つである。

プロモーション実行計画の策定

　プロモーションの目的とターゲット設定に続くステップは，プロモーションの実行計画の策定である。ここでは，3つの項目を決定する必要がある。まず，プロモーションの実施時期と期間を決めなければならない。最適なプロモーション・サイクルと期間は製品カテゴリーによっても異なるし，個々の製品によっても違ってくる。一般には，製品カテゴリーの購入頻度や購入サイクルを勘案しながら，実施時期と期間を決定する。

　次に，プロモーション手段を選択する必要がある。先述したように，プロモーションの手段にはさまざまなものがある。価格訴求型のプロモーション手段もあれば，情報提供型のそれもある。また，同じ価格訴求型の中でも，値引きやクーポンといったように異なる手段が存在する。どのような手段を選択すべきかは，プロモーションの目的に大きく規定される。たとえば，製品のリピート購買率の向上を目的とするならば，オンパックやインパックのパッケージ・クーポンが有効な手段となる。この方法の場合，クーポンを受け取る消費者は，その製品の購入者であり，次回購入時にクーポンを使ってもらうことによってリピート購買が促進されることになる。

　プロモーション手段が決定されると，プロモーションの規模と強度を決める必要がある。たとえば，クーポン配布であれば，どのくらいの枚数を配布するかということは，プロモーションの規模に関

する問題である。さらに，クーポンによる割引額をいくらにするかということは，プロモーションの強度に関する問題である。同じプロモーション手段を用いても，その規模と強度によって，必要なコストが大きく変わってくる。

プロモーションの実行計画が策定されると，プロモーションにかかる費用が算出できる。もちろん，計画策定に際しては最初に予算の大枠があり，それに従って計画が立てられることが多いだろうが，最終的な費用の詳細はこの段階で確定する。**プロモーション・コスト**は，**管理コスト**と**インセンティブ・コスト**に分けられる。管理コストはプロモーションを実施するためのコストであり，たとえばクーポンの印刷費や配布にかかる費用などが含まれる。インセンティブ・コストは，消費者に提供するインセンティブのコストの総額である。クーポンの場合であれば，1枚当たりの割引額に利用枚数を掛けた値となる。したがって，利用枚数を正確に予測することが重要となる。

3 プロモーション効果の測定

測定のポイントと注意点

プロモーションの効果測定は，上述したプロモーションの目的に照らし合わせて行われる。たとえば，短期的売上増加を目的とした場合，プロモーションを実施した製品のプロモーション期間中の売上げがどれだけ増加したかが評価の主要なポイントとなる。ブランドの認知を目的としたキャンペーン・プロモーションなどが実施された場合には，知名度の向上度合いが効果測定の尺度となる。また，利益額の増加が目的とされた場合には，プロモーションによ

って増加した売上げとプロモーション実施コストから算出した利益が評価尺度となるだろう。

　たとえば，通常時の売上げが1日当たり100万円という水準の製品のプロモーション期間中の売上げが，1日当たり200万円になったとしよう。この場合のプロモーション効果は，2倍ないしは100万円の増分というように見ることができる。ただし，ここで気をつけなければならないのが，**需要の先喰いや需要の先延ばし**といった現象である。ある製品のプロモーション前後の売上げが**図8-3**のように推移したと仮定しよう。プロモーション期間中の売上げはプロモーション実施前の売上げを大きく上回っており，一見すると売上増加効果が認められる。ところが，プロモーション実施後の売上推移を見ると実施前の水準を下回っている。こうした現象は，プロモーション期間中に需要の先喰いが起こった場合に生じる。

　たとえば，現在乗っている乗用車の車検が数カ月後に切れるため，それにあわせて新車の購入を考えていた人がいるとしよう。その人が，買おうと思っていた車種のキャンペーン・プロモーションに接した場合，購入時期を数カ月前倒しして購買決定をするかもしれない。この場合，プロモーション期間中の売上げの向上は果たされるが，その分，数カ月先の売上げはマイナスとなる。

　あるいは，調味料や洗剤など，家庭に常時在庫しているような製品を考えてみよう。こうした製品の場合，家庭内で使用しているものを使い切りそうになると，スーパーマーケットなどの店舗で新しい製品を購買するという買物行動が一般的に見られる。ところがプロモーションによって，こうした買物のペースが変化する場合がある。現在使用中の洗剤がまだ残っていて，本来ならば次の週あたりに補充しようと考えていた世帯が，店舗で特売が行われているのを見てどうせ買うなら安いうちに買っておこうと行動するような場合

図 8-3　需要の先喰い

売上げ／期間

プロモーション実施

図 8-4　需要の先延ばし

売上げ／期間

プロモーション実施

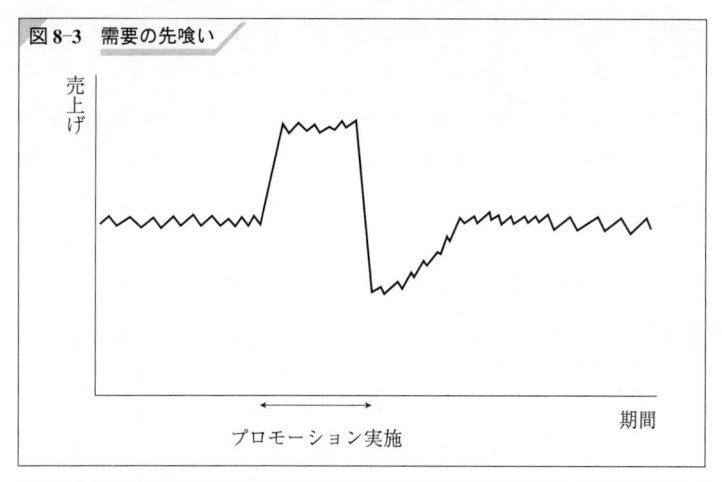

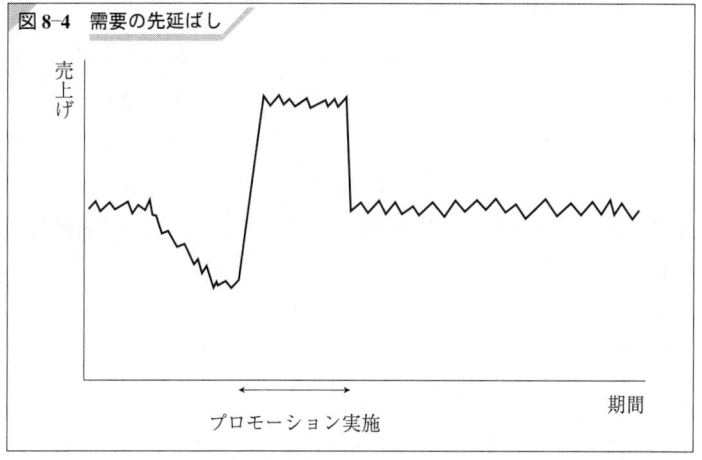

である。このような買物行動が起こると，その世帯は，通常の買物のペースであれば発生していたはずの，1週先の購買が発生しないことになる。このケースでは，次の週の需要が1週間前倒しで発生したことになる。

これとは逆に需要の先延ばしという現象が生じる場合がある。大

3　プロモーション効果の測定　201

規模なキャンペーン・プロモーションが告知されているような場合，プロモーション対象製品をすぐに買おうと思っていた消費者がキャンペーンの実施を待って購入する場合がある。また，頻繁にプロモーションが行われている製品の場合には，プロモーションの事前告知がなくとも，消費者がプロモーションの実施を待って購入することがある。これらのケースでは，**図8-4**のようにプロモーション実施前の水準が低くなり，実施後に通常時の水準に戻るという売上推移となる。

数理モデルによる測定の有用性

このようなケースでは，単純にプロモーション期間中の売上増分だけで効果測定を行うと大きな誤りが生じる。また，そもそも図8-4のようなケースでどの水準を通常時の売上げとするかも問題である。図のプロモーション期間の直前に生じた落ち込み部分の水準を基点として評価を行えば，プロモーション効果を過大評価することになる。こうしたことを防ぎ，適切な評価を行うための1つの方法は，数理モデルを利用した効果測定である。プロモーション効果のメカニズムをモデルに組み込み，そのモデルによって効果測定を行うことが有用となる。

また，多くの企業では，さまざまな製品のプロモーションを多くの地域で繰り返し実施している。同じ規模のプロモーションを実施したとしても，時や場所によって得られる売上げやシェアは異なるのが普通である。さらに，展開されるプロモーションの規模が時や場所によって異なるかもしれない。こうした場合には，1回1回のプロモーションごとにバラバラに評価を行うのではなく，統合的な評価を行う必要がある。これによってはじめて，プロモーションを実施した場合の効果を予測したり，予測に基づく適切な計画を立案することが可能となる。こうした統合的評価のためにも数理モデル

による分析が有用となる。

4 プロモーションのモデル

モデルのタイプ　R. C. ブラットバーグとS. A. ネスリンは，プロモーションの計画や評価に利用されるモデルを**図**8-5のように整理している（Blattberg and Neslin (1993)）。用いられるデータの代表的なものは，世帯別購買履歴データと一定期間ごとに集計された売上データの2つである。分析単位は，世帯別購買履歴データを利用した場合には，各世帯の購買機会であり，期間売上データでは，週次ないしは月次の売上データとなる。世帯別購買履歴データは，従来は調査会社によるスキャナー・パネル・データが中心であったが，近年では，小売業者が行っているフリークエント・ショッパー・プログラムによっても収集されるようになっており，大量の世帯別データが利用できる環境になってきた。

図8-5はまず，記述モデルと規範モデルに分けられている。記述モデルは，プロモーションの効果を測定することが主たる目的となる。規範モデルは，標準的なマーケティング・アクションを勧告，推奨する。記述モデルのうち，回帰分析と時系列分析では期間売上データが用いられる。ブランド選択モデルと購買生起モデルでは世帯データが用いられる。また，規範モデルのうち，決定解析では，マーケティング担当者の積極的な関与によって開発された記述モデルが利用される。最適化モデルは，記述モデルに利益関数を導入し，最適なプロモーション水準を勧告する。

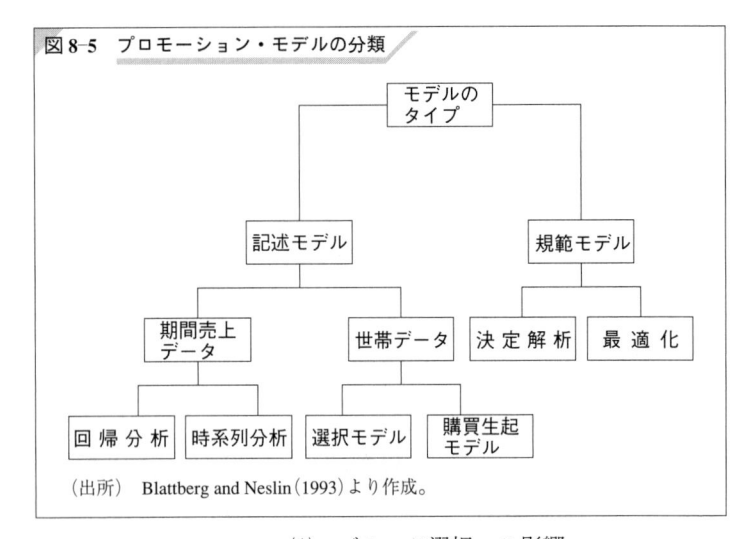

図 8-5　プロモーション・モデルの分類

```
                    モデルの
                    タイプ
                ┌──────┴──────┐
            記述モデル        規範モデル
          ┌────┴────┐       ┌────┴────┐
       期間売上     世帯データ  決定解析   最適化
       データ
       ┌──┴──┐    ┌──┴──┐
     回帰分析 時系列分析 選択モデル 購買生起
                              モデル
```

（出所）　Blattberg and Neslin(1993)より作成。

効果測定のモデル：世帯データ利用

(1) ブランド選択への影響

図 8-5 の記述モデルは，プロモーションの売上げや購買への影響を記述することにより，効果測定や予測を行うことを目的としている。このうち，世帯データを利用し，世帯別のブランド選択確率に及ぼすプロモーションの影響を分析するというアプローチは非常に多くの研究例がある。その多くは，第 2 章でも触れたロジット・モデルを利用したものである。ロジット・モデルでは，選択肢の集合 A の中から選択肢 i を選択する確率を，

$$P(i|A) = \frac{\exp(V_i)}{\sum_{j \in A} \exp(V_j)} \tag{8.1}$$

のようにする。ここで V_i は，製品の属性やマーケティング変数によって規定される選択肢 i の効用を表す。たとえば，仮にマーケティング変数として販売価格だけを考慮するとしよう。選択肢 i の販売価格を X_i とすれば，次のように表すことができる。

$$V_i = \alpha_i + \beta X_i \qquad (8.2)$$

ここで α_i は 8.2 式の関数の切片であり,選択肢 i の固有の魅力度を表している。ロジット・モデルをプロモーション効果測定に適用した先駆的研究は,P. M. ガダーニと J. D. C. リトルによるものである(Guadagni and Little (1983))。彼らは,Vi に影響する変数として,製品の販売価格,値引きの有無,特別陳列の有無などを取り上げ,それぞれの変数のブランド選択に対する影響を明らかにしている。

(2) 購買の発生と購買量に対する影響

プロモーションによってどの製品を選択するかが影響されると同時に,「いつ」「どれだけ」買うかも影響される。「いつ」「どれだけ」買うかを分析するための1つのキーとなるのは,消費者の家庭内在庫である。家庭内在庫をキーとして購買の発生と購買量に対するプロモーションのインパクトを測定しようとした先駆的な研究が,ネスリンらによって行われている(Neslin *et al.* (1985))。彼らは,プロモーションによる購買促進効果を購買間隔の短縮と購買量の増加という2つの要素から見ている。図8-6 は,彼らの分析のフレームである。プロモーションによる,消費者の購買間隔と購買量への影響を考えるとともに,購買間隔が購買量に与える影響も考慮している。さらに,直近購買時の家庭内在庫が購買間隔と購買量に影響するとしている。ネスリンらは,上記の分析フレームをもとにし,世帯 i の購買機会 t における購買量 Q_i^t と購買間隔 E_i^t を,

$$\begin{aligned} Q_i^t &= \beta_0 + \beta_1 I_i^{t-1} + \beta_2 E_i^t + \beta_3 P_i^t + \varepsilon_i^t \\ E_i^t &= \lambda_0 + \lambda_1 I_i^{t-1} + \lambda_2 P_i^t + \delta_i^t \end{aligned} \qquad (8.3)$$

のように定式化した。ここで,I_i^{t-1} は世帯 i の購買機会 $t-1$ における家庭内在庫であり,P_i^t は世帯 i の購買機会 t におけるプロモーションの有無である。また,$\beta_0 \sim \beta_3$ および $\lambda_0 \sim \lambda_2$ はパラメータ,ε_i^t

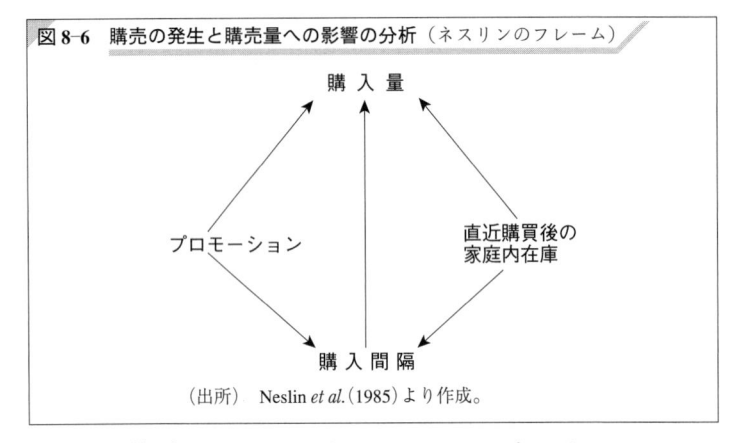

図 8-6 購売の発生と購売量への影響の分析 (ネスリンのフレーム)

```
              購 入 量
             ↗   ↑   ↖
            /    |    \
    プロモーション    直近購買後の
            \    |    /   家庭内在庫
             ↘   ↓   ↙
              購 入 間 隔
```

(出所) Neslin *et al.*(1985) より作成。

と δ_i^t は誤差項である。そのうえで，コーヒーとトイレット・ペーパーのスキャナー・パネル・データを利用した実証分析の結果，次のことを明らかにしている。

① プロモーションは購買量を増加させ，購買間隔を短縮させる。

② 購買促進は，購買間隔の短縮よりも購買量の増加によってもたらされやすい。

③ 広告を伴う値引きが最も効果的である。

④ プロモーションによって購買促進が起こった後の一般的な行動は，次回の購買が遅れることである。トイレット・ペーパーではこれに加え，次回購買時の購買量が少なくなる。

(3) 統合的モデル

ブランド選択と購買のタイミングおよび購買量という3つのファクターを統合的にモデル化した先駆的研究は，A. K. グプタによるものである (Gupta (1988))。彼はブランド選択をロジット・モデルによって定式化すると同時に，購買のタイミングと購買量についてもそれぞれモデル化を行った。コーヒーのデータにこのモデルを適用した結果，プロモーションによる売上増分の84％がブラン

ド・スイッチ，14% が購買間隔の短縮，2% が購買量の増加によってもたらされているとしている。このうち，購買間隔の短縮と購買量の増加は，先述したように次回購買の遅れなどにつながる部分であり，プロモーション効果としてはその分を割り引いて評価する必要がある。

以上のように，世帯別データを用いてブランド選択モデルや購買生起モデルに適用することによって，プロモーションによる売上げやシェアの増加がどのような要因によってもたらされたのかを知ることができる。こうした方向による分析は，先に述べた需要の先喰いや需要の先延ばしの発生状況を知るための手がかりを与えてくれる。

効果測定のモデル：集計データによる分析

期間売上げを集計したデータによってプロモーション効果を分析することも一般的に行われる。ここでは，その方法のうち，回帰分析を利用する方法について説明しよう。

プロモーションを含むマーケティング変数と売上げとの関係を表す関数は**売上反応関数**と呼ばれる。売上反応関数の形状には，定数型（線形），逓増型，逓減型，S字型がある。それぞれの形状を図示すると**図8-7**のようになる。売上反応関数がどのような形状をとるのかは，分析の対象となるプロモーションの種類に依存する。一般に，非価格的プロモーション手段の場合には，逓減型（またはS字型）の効果となることが実証されている。価格プロモーションの効果は，経験的には逓増型ないしはS字型の関係を想定することが自然だと思われる。

これらの売上反応関数のパラメータを推定するための一般的な方法は，回帰分析である。なお，これらの売上反応関数についての定式化などに関する説明は第10章で行う。

図 8-7　売上反応関数

(a) 定数型（線形）

(b) 逓増型

(c) 逓減型

(d) S字型

（縦軸：売上げ／横軸：マーケティング変数）

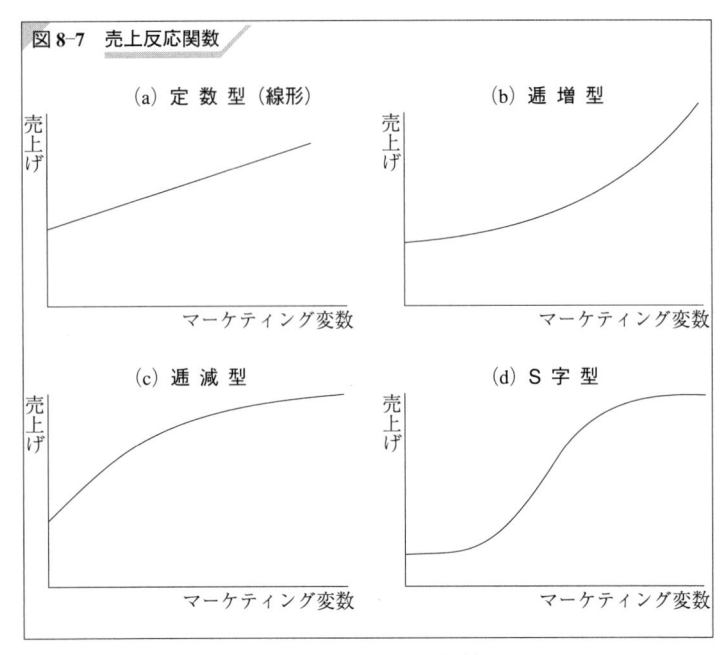

プロモーション計画のためのモデル

図 8-5 における規範モデルは，プロモーションの実行計画を策定する際の指針を与えてくれるモデルである。ここでは，最適化モデルについて説明しよう。

最適化モデルは，目的となる指標が最適化されるようなプロモーションの投入水準を決定するものである。図 8-7 のような売上関数を想定した場合，売上げを最大化するためには，プロモーションの投入量を増加させるほどよいということになる。この場合には，最適解は存在しない。ところが，利益を目的指標とした場合には，プロモーション投入量を大きくしすぎた場合，通常はそのためのコストが得られる利益を上回ってしまう。この場合には，利益を最大化するための最適なプロモーション水準が存在することになる。ここ

では,価格プロモーションを例にとって,利益を最大化するための最適値引率を求めることを考えてみよう.

このケースでは,次の2つのステップが必要となる.売上反応関数の特定と,コスト関数の特定である.具体的な例を用いて説明しよう.ある製品Aをある店舗で1週間だけ展示販売すると考えよう.この製品の通常価格は1000円であり,原価を500円としよう.したがって,通常価格で販売したときの粗利益率は50%である.また,販売のために必要となるコストは以下のようになっている.まず,展示販売のために必要となる直接固定費が発生する.この費用は展示販売を実施するために必要となる器材などの費用であり,製品の売行きにかかわらず一定の額だけ発生する.このコストが2万円かかるとしよう.なお,この固定費は展示販売に直接的に関係する直接固定費であり,その製品を扱っている企業におけるその他のさまざまな固定費はここでは考えない.そのほかに,製品が1つ売れるごとに50円の変動費が発生する.これは,製品の包装費などの費用であり,売行きに応じて比例的に発生する.

ここでは,プロモーション変数として販売価格だけを取り上げ,売上げとの関係を表す売上関数には積乗モデルを利用する.積乗モデルは,以下のように表され,パラメータの値によって逓増型にも逓減型にも対応する.ここでQは販売数量,X_iはi番目のマーケティング変数,η_iはその効果を表すパラメータである.また,αとεはそれぞれ,切片と誤差項である.

$$Q = \exp(\alpha + \varepsilon) \prod_{i=1}^{k} X_i^{\eta_i} \tag{8.4}$$

このモデルでは,各マーケティング変数のベキ乗の係数η_iがそのまま弾力性として解釈できるという,都合のよい性質を持っている.なお,このケースではプロモーション変数として販売価格だけを取り上げているため,実際には8.4式におけるηの添え字iは必

図8-8 販売価格の変化に伴う販売数量の推移

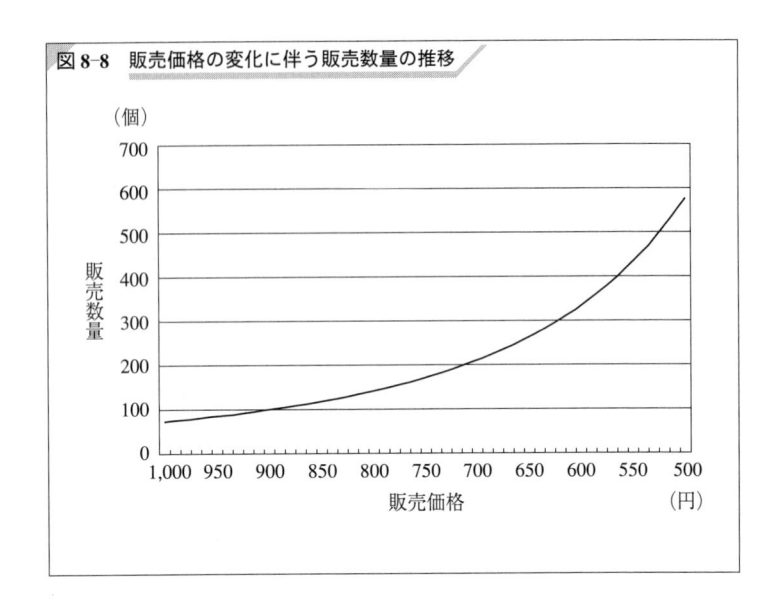

(個)

縦軸:販売数量、横軸:販売価格(円)

図8-9 販売価格の変化に伴う販売金額の推移

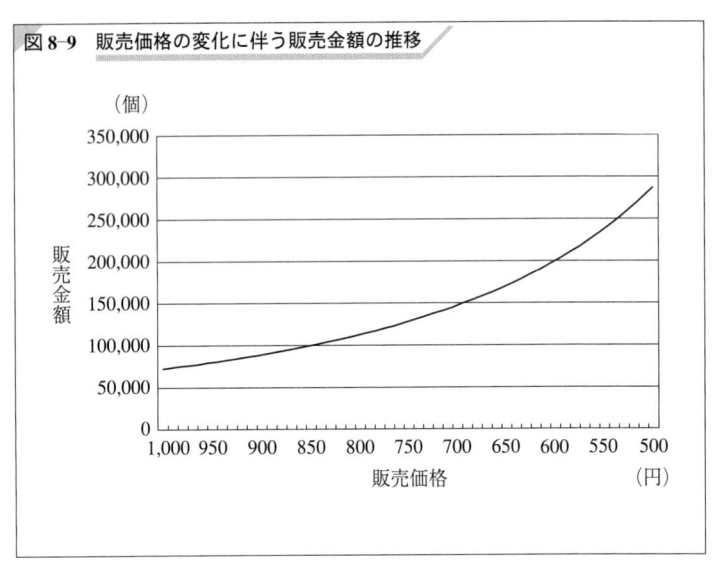

(個)

縦軸:販売金額、横軸:販売価格(円)

要ない。

ここで，8.4式の積乗モデルの α を25，η を -3 とする。前述したように，積乗モデルにおけるパラメータは弾力性として解釈できる。すなわち価格弾力性は -3 である。このような関係を想定すると，販売価格を1000円から変化させていった際の，販売価格と販売数量との関係を**図8-8**のように表すことができる。さらに，販売価格と売上げとの関係は**図8-9**のようになる。このように，販売価格が低下するにつれて，販売数量，売上金額ともに遁増していく。

それでは，販売価格と利益との関係はどうなるであろうか。利益指標にはいろいろな種類があるが，ここでは粗利益額と貢献利益額の2つで見てみよう。粗利益額は，売上金額から売上原価を差し引いて求められる。また，貢献利益額は，粗利益額から，変動費と直接固定費を差し引いたものである。

図8-10は販売価格の変化に伴う，粗利益額と貢献利益額の推移を表している。粗利益額は販売価格が750円あたりでピークになっているのに対し，貢献利益額は販売価格が800円から850円の間で最大となっている。このケースのように，プロモーション変数が1つであり，かつ売上反応関数がシンプルな形状の場合には，グラフや表から最適値を求めることもできる。しかし，プロモーション変数が複数になったり，売上反応関数が複雑な形状になる場合には最適解をダイレクトに求めるほうがわかりやすい。

ここで，販売数量を販売価格 p の関数として $f(p)$ で表す。さらに，製品原価を PC，変動費を VC，固定費を FC でそれぞれ表すことにすると，下記のような非線形計画問題を解くことによって，粗利益額最大化のための最適価格（最適値引額）が求められる。

$$\max \quad f(p) \times (p - PC)$$
$$\text{s.t.} \quad 0 < p < 1000$$

図8-10 販売価格の変化に伴う粗利益額と貢献利益額の推移

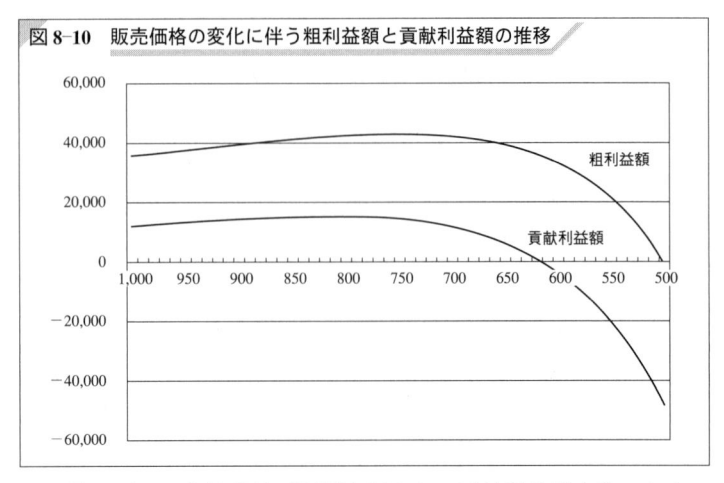

同様に下記の非線形計画問題を解くと，貢献利益最大化のための最適価格（最適値引額）を求められる。

$$\max \quad f(p) \times (p - PC - VC) - FC$$
$$\text{s.t.} \quad 0 < p < 1000$$

このとき，価格弾力性 η が一定の場合には，限界コスト MC のもとでの最適価格 op は，

$$op = \left(\frac{\eta}{1+\eta}\right) MC \tag{8.5}$$

で求められる。粗利益に焦点を当てたときの限界コストは製品原価の500円であり，この値と価格弾力性-3から，$op = 750$ が求められる。また，貢献利益額に焦点を当てたときの限界コストは，製品原価の500円に変動費の50円の合計の550円となる。したがって，この場合の最適価格は825円となる。すなわち，粗利益を最大化するためには，販売価格を750円に設定すればよく，貢献利益額を最大化するためには，販売価格を825円とすればよい。8.5式は，弾力性一定という性質を持っている積乗型モデルを利用したために用

いることができた。線形モデルなどの他の売上反応関数を用いた場合には，上述した非線形計画問題を解くか，グラフや表から最適価格を見出すことになる。

Column⑲ 弾力性

プロモーション効果を測定する際に利用される基本的な指標の1つに弾力性がある。弾力性は，プロモーション投入量の変化と売上げやシェアの変化との関係を見るための指標である。具体的には，売上げやシェアの変化率とプロモーション投入量の変化率の比で表される。たとえば，値引きプロモーションを例にとると，価格が10%低下し販売数量が20%増加したとすれば，弾力性は−2となる。第6章で説明した通り，価格の需要に対する弾力性は，価格弾力性と呼ばれる。なお，一般にプロモーション弾力性を算出する際には，数量ベースの売上げを利用する。これは，とくに価格弾力性を算出する際に，金額ベースの売上げを利用すると，価格の変化が直接的に売上金額に反映されてしまうためである。

弾力性はその捉え方によって点弾力性（point elasticity）と弧弾力性（ark elasticity）の2つに分けられる。弧弾力性は，プロモーション投入量を一定量変化させたときの変化率と売上変化率との比である。売上げをsとしその変化量をΔとしよう。さらに，プロモーション投入量をr，その変化量をΔとすると，弧弾力性φは，

$$\varphi = \frac{\Delta s/s}{\Delta r/r} = \frac{\Delta s}{\Delta r} \cdot \frac{r}{s}$$

で表される。また，このときプロモーション投入量の売上げに対する影響を特定の関数として規定でき，その関数がrにおいて微分可能であれば点弾力性を求めることができる。この場合，点弾力性ηは，

$$\eta = \frac{ds}{dr} \cdot \frac{r}{s}$$

で表される。売上げとプロモーション投入量との関数関係が明らかではない場合や，明らかであっても微分不能な関数の場合には，点弾力性ではなく弧弾力性を求める必要がある。

なお，ここで売上げsとプロモーション投入量rの自然対数$\log s$と

$\log r$ を考えると，

$$\frac{d(\log s)}{d(\log r)} = \frac{ds}{dr} \cdot \frac{r}{s}$$

となり，点弾力性が $d(\log s)/d(\log r)$ で表されることがわかる。この $d(\log s)/d(\log r)$ は，「s の比例的変化」の「r の比例的変化」に対する比率であり，上述した式とは異なる方法による弾力性の表現である。ここから，s と r を対数スケール上にとると，点 r における接線の傾きが弾力性となることがわかる。

上述した弾力性は，ある製品のプロモーション投入量と，その製品の売上げとの関係を示すものである。これに対し，特定の製品のプロモーション投入量と他の製品の売上げとの関係を表すのが交差弾力性である。なお，上述した弾力性を，交差弾力性と区別したい場合には，自己弾力性と呼ぶ場合がある。

交差弾力性は，自己弾力性と同様に，さまざまなプロモーション活動と売上げとの関係を見るときに利用される。このうち価格変化と売上変化との関係を表す場合には，交差価格弾力性と呼ばれる。たとえば，製品 A の販売価格が 10% 値引きされたときに，製品 B の販売数量が 5% 低下したならば，交差価格弾力性は 0.5 ということになる。交差弾力性の符号と値を見ることによって，製品間がどのような関係にあり，その強さがどの程度なのかを知ることができる。交差弾力性の符号が正になる場合には，代替関係ないしは競合関係を，負の場合には補完関係を表す。また，交差弾力性の絶対値が大きいほど，それぞれの関係が強いことになる。上述した交差弾力性にも点弾力性と弧弾力性とがあり，それぞれの考え方は上述した自己弾力性と同様である。

なお，ここでは売上げ（販売数量）を例にとってプロモーション弾力性を説明したが，売上げだけでなく，マーケット・シェア，購買確率などについてもプロモーション弾力性を求めることができる。

5 プロモーション計画と効果測定における留意点

　プロモーションの利点の1つは短期即効性にある。この利点が重宝されてきたために長期的な視点が欠けがちになることは，先述した通りである。このことは，プロモーションによってブランドを育成するという視点が欠けてしまいやすいということにもつながっている。第7章で取り上げた広告に対しては，ブランドを長期的に育成するという役割が課せられるのに対し，プロモーションには今日，明日の売上げを構築するという役割が課せられることが多い。この結果，値引きを中心とした短期即効性を狙ったプロモーションの繰り返しによってブランド・イメージやブランド・ロイヤルティを損ない，ブランドの寿命を縮めてしまうという例が数多く見られる。こうした落とし穴にはまることを防ぐためには，顧客から見たブランドの価値をプロモーションによってどのように高めることができるか，という視点が重要となる。

消費者愛顧の構築

　顧客から見たブランドの価値を考えるうえでキーとなる概念の1つに，R. M. プレンティスによって提唱された **CFB**（consumer franchise building：消費者愛顧の構築）がある（Prentice (1975)）。CFB とは，ブランドに対する価値を生み出すようなユニークな属性や競争優位性を訴求し，顧客の長期的な支持を構築することをいう。プロモーションの手段によって CFB に寄与するものもあれば，そうではないものもある。この点について R. A. ストラングらは，サンプリングやデモンストレーション販売といった体験型のプロモーションを CFB 型，値引きやプレミアムなどブランドそのものの価値とは別のものを提

供するプロモーションを**非CFB型**と分類している(Strang *et al.* (1975))。ただし,ブランドの特性やプロモーションのタイプによって,この位置付けは変化する可能性もある。

上記では非CFB型に分類されたプレミアムの中でも,CFBに貢献したと考えられる1つの例として,カゴメが行った「カゴメの特別トマトプレゼント」があげられる。このプレミアム・プロモーションは,トマトづくりのプロフェッショナルというカゴメの企業姿勢を訴求するとともに,カゴメ・トマトジュースの価値を向上させる効果を持っていたと考えられる。

逆に,サンプリングやデモンストレーションといった体験型のプロモーションが,ただちにブランドの価値の伝達や向上に結び付かない場合もある。たとえば,健康食品のように継続して利用することによって価値がわかるような製品を,サンプリングやデモンストレーションによって短期間使用してもらっても価値伝達はできない。もちろん,食べてみればすぐにその美味しさがわかるといった製品では,体験型のプロモーションがCFBに貢献することになる。使用しただけではそのよさがわからず,製品の成分や製造方法を告知することでその価値を伝達できるという製品もある。このような製品では,情報伝達手段がCFB手段ということになる。要は,そのブランドにとって,何がCFBのキーとなるかを見極めることが重要である。

ブランド構築に役立つプロモーション

たとえば,P.コトラーはプロモーションをブランド構築に役立てるための方法として次の2点をあげている (Kotler (2000))。第1は,プロモーションの理由付けをするということであり,第2はプロモーションをブランド・イメージに結び付けるという方法である。コトラーは前者の例として,新規店舗のオープンや企業の記

念日といった祝い事をあげ，それらはプロモーションを実施するふさわしい理由になり，ブランド名を前面に押し出すことができるとしている。後者に関しては，たとえばハーゲンダッツは7月9日前後にプロモーションを行うことができるとしている。「ドゥルセ・デ・レチェ・アイスクリーム」のフレーバーと名前の由来がアルゼンチンにあるため，アルゼンチンの独立記念日と重ねてプロモーションを実施することによって，プロモーションをブランド・イメージに結び付けることができる。

価格訴求型のプロモーションを頻繁に実施することによってブランド・イメージが低下し，ブランド力を低下させてしまったという例は，先述したように数多く見られる。こうした落とし穴にはまってしまうのは，プロモーションの計画と評価の段階でブランドの長期的育成という視点が欠けていることが大きな理由である。したがって，プロモーションがブランドの価値を向上させるのか低下させてしまうのかという視点を，計画・評価それぞれの段階で持つことが重要となる。

Column ⑳ データを集計して分析するときの注意点

ITの発展により大量のデータが容易に収集できるようになった。たとえばeコマースでは，消費者の購買履歴が世帯別にレシート単位で自動的に記録されており，通常のデータベースでも何百万，何千万ものレコードが含まれている。バーコードのスキャン技術によって，商品の売上げは，バラエティ，色，フレーバーなども区別した品番単位（SKU, stock keeping unitと呼ばれる）で，日別，店舗別に蓄積される。しかし，これだけ大量になると，生データのままでは処理の収拾がつかない。

まず第1のステップは，データをある程度集計し，そのうえで記述統計（平均や分散）を分析したり因果関係をモデル分析したりすることであろう。たとえば個々の顧客の購買や各店舗での販売を集計して，「売上げ」という指標を求めてから，それを分析する。

広告が売上げにどう影響するかを表す広告反応関数では，売上データと広告の強さを表すマーケティング変数（たとえば広告予算やGRP）を商品（たとえばバラエティ別〔シャンプー，リンス，トリートメント〕，ブランド別〔メリット，アジエンス〕，カテゴリー別〔ヘアケア，スキンケア〕に），時間（たとえば四半期，月別，週別）と場所（たとえば全国，地域別，店舗別に）で集計して，それらを関連付けることによって得られる。この場合，データ集計の仕方に注意しないと，大きな間違いを起こす可能性がある。

たとえば，地域レベルのPOSデータなどでは，同じ地域でも広告，価格，プロモーションなどが店舗によって異なることも多い。複数の店舗を集計する場合，売上げは合算すればよいが，地域の価格という単一指標はどう定義すれば正しい価格効果が測定できるのだろうか。地域平均価格でよいのだろうか。あるいは店舗規模で重み付けした価格を使うべきなのだろうか。

2店舗のデータ集計という単純なケースを考察してみよう。どちらの店舗も，価格を半額にすると売上げが10倍に伸びるが，店舗Aの規模は店舗Bの10倍であると仮定しよう。この場合，コラム⑲の弧弾力性の公式を使うと，以下のように価格弾力性はどちらの店舗でも18.0である。

$$\varphi = \frac{\Delta s/s}{\Delta p/p} = \frac{9s_i/s_i}{0.5p/p} = 18.0$$

$s_i (i \in \{A, B\})$は店舗iのベース売上げを表す。

店舗Aのみ半額セールを行った場合の平均価格は$(0.5 \times 100 + 1 \times 1)/101 = 0.505$，同様に店舗Bのみ半額セールを行った場合の平均価格は$(1 \times 10 + 0.5 \times 10)/20 = 0.75$となる。また，店舗規模で重み付けした価格は，それぞれ，$(0.5 \times 10 + 1 \times 1)/11 = 0.545$と$(1 \times 10 + 0.5 \times 1)/11 = 0.955$になる。

ここで平均価格に基づいて弧弾力性を計算してみよう。

店舗Aのみ半額セールを行った場合は，

$$\varphi_A = \frac{\Delta s/s}{\Delta p/p} = \frac{(101-11)/11}{(1-0.505)/1} \approx 16.5$$

店舗Bのみ半額セールを行った場合は

$$\varphi_B = \frac{\Delta s/s}{\Delta p/p} = \frac{(20-11)/11}{(1-0.750)/1} \approx 3.27$$

となる。

同様に，店舗規模で重み付けした価格に基づいて弧弾力性を計算してみよう。

前者は，

$$\varphi_A = \frac{\Delta s/s}{\Delta p/p} = \frac{(101-11)/11}{(1-0.545)/1} \approx 18$$

後者は

$$\varphi_B = \frac{\Delta s/s}{\Delta p/p} = \frac{(20-11)/11}{(1-0.955)/1} \approx 18$$

となる。「≈」は重み付けした価格を小数点3桁で四捨五入しているためで，実際には「＝」になる。以上の結果をまとめると，下の表1のようになる。

ここで，店舗の価格を集計する場合，平均価格を使うと価格弾力性の推定に大きなバイアスが生じる。使うべき指標は店舗規模で重み付けされた価格である。これは「ACV（all commodity volume）でウェイト付けされた価格」として，実務で一般的に用いられている。

表1 異なる集計方法に基づいた価格弾力性

	A, Bとも通常価格	店舗Aのみ半額	店舗Bのみ半額
店舗Aの売上げ	10	100	10
店舗Bの売上げ	1	1	10
合計の売上げ	11	101	20
平均価格	1.0	0.505	0.750
店舗規模で重み付けした価格	1.0	0.545	0.955
平均価格による価格弧弾力性		16.5	3.27
店舗規模で重み付けした価格による価格弧弾力性		18	18

➡課　題

1. これまでに自分が，どのような製品のどういったプロモーションに接したかを整理してみよう。そのうえで，製品の種類と用いられるプロモーション手段との間にどのような関係があるかを考察しよう。

2. ある店舗における，ある製品の仕入原価が60円，販売にかかる変動費が1個当たり8円だとし，その製品の価格弾力性が−3であるとしよう。

    (1) 製品の販売価格が変化するにつれて，店舗の粗利益額と貢献利益額がそれぞれどのように推移するかを，表計算ソフトを利用してグラフ化してみよう。

    (2) 8.5式を利用して，店舗の粗利益額と貢献利益額のそれぞれを最大化するための最適価格を求めてみよう。さらに，この値が(1)で描いたグラフ上から求められる最適価格と整合しているかを確認しよう。

3. Web エクササイズ

    http://www2.kke.co.jp/marketingscience にアクセスしよう。

第9章 流通と営業

●イントロダクション：流通と営業の役割

　多くのメーカーは，製品を最終ユーザーに販売するために流通業者を利用している。流通業者は卸売業者と小売業者からなるが，メーカーから卸売業者，小売業者を経て消費者に製品が販売されるというのが，典型的な製品流通のパターンである。メーカーがいかに優れた製品をつくり，訴求力の高い広告を大量に投入しても，小売店舗がその製品を扱っていなければ，消費者の手元には届かない。その意味で，製品をどのように流通させるかは製品の売行きを左右する重要な要因となる。さらに，製品を適切に流通させるためには，流通業者に製品を扱ってもらい，売場にきちんと陳列してもらうことが必要となる。このための流通業者との交渉業務は営業の役割となる。本章では，流通と営業について説明する。

1 流通チャネルとは

　生産者から消費者に至る製品の経路のことを，流通チャネル（または流通経路）という。流通チャネルには，生産者から消費者にダイレクトに製品が渡るタイプもあるが，生産者から流通業者を経て消費者に製品が渡るタイプが，より一般的である。流通業者には**卸売業者**と**小売業者**とがある。

　小売業者は，主に消費者に販売することを目的として製品を仕入れ，販売活動を行う流通業者である。卸売業は，小売業者や他の卸売業者を主たる販売先とする。このように，同じ流通業者の中でも，

主な販売先が最終消費者か否かで,小売業者と卸売業者とが区分けされる。

卸売業者には,特定メーカーの製品を専門に扱う**販売会社**(メーカー販社)も含まれる。これに対し,さまざまなメーカーの製品を扱う独立資本の卸売業者は**問屋**と呼ばれる。たとえば,花王は花王販売というメーカー販社を通じて製品を販売している。これに対し同じ業界におけるメーカーでも,ライオンやP&Gなどは問屋を通じて小売業者に製品を販売している。

2 マーケティング・チャネルに関する意思決定

流通チャネルを特定のメーカーの立場から個別具体的に捉えるときには,一般に**マーケティング・チャネル**と呼ぶ。メーカーのマーケティング・チャネルに関する意思決定は,**チャネル設計**と**チャネル管理**という2つの領域に分けて考えることができる。チャネル設計は,どのようなマーケティング・チャネルを構築するのかという問題であり,チャネル管理とは,構築したチャネルが円滑に機能することを目的とした活動である。まず,チャネル構築について考えてみよう。

チャネルの構築

チャネル構築の問題は,2つに分けて考えることができる。1つはどのようなタイプのチャネルを構築するかという問題であり,もう1つは具体的にどの流通業者と取引を行うかということである。メーカーがマーケティング・チャネルの設計を行う際には,ターゲット顧客がチャネルに望むサービス水準を理解する必要がある。マーケティング・チャネルが消費者に提供するサービス要素は,P.コトラーの議論を参

考にすると，下記のように整理することができる（Kotler（2000））。

(1) ロットとサイズ：顧客が一度の買物で手に入れることのできる製品の量。業務用の場合には大きなロットで買えるチャネルを好むが，個人は1ロットで買えるチャネルを好む。また，チャネルによって，パッケージ・サイズに対する嗜好も異なる。コンビニエンス・ストアでは個人利用を前提とした小さなパッケージが求められるし，スーパーマーケットなどの店舗では世帯利用を前提とした大きなパッケージが好まれる。

(2) 空間的利便性：顧客の家の近くや通勤，通学途上にチャネルが存在する場合には，顧客にとっての空間的利便性が高い。食品などの日常的に買物を行う製品の場合には，空間的利便性の高いチャネルが好まれる。

(3) 時間的利便性：顧客が欲しいときに，即座に製品を買うことができるようなチャネルは時間的便宜性が高い。食品の中でも加工度が高い，レディ・トゥ・イート型のものや緊急性の高い薬などは時間的便宜性の高いチャネルが好まれる。

(4) 入手までの時間：顧客が製品を受け取るまでの時間。通信販売を利用したチャネルでは，通常は顧客が製品を即座に入手することはできないのに対し，店舗で買物をする場合にはその場で製品を入手することができる。

(5) 品揃え：チャネルが供給する品揃えの豊富さ。品揃えが豊富であるほど，顧客の選択の幅が広がるため，一般には広い品揃えが好まれる。ただし，品揃えの豊富さは，一方では顧客に製品選択の負荷を与えることにもなる。製品に対する関与度が低く，顧客に製品間の差が小さいと考えられているような製品群では，必要以上に豊富な品揃えは好まれず，むしろチャネルによって選別され絞り込まれた品揃えが求められる場合もある。

(6) サービス：チャネルが提供する製品に付随したサービス。配送，取付け，修理などのほか，顧客が製品を選択する際のアドバイスや情報提供なども含まれる。家電製品やコンピュータなどの耐久消費財の一部ではこれらのサービスが重視される場合が多い。また，化粧品のように，製品選択の際のアドバイスや情報提供が重視される製品もある。一般に，メーカーの系列店では，品揃えが限られている代わりにこれらのサービスが充実している場合が多い。

ある製品のターゲット顧客は，チャネルに対し製品についての豊富な情報提供や手厚いアフターサービスを求めているかもしれない。その場合，そのメーカーはそれを可能とするチャネル設計を行う必要がある。別の製品のターゲット顧客は，いつでもどこでもその製品を買うことができるというチャネルを求めているかもしれない。メーカーはそうしたニーズに対応し，数多くの店舗で製品を販売するためのチャネルを設計する必要がある。いずれにしても，上記のサービス要素のうち，ターゲット顧客は何を重視しているのかを把握したうえで，それに対応したチャネルのタイプを選択することが重要となる。

マーケティング・チャネルのタイプ

マーケティング・チャネルのタイプは，チャネルの長さと広さによって大きく規定される。まず，チャネルの長さについて考えてみよう。マーケティング・チャネルのタイプをその長さによって大まかに分類すると，図9-1のようになる。

図における(a)のタイプは最も短いチャネルであり，メーカーが消費者に直接製品を販売するものである。ポーラやメナードなどの，訪問販売を行っている化粧品メーカーはこのタイプである。デルは，通信販売によって消費者に直接販売を行っている。このよう

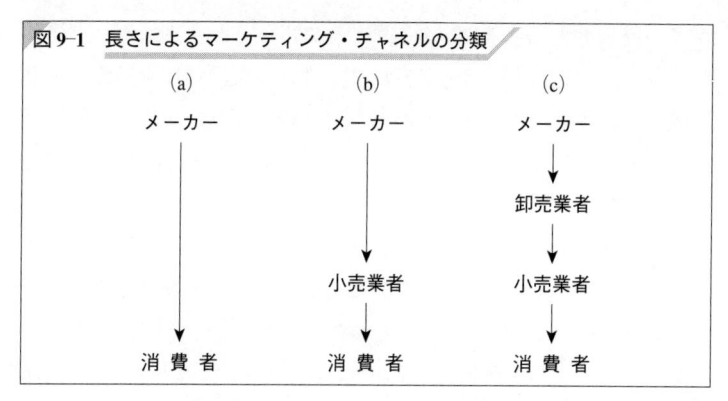

図9-1 長さによるマーケティング・チャネルの分類

```
      (a)           (b)           (c)
    メーカー        メーカー        メーカー
      │             │             │
      │             │             ▼
      │             │           卸売業者
      │             │             │
      │             ▼             ▼
      │           小売業者       小売業者
      │             │             │
      ▼             ▼             ▼
    消費者         消費者         消費者
```

に，メーカーが消費者への直販チャネルを構築する場合には，訪問販売や通信販売がその手段として利用される。

（b）のタイプは，メーカーから小売業者を経て消費者へと製品が渡る経路である。スーパーマーケットやコンビニエンス・ストアのような業態では，1つの企業がチェーン展開によって多数の店舗を有している場合が多い。このようなチェーンストアでは，小売本部が卸売業者と同様の機能を実質的に果たしている。近年，日本にも多くの外資系小売業者が進出してきた。これらの外資系小売業者の一部が，卸売業者を通さない，メーカーとの直接取引を志向していることもあって，従来は（c）のタイプのマーケティング・チャネルを構築していたメーカーも，（b）のタイプをとる場合が出てきた。

（c）のタイプは，メーカーから卸売業者および小売業者を経て消費者に製品が渡る経路である。このタイプの中には，メーカーと小売業者の間に卸売業者が1つだけ入る場合と，多段階にわたる場合とがある。卸売業者が多段階にわたる場合には，メーカーと直接取引を行う業者は **1次卸** と呼ばれ，1次卸から製品を仕入れて他の流通業者に販売する業者は **2次卸** と呼ばれる。以下，さらに卸売業者

が多段階にわたるときは、3次卸、4次卸……と呼ばれる。先述したように、卸売業者には、特定のメーカーの製品だけを扱うメーカー販社と、さまざまなメーカーの製品を扱う問屋とがある。したがって、マーケティング・チャネルの（c）のタイプの中には、卸売業者の種類や数が異なるさまざまなバリエーションが存在する。

マーケティング・チャネルは、その広さによっても性質が規定される。マーケティング・チャネルを広さによって分類すると、次の3つに分けることができる。

第1のタイプは**排他的チャネル**である。これは、取引を行う流通業者を、1地域で1つというように排他的に絞り込むものである。このタイプのチャネルは、消費者が利用できる店舗の数が限られる代わりに、メーカーにとっては流通業者のサービス水準を一定にコントロールしやすい。自動車、大型家電製品、ファッション製品などのメーカーが採用している。

第2のタイプは**開放的チャネル**である。これは、メーカーができるだけ多くの小売業者に製品を配荷することを企図して、多くの卸売業者と取引を行うというタイプである。食品や日用雑貨品などの最寄品のメーカーが採用する場合が多い。それぞれの消費者が自分の最寄の店舗で製品を購入することが可能となる反面、メーカーのチャネルに対するコントロール力は弱くなる。

最後のタイプは**選択的チャネル**であり、上述の2つのタイプの中間的な性質となる。

メーカーはチャネル設計に際して、まずチャネルのタイプを決定する必要がある。そのためには、ターゲット顧客がチャネルに対して求めるサービスの性質と水準とを勘案し、チャネルの長さと広さとを決めていくことになる。一般には、チャネルの長さと広さには関連性がある。つまり、広いチャネルを構築するためには、チャネ

ルが長くなりがちであり，狭いチャネルを構築するためには，チャネルは短くなる傾向がある。

チャネル・メンバーの選択

チャネルの設計が行われると，次にそれを実現するためにチャネル・メンバーを選択する必要がある。取引を行う流通業者が選定され，取引についての合意がなされる。これによって，マーケティング・チャネルが実際に構築されることになる。

流通業者の選定を考える際に考慮しなければならない点は，**小売業者の上位集中化**と**小売業態の多様化**である。現在では，日本の多くの製品市場において，小売業者の上位集中化が進んできている。多数の店舗をチェーン展開する大規模小売業者が，売上げの多くの部分を占めるようになってきた。また，店舗自体の大規模化と，小規模店舗の淘汰，廃業が進んできた結果，店舗間の規模格差も大きくなっている。これらの点から，開放的チャネルによって配荷店舗数をやみくもに拡大することは，あまり得策ではなくなっている。売上貢献度の高い大規模小売業者や大規模店舗をいかに押さえるかが重要となる。

業態の多様化への対応も重要である。コンビニエンス・ストア，ドラッグストアなどの業態が近年大きく伸張してきたことに加え，さまざまなタイプのディスカウンターがそのウェイトを増してきている。こうした小売業態のうち，どれを主力のチャネルと考えるのかということも重要な問題である。

チャネルの管理

メーカーが適切なチャネル設計を行い，チャネルを構築すれば，即座に効果的に機能し，その効果が放っておいても継続するというわけではない。そのため，メーカーによるチャネル管理が重要となる。

もっとも，チャネル管理という言葉は，メーカーがチャネルのリ

ーダー的な役割を演じており，大きなコントロール力を有していることを前提とした言葉である。現在では，先述した小売業者の大規模化などを背景として，チャネル内におけるリーダーシップを小売業者が持つ場合が多くなってきた。こうしたケースでは，メーカーによるチャネル管理という側面よりも，**チャネル・サポート**という側面が重視される。

3 営業活動

> 営業の役割

営業の目的は「製品を売ること」である。メーカーが製品を売る直接的な対象は，流通チャネルのタイプによって異なる。卸売業者や小売業者が直接的な販売先になる場合もあれば，消費者が販売先となることもある。いずれにしても，自社の販売先に対して自社製品を売ることが，営業の役割である。

多くの企業では，自社の直接取引先となる流通業者や最終顧客である消費者と，継続的な取引関係を結んでいる。したがって，製品を売るという行為も，単発的・短期的なものではなく，長期・継続的な行いとなる。その時々の売込みが成功すればよいという考え方ではなく，取引先と良好なリレーションシップを構築し，長期・継続的な関係を構築しながら，その中で自社の扱い高を増やしていこうという姿勢が重要となる。近年では，こうした姿勢がますます重要視されてきている。

その理由はさまざまであるが，ここでは2点をあげておこう。理由の第1は，上述したチャネルの上位集中化である。これによって，メーカーにとって少数の有力な小売業者と卸売業者のウェイトが非

常に高くなり，これらの業者との良好な関係形成が最重要課題となってきたのである。

理由の第2は，多くの製品領域において製品そのものの機能や品質に関する明確な差別化が困難になってきたということである。この結果，製品それ自体の売込みだけが営業活動のポイントではなくなり，製品の売り方を含めた総合的な提案力が営業活動の成否を左右するようになってきた。メーカーの営業担当者が小売業の売場の品揃えや陳列方法などについて提案を行い，その中に自社の製品を位置付けて営業活動を行うというスタイルはその典型である。このような営業スタイルにおいては，取引先の現状や問題点を深く理解する必要がある。こうした変化が，短期的取引から長期・継続的なリレーションシップの構築に，営業の重点が置かれるようになってきた大きな要因となっている。このような，取引先の問題点の解決を企図した提案活動を軸とするような営業スタイルは，**提案営業**とか**コンサルティング・セリング**などと呼ばれる。

営業の組織

メーカーの営業組織は，その企業がどのような事業領域を有しているかによって，その構造が異なってくる。複数の異なる製品ラインを有しており，製品ラインごとに流通チャネルが違うような場合には，製品別の営業組織が構築される場合がある。カメラとフィルムを扱っているメーカーが，2つの製品で異なる営業組織を有しているのは，この例である。

自社製品の流通チャネルのタイプや取引先となる流通業者の性質によっても，営業の組織構造は大きく左右される。たとえば，少数の有力な組織小売業が大きな販売力を有しているような場合には，それらの小売業との取引を円滑に行うことが，そのメーカーにとって重要な課題となる。営業組織もその目的に従ってデザインされる

ことになる。

　このように，メーカーの営業組織のあり方はさまざまな要因に影響されるが，主たる営業組織のタイプを整理すると，下記のようになる。特定の企業の営業組織は下記のいずれかの1つのタイプに区分けされるというわけではなく，複数のタイプを組み合わせた営業組織もある。

(1) **地域別営業組織**：販売地域を軸に営業組織が構成される。支店，営業所などが営業組織の拠点となる。
(2) **製品別営業組織**：製品を軸に営業組織が構成される。企業によっては，製品領域ごとに異なる事業部を有しているところもある。この場合には，事業部別に営業組織を持つことになる。
(3) **業種・業態別営業組織**：営業の対象となる業種や業態別に営業組織が構成される。業務用コンピュータのメーカーが，金融業，流通業，製造業といった業種別に営業組織を形成するケースがこのタイプである。また，消費財メーカーが，スーパーマーケット，コンビニエンス・ストア，ドラッグストアといった小売業態別に営業組織をつくるケースもこのタイプになる。

4 流通に関する意思決定の分析手法とモデル

　流通に関する意思決定領域は多岐にわたる。その多くは，メーカーと流通業者の協調的意思決定が必要となる領域であり，マーケティング・チャネル内の調整，ロジスティックスなどがその典型的な領域である。

　ここでは，まずマーケティング・チャネル内の調整に関する意思決定領域に焦点を当て，価格に関するメーカーと流通業者との間の

調整に関するモデルを説明する。さらに、流通に関連する代表的なモデルの1つである**ハフ・モデル**を紹介する。ハフ・モデルは、主として小売業者やサービス業者の店舗配置や出店計画に利用されるモデルだが、メーカーのエリア・マーケティングなどにおいても利用できるモデルであり、ここで取り上げることとする。

価格調整に関するモデル

はじめに、前者の価格調整に関する問題としてチャネル内の最適価格設定を取り上げ、A. P. ジュランドとS. M. シューガンが提案した分析手法（Jeuland and Shugan（1983））の基礎となったダブル・マージン問題を紹介する。

まず、メーカーと小売業者の2者からなる単純なチャネル構造を想定し、図9-2のように両者が統合されているケース（垂直統合）と比較してみよう。ここでは簡便のために、独占市場、そして限界費用（MC）は販売量にかかわらず一定、という仮定を置く。

(1) ケース1：統合企業（垂直統合）

統合された独占企業の利益関数は第6章6.1式に準ずるため、利益が最大になる小売価格は6.2式のマークアップ価格 p_{vi} になる。

$$p_{vi} = \left(\frac{\eta}{1+\eta}\right)MC = \left(\frac{\eta}{1+\eta}\right)c \quad (\eta < -1) \quad (9.1)$$

(2) ケース2：メーカーと小売店が独立企業（ダブル・マージン）

図9-2のように、メーカーの限界費用と卸売価格をそれぞれ c と p_w としたうえで、まずは小売店の価格付けを考えてみよう。小売店の利益を最大にする小売価格 p_{dm} の導出は、需要関数（市場の状況）は変わっていないためケース1とまったく同じだが、限界費用は p_w になるため、9.2式のように表せる。

$$p_{dm} = \left(\frac{\eta}{1+\eta}\right)MC = \left(\frac{\eta}{1+\eta}\right)p_w \quad (\eta < -1) \quad (9.2)$$

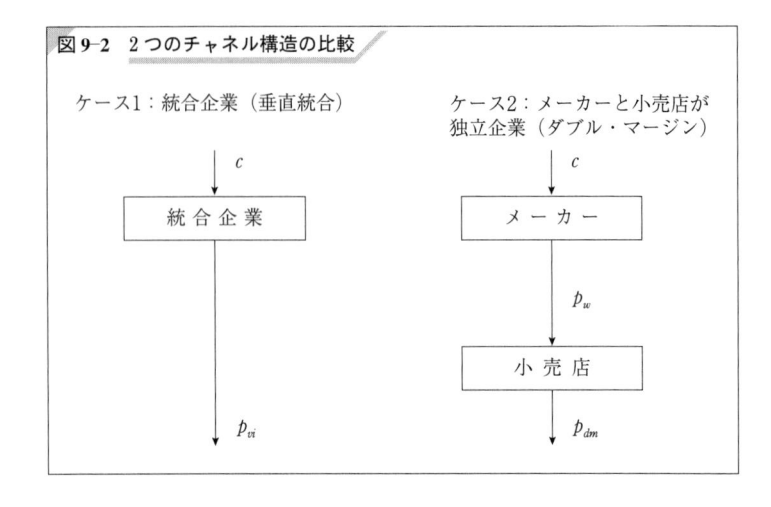

図9-2　2つのチャネル構造の比較

ケース1：統合企業（垂直統合）

c ↓
統合企業
↓ p_{vi}

ケース2：メーカーと小売店が独立企業（ダブル・マージン）

c ↓
メーカー
↓ p_w
小売店
↓ p_{dm}

　需要関数 $q(p)$ が右肩下がりである限り，どのような形でもメーカーが利益を得るには $p_w>c$ と設定しなければならないために，$p_{dm}>p_{vi}$，$q_{dm}<q_{vi}$ となる。つまり独占市場においては，メーカーと小売店が統合されている場合と比べて2者が独立に価格決定をした場合，市場価格は高くなり，売上数量は少なくなる。

　それでは，ケース2におけるメーカーと小売店の合計の利益とケース1の統合企業の利益では，どちらが大きくなるだろうか。ここでは説明を単純にするために，線形の需要関数 $q(p)=1-p$ の場合を考察する。どちらのケースでも市場は独占のため，利益を最大にする価格では，限界収入と限界費用が等しくなる（$MR=MC$）。

　限界収入 MR は，$MR=d[q\cdot p(q)]/dq=1-2q$ なので，図9-3のように，需要関数の2倍の傾きをもった直線になる。限界費用 MC は，ケース1では $MC=c$，ケース2では $MC=p_w$ になるため，市場価格はそれぞれ p_{vi}，p_{dm}，販売数量はそれぞれ q_{vi}，q_{dm} になる。統合企業の利益は長方形 $ABCE$ である。独立企業における小売店

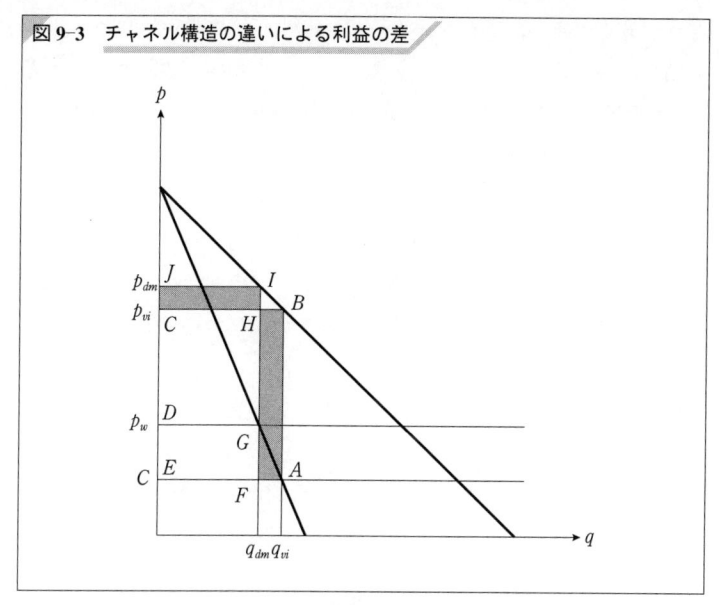

図9-3 チャネル構造の違いによる利益の差

の利益は $GIJD$，メーカーの利益は $FGDE$ で，合計では $FIJE$ になる。統合企業と独立企業の利益の差は $ABCE-FIJE$ であるが，$FHCE$ が重複しているので，2つの斜線長方形の差，$ABHF-HIJC$ と等しくなる。しかし，$HI=BH$ と $CH<CB=AB$ なので，$ABCE-FIJE>0$，つまり統合企業の利益のほうが，独立企業メーカーと小売店の合計利益より多いことが分かる。

統合企業1社が利益の最大化を考える場合と比較して，上流，下流の2社が独立で自己利益の最大化を考慮する場合は，市場価格は高く設定される。価格が高く設定されることによって販売数量が減少し，それがチャネル全体の利益を低下させる。理論的には，メーカーと小売店が独立に意思決定をするより，一体となってチャネル全体の利益が最大となるように市場価格を設定してから，得られた利益を山分けするほうがよいといえる。もちろん実際には，利益を

4 流通に関する意思決定の分析手法とモデル

どう配分すべきか，またメーカーによる小売価格設定という公正取引法などの問題をクリアする必要がある。これは，メーカーと小売店の利害が一致していないために起こる現象で，チャネルのコーディネーション問題と呼ばれている。

ハフ・モデル

ハフ・モデルは，D. L. ハフが提唱した，消費者の店舗選択に関するモデルである。このモデルは，店舗の出店計画やエリア・マーケティング計画に非常に多く利用されている。まず，このモデルについて簡単に説明しよう。

ハフ・モデルでは，地点 i に住む消費者が買物の際に目的地 j を選択する確率はその目的地の効用 $u_{ij}(>0)$ に比例すると考える。ここで，π_{ij} を地点 i に住む消費者が買物目的地 j を選択する確率とし，n を買物目的地の数とすると，

$$\pi_{ij} = \frac{u_{ij}}{\sum_{k} u_{ik}} \tag{9.3}$$

となる。さらにハフは，u_{ij} が目的地 j の小売施設の規模 s_j と j までの距離 d_{ij} に規定されるとし，

$$u_{ij} = \frac{s_j}{d_{ij}^{\lambda}} = s_j \cdot d_{ij}^{-\lambda} \tag{9.4}$$

と定式化した。ここで λ は距離に対する抵抗係数である。9.4 式を 9.3 式に代入すると，

$$\pi_{ij} = \frac{s_j \cdot d_{ij}^{-\lambda}}{\sum_{j} s_j d_{ij}^{-\lambda}} \tag{9.5}$$

が得られる。これがハフ・モデルと呼ばれるものである。

わが国では，2000 年 6 月から「大規模小売店舗立地法」が施行されたが，それまでの「大規模店舗法」の時代には，大規模店舗の出店に対して「売場面積」「開店日」「閉店時刻」「年間休日日数」

図9-4 2店舗からなる商圏の例

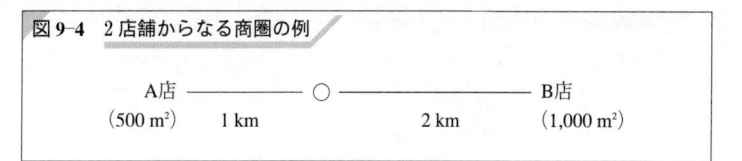

A店 ——————— ○ ——————— B店
(500 m²)　1 km　　　2 km　　(1,000 m²)

などの項目が審査され，出店調整が行われてきた。この調整に際して通商産業省（当時）は，大規模店舗の出店が既存店舗にどのような影響を与えるかを見るために，ハフ・モデルを利用してきた。ただし，通産省のモデルでは距離抵抗係数のλを2に固定してある。このモデルは，修正ハフ・モデルと呼ばれる。

ここで，図9-4のような単純化した状況を考えよう。このとき，○印のところに住む消費者が買物の際にA店に行く確率P_Aを9.5式によって算出してみよう。$\lambda=2$とすると，

$$P_A = \frac{500 \times 1^{-2}}{500 \times 1^{-2} + 1000 \times 2^{-2}} = \frac{2}{3}$$

となる。距離抵抗を2とした場合には，店舗の大きさよりも，距離のほうが店舗選択に利いていることがわかる。

上述のように，ハフ・モデルは非常にシンプルなモデルであり，消費者の訪店行動のメカニズムをある程度説明することができる。ただし，実際には店舗の魅力度は店舗規模だけで規定されるわけではなく，品揃え，価格，サービスなど多面的な要因が影響する。また，距離の抵抗も，山・川などの地形的要因や幹線道路や線路の位置関係などによっても変わってくる。

また，距離抵抗係数λも製品の種類によって変化すると考えられる。実際に，毎日買うような日用消費財ではその値が大きく，購買頻度の低い耐久財ではその値が低いことが実証研究によって明らかにされている。

Column ㉑ GIS

　GIS（geographic information system）は地理情報システムとも呼ばれ，空間データの分析を行うためのツールである。近年，マーケティングにおいても急速に活用が進んできている。GISを利用することによって，コンピュータ上に表示される地図と，地図と連動したさまざまなデータとを組み合わせて，地理的な分析を行うことができる。

　GISでは，大きく分けて4種類のデータが利用される。

　第1は地図データであり，GISを利用するための最も基礎的なデータである。地図データによって，われわれが印刷物で目にするものと同様の地図を，コンピュータ上にビジュアル表示することができる。

　第2のデータはポイント・データである。これは，小売店や飲食店などの位置を地図上にプロットするためのものであり，これによって地図上にさまざまな施設を配置させてみることができる。GISで利用する通常の縮尺の地図では，すべての小売店や飲食店が表示されることはない。しかしながら，たとえば，スーパーマーケットの出店計画にGISを利用するのであれば，既存のスーパーマーケットの立地は重要な情報となる。このような場合には，既存のスーパーマーケットの位置をポイント・データとして持つことによって，地図の上に既存店の位置を表示することができる。

　第3のデータは，統計データである。これは，エリア別の人口，世帯数，駅乗降客数，小売業売上などのデータであり，町丁目別や1kmないしは500mメッシュ単位などで集計されている。このデータを利用することで，特定の範囲における人口や世帯数，小売業売上高などを，地図を表示させながら把握することができる。

　これらの3つのデータは，いずれも市販されているものであり，GISの利用者の共通の基盤となるものである。これに対し第4のデータである自社データは，GISを利用する機関独自のものである。たとえば，あるコーヒー・メーカーでは，喫茶店やレストラン，スナックの立地と，エリアの人口，世帯数などのデータを利用し，GISを使って業務用市場の営業活動計画を立案している。このとき，喫茶店などの飲食店の立地や，エリアごとの人口などのデータは，上述したポイント・データや統

計データに相当する。これに加え、それぞれの飲食店への自社の納入実績などの自社データを連動させることによって、エリア別の営業活動計画に GIS を利用できることになる。

このように、GIS はエリア・マーケティングの計画、実行、評価のための非常に有用なツールとして、近年さまざまな領域で利用されている。たとえば、マクドナルドでは自社開発の McGIS（マックジス）と呼ばれるシステムに関して、1994 年から順次開発を進め、96 年から稼働させている。

このシステムでは、商圏を自由に設定でき、その商圏の商圏人口、男女構成比、昼夜間人口、学校数、生徒数、外食産業売上、小売売上などが表示される。これによって、出店計画が従来に比して飛躍的に効率化されたという。マクドナルドの出店数は、1994 年までは約 100 店ペースであったが、95 年には 350 店、96 年には 530 店、97 年には 457 店舗というように急増していった。その大量出店を支えたのが GIS の利用による出店計画の効率化であった。

5 営業に関する意思決定の分析手法とモデル

営業に関する意思決定の領域は、大きく 3 つに分けることができる。第 1 の領域は組織に関する意思決定であり、営業の組織構造、営業組織の規模、テリトリー設定などが具体的な意思決定対象となる。第 2 の領域は資源配分に関する意思決定であり、既存顧客や潜在顧客に対し、どのようなタイミング、回数で訪問するかが対象となる。第 3 は管理に関する意思決定であり、営業担当者の評価、報奨、モチベーション管理などがその対象となる。

それぞれの領域について、さまざまな分析手法やモデルが開発されてきたが、ここでは営業の資源配分のためのモデルである、CAL

LPLAN（Lodish（1971））を説明しよう。

CALLPLAN は 2 つのステップからなっている。第 1 ステップは反応関数の特定であり，第 2 のステップは営業資源配分の最適化である。第 1 ステップの反応関数の特定は，ADBUDG モデル（Little (1970)）を基礎としたものである。簡単にこのモデルの構造を説明しよう。取引先 i に関する営業努力（訪問回数で測定される）を X_i とし，X_i の関数として表現される i の売上げを $r_i(X_i)$ とすると，次のように定式化される。

$$r_i(X_i) = b_i + (a_i - b_i)\frac{X_i^{c_i}}{d_i + X_i^{c_i}} \tag{9.6}$$

ここで，b_i は得意先 i に対する営業努力が 0 のときに得られると期待される最小売上であり，a_i は得意先 i に対して最大限の営業努力を投入したときに期待される最大売上である。c_i は $r_i(X_i)$ の形状を規定するパラメータであり，この値によって凹型か S 字型になる。d_i は X_i の変化が $r_i(X_i)$ に及ぼす影響度の大きさを規定するパラメータであり，d_i の値が大きいほど，影響度が小さくなる。

これらのパラメータは，営業担当者が主観的に決定する。こうしたアプローチは決定解析と呼ばれる。c_i や d_i の値は得意先 i によって異なることを想定している。訪問回数を増加させると，それにつれて売上げの増加が見込まれる得意先がいる一方，訪問回数の多寡にかかわらずある程度一定の売上げが期待できる得意先があるというように，訪問回数と売上げとの関係が得意先によって異なることを想定することは自然だと思われる。ところが，過去における得意先別の売上げや訪問回数から，c_i や d_i の値を統計分析によって求めることは一般には難しい。こうした時系列のデータが得意先別に把握できるデータ数に限界があるうえに，得意先別の売上げは訪問回数以外の変数によって大きく影響されるためである。このため，

CALLPLAN では上述したような決定解析という手法を利用することを想定している。

ここではまず,営業担当者が得意先 i に対する最低売上 b_i と最大売上 a_i を主観的に決定する。訪問回数は現状を1として基準化することとすると,9.6式は,次のようになる。

$$r_i(X_i=1) = b_i + (a_i - b_i)\frac{1}{d_i+1}$$

また,パラメータ d_i は,以下のようにして求められる。

$$d_i = \frac{a_i - b_i}{r_i(X_i=1) - b_i} - 1$$

ここで残された課題はパラメータ c_i の推定となる。c_i の値については,訪問回数を現状の半分にしたとき ($X_i=0.5$),現状の1.5倍にしたとき ($X_i=1.5$) などの得意先 i の売上予測値が,c_i の値によってどのように変化するかを確認しながら,営業担当者が主観的に決定する。

上記のように,反応関数が決定されると,第2ステップでは営業資源配分の最適化が次のように行われる。ここでは元のモデルを,その性質は損ねずに若干簡略化して説明しよう。まず,対象となる営業組織が獲得する利益 Z を,次のように表す。

$$Z = \sum_i [k_i r_i(X_i) - h_i X_i]$$

ここで,k_i は取引先 i から得られる売上げに対する利益率であり,h_i は取引先 i を訪問するために要する1回当たりのコストである。さらに,対象となる営業組織のすべての営業担当者の活動総時間を T とし,i を訪問するために要する移動時間を t_i,i を訪問したときの商談に要する時間を s_i とすると,次の関係を満たす必要がある。

$$\sum_i (t_i + s_i) X_i \leq T$$

これは,典型的な最適化問題として次のように定式化することが

できる。

$$\max \quad Z = \sum_i [k_i r_i(X_i) - h_i X_i]$$
$$\text{s.t.} \quad \sum_i (t_i + s_i) X_i \leq T$$

上記の最適化問題を解くことによって，営業組織が獲得する利益 Z を最大化するための，各得意先の訪問回数 X_i を求めることができる。

具体的にどのように解を求めるかについては，最適化問題に関する参考書を参照してほしい。

Column ㉒　RFID

RFID とは，radio frequency identification の略語であり，無線を利用した個体識別の技術を指す。人やモノを管理するための情報を記録する RFID タグ（IC タグ）を利用し，無線通信によって人やモノを識別・管理する。Suica などの非接触 IC カードも，RFID 技術を利用している。

従来，モノを管理する技術としては，バーコードがよく利用されてきた。小売店舗などで普及している POS システムは，製品のパッケージなどに印刷されているバーコードを読み取ることによって精算をするとともに，販売情報を記録する仕組みである。

バーコードに対して RFID は，情報の書き換えが可能，同時に複数の RFID タグとの通信が可能，タグとリーダーを正対させなくとも読み取りが可能といったメリットを有している。これらの特徴によって，複数の商品がダンボールに梱包されたままの状態ですべての商品のタグを読み取るといったことが，RFID では可能となる。

RFID はさまざまな領域に活用されている。上述した非接触 IC カードを除くと，マーケティングと関連する分野では，SCM（supply chain management），食品のトレーサビリティなどが RFID の主要な活用領域である。

たとえば，世界最大の小売業者であるウォルマートは，2005 年 1 月から SCM の効率化のために RFID を導入している。RFID タグの貼り

付けについては，ウォルマートに商品納入するサプライヤーに協力を求めている。スタート時点では，タグの貼り付けに協力するサプライヤー数は100社であったが，その数は年々増加してきている。

ウォルマート自身は店舗と物流センターの双方に投資を行い，RFIDタグのリーダーを設置する箇所を増やしている。物流センターにリーダーを設置することによって，RFIDタグが付けられている商品の自動仕分けなどが実現する。一方，店舗では商品の入荷所，商品を置いてあるバックルームと売場の間のドア，ダンボールの破砕機の3カ所にリーダーを設置している。入荷所にリーダーを設置することによって，商品が店舗に届いた際の検品を自動化することができるとともに，商品がいつ店舗に届いたかを把握できる。また，バックルームと売場の間のドアのリーダーによって，商品がいつ売場に並べられたのかを知ることができる。さらに，破砕機のリーダーによってダンボール箱内の商品がすべて棚に並んだことを確認することができる。このように，RFIDによって商品の配送や陳列の過程を可視化することが可能となる。

また，ウォルマートでは商品だけではなく，メーカーが店舗に届ける販促物にもタグが付けられている。これにより，販促物についても，店舗への入荷や売場への設置などの時期や状況を把握することができる。この情報を活用することによって，販促物の店頭利用率が向上したことが，メーカーにとっての最大のメリットだという報告もある（『日経コンピュータ』2007年6月11日号）。

SCMやトレーサビリティのほかにも，マーケティングにおけるRFIDの活用領域は多くある。ここでは，2005年から06年にかけて行われた経済産業省の実証実験「日本版フューチャーストア・プロジェクト」におけるRFIDの活用領域を見てみよう。このプロジェクトは経済産業省が実施したもので，イオン，クイーンズ伊勢丹，ファミリーマート，丸井・フランドル，三越が参加して実際された。実験内容は，スマートカート，スマートシェルフ，エクスプレスレジなどからなっている。

スマートカートは，RFIDリーダーを装着したディスプレイ付きの買物カートを指している。このカートを利用して買物客が店舗内を歩くと，

売場の棚に貼付された RFID タグをカートのリーダーが読み取り，ディスプレイにさまざまな情報が表示される。買物客にとっては，特定の売場に行ったときにそこの情報が表示されることになるため，タイムリーな販促情報を見ることが可能となる。

クイーンズ伊勢丹が実施したスマートシェルフでは，ワインの陳列棚にリーダーが設置された。買物客が棚からワインを取り出したときに，そのワインの商品情報が，売場に設置されたディスプレイに表示されるようになっている。この仕組みによって，買物客は手に取ったワインの生産地，ヴィンテージなどの情報を詳しく知ることができる。

ファミリーマートでは，エクスプレスレジの実験が行われた。弁当，おむすび，パン，飲料などの商品に RFID タグが貼付され，レジにリーダーが設置された。買物客が精算のためにレジに商品を持っていくと，それらの商品の一括読み取りが行われ，迅速な決済が可能となった。

このように，RFID のマーケティングでの活用には，多様な領域が考えられる。しかし，現段階では上述のような実験レベルに留まっている例も多い。実務ベースでの活用をいっそう進展させるためには，RFID タグのコストやタグを貼り付けるためのコストが十分に低下していないなどのいくつかの課題をクリアする必要がある。しかし，これらの課題が克服された際には，Suica などの非接触 IC カードが急速に普及したのと同様に，上述したような領域における RFID の活用が一気に進展する可能性もある。

➡課　題

1　いくつかの異なる業界の中から複数のメーカーを選び，それぞれの企業のマーケティング・チャネルと営業組織の形態を調べてみよう。そのうえで，各企業のマーケティング・チャネルと営業組織との間にどのような関係が見られるか考察してみよう。

2　いくつかのメーカーを例にとり，それらの企業のマーケティング・チャネルのタイプを，その長さと広さによって分類してみよう。そのうえで，それぞれのメーカーがなぜそのようなタイプのマーケティング・チャネルを利用しているのか，その理由を考えてみよう。

3 ある市には現在，A，B，Cという3つの町があり，それぞれの町から少し離れた場所にX，Yという2つの店舗がある。これらの関係は図のように表され，各町の人口と各店の店舗規模は表のようになっている。ここで，図の○の位置に新しい店舗を，2000 m² の大きさで出店した場合，この店舗は客数ベースでどの程度のシェアをとれると考えられるか。ハフ・モデルを利用して予測してみよう。なお，9.5式のλ（距離抵抗係数）は2とすること。

図　3つの町と店舗との距離関係（数値は km）

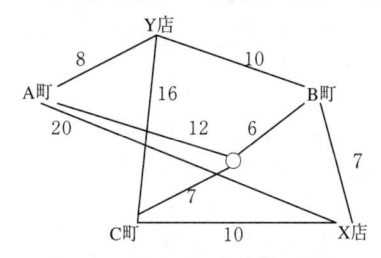

表　3つの町の人口と店舗の面積

人口（人）	店舗面積（m²）
A町　20,000	X店　3,000
B町　30,000	Y店　1,000
C町　50,000	新店　2,000

4 回転率の低い商品は「死に筋」といわれ，多くの場合すぐに店頭から姿を消してしまう。これは，利益率を高めるためには，回転率の良い商品＝「売れ筋」を揃えることが良いと考えられているからである。このような中にあって，顧客が要望する商品はすべて揃えるという独自の経営方針を貫いているにもかかわらず，業界でも高い利益率を達成しているホームセンターがある（(株)ハンズマン，http://www.handsman.co.jp/）。

(1) 売れ筋ばかり集めることをしないで，高い利益率を上げられるビジネス・モデルにどのようなものがあるか考えてみよう（ヒント：アマゾンのロングテールの議論を調べてみよう）。

(2) どのような条件があれば，回転率が低い商品を揃えても高い利益率を達成できるか考えてみよう。

[5] 最近では，効率を上げるための分業により，モノをつくる現場とモノを売る現場の乖離が大きくなってしまった。図9-1にあるように，多くの場合は多段階のプロセスを経て消費者の手に商品が届く。このような中にあって，ユニクロ，無印良品，GAPのように，企画から生産・販売まで一貫して行う企業が好業績を上げるようになった。このようなビジネス・モデルはSPAと呼ばれている。

(1) SPAのメリット・デメリットについて議論してみよう。

(2) 通常の多段階の流通プロセスを経る場合よりも，一般的にSPAのほうが粗利益率は高いといわれている（原価に乗せるマージン率）。それはなぜか。在庫を抱えるリスクと利益率の関係を考えてみよう。

(3) ユニクロの商品は相対的に低価格だが，利益率は高いといわれている。低価格なのに高い利益率を達成することが可能な理由を考えてみよう。そのような高い利益率を上げるために，販売データはどのように利用することが可能か。

[6] Webエクササイズ

http://www2.kke.co.jp/marketingscience にアクセスしよう。

第10章　テストとコントロール

●イントロダクション：期待からの乖離から学ぶ

　前章までの議論から，マーケティング戦略で決定した製品コンセプトを具体化するためには，だれにどのような便益を提供するのかを明確にしたうえで，それと整合的で一貫性のある具体的なマーケティング・ミックスが決定されなければならないことがわかった。しかしながら，最終的に採択された製品仕様のチェック，あるいは試作品ができた段階でのチェックは，実際にフルスケールで生産に入り市場導入する前に可能な限り行っておきたい作業である。さらに，実際に製品の市場導入を行った後で，期待した通りに製品が市場に受け入れられているかどうかを時系列でモニターすることが重要である。予想からの乖離の原因を分析することで，マーケティング戦術の改善を図ることができる。場合によっては，マーケティング戦略の見直しが必要になるかもしれない。たびたび，期待は裏切られる。百聞は一見にしかず。開発者が思いもかけないような反応を顧客はたびたび示すからである。本章では，前半でテスト・マーケティングに関するモデルの紹介を，第3節以降の後半で導入後のコントロールに関する議論を見ていくことにする。

1　製品開発とテスト・マーケティング

　事業機会の発見ではさまざまなアイデアが創出され，新製品のデザイン決定の段階においてSTP，マーケティング・ミックスの決定がなされる。大雑把にいえば，ここまでがプランの段階である。プロセスの内容を詳しく説明するために便宜的に1つひとつ見てき

たわけであるが，1つひとつの部分は他の部分と相互に密接な関連性を持っているから，実際にはすべてが整合性と一貫性を持って決定されていなければならない。ここまでのところで問題がなければすぐにでも実施に移りたいところではあるが，次のような理由から再度このプランをチェックすることには大きな利点がある。

(1) 誤った意思決定は，プロセスの後半に累積される。
(2) たとえリスクが同じでも，失敗したときの損失は実施段階のほうが桁違いに大きい。
(3) 市場における実験・テストから，製品改良のための優れたアイデアが得られることがある。

正しい意思決定が行われる確率が低下するのは意外かもしれない。これは，次のように計算してみればすぐにわかることである。仮にセグメンテーションが正しく行われ，ターゲティングも適切に行われたとしても，ポジショニングの段階でリスクすなわち，ある不確実性を持ったとしよう。そのため，マーケティング戦略が正解である確率は70%であったとする。マーケティング・ミックスが正しく計画される確率を80%とすれば，ここまでのプロセスで計画されたプランに従って実施された場合の成功確率は，$0.7 \times 0.8 = 0.56$，となってしまう。そこで計画されたプランをフルスケールで実施する前に，小規模な実験を行いたいという要求が出てくるのである。

もちろん，このような手順を踏むことによるデメリットがあることも忘れてはならない。市場導入の時期が遅れることもあるが，最も大きな問題は新製品開発の概要をライバル企業に知られてしまうということである。新製品導入前に事前に相手に手の内を見せることは，競合相手が的確なディフェンスを行うための準備期間を与えてしまうことを意味する。さらに，実際にある地域で**テスト・マーケティング**を行う場合など，ライバル企業が自分の製品価格を意図

的に大きく下げて新製品が不成功に終わるような印象を与えようとするかもしれない。このようなことをされたら、せっかくのテストも台無しである。

いま1つは、テストのためにかかる費用がかなりの額に上るということである。自動車会社が新車の販売に先立ってテスト・マーケティングをしないのは、このような理由に加えてテスト・マーケティング用の試作車をつくるコストが大きすぎるからである。第5章で説明されたコンジョイント分析は、乗用車のように実際に製品を試作して地域限定販売といったテスト・マーケティングをすることが不可能な場合に、最終コンセプトの評価チェックのためによく用いられるテクニックである。

めでたく市場導入に至ったならば、新製品の売行きを常にモニターし、そして適切に管理していくことが成功の鍵となる。短期的には売上予測モデルに基づいて計画を立て、それと食い違う場合には製品仕様や価格の変更、広告や販売促進の追加などのマーケティング・ミックスの修正による制御を行う。長期にわたっては、製品のライフサイクルに適応したマーケティング管理、ライフサイクル・マネジメントを行うことが重要になる。

以下では最初に、スーパーマーケットなどで売られているパッケージ製品の導入前販売予測として開発されたテスト・マーケティングの手法としてよく知られている ASSESSOR モデルについて簡単な説明を行いたい。さらに、本章の後半ではライフサイクルを通じた長期的製品マネジメントとマーケティング・ミックス・モデルについて説明を行う。

2 テスト・マーケティングの方法

　先ほども述べたように，新製品の市場導入に伴うリスクを最も確実に減らす方法は，実際にテストしてみることである。1年後のマーケット・シェアを予想するために，地域を限定して販売するというのは，全国導入に踏み切る前の最終関門として行われることは珍しくない。どのくらいの割合の顧客が新製品を試しに購入してくれるのか（**試用購入**），試用購入してくれた顧客の何割が満足し何回も購入してくれるロイヤルな顧客になってくれるのか（**反復購入**），実際に行ってみて顧客の反応を観察することで，フルスケールで全国導入した場合のシミュレーションを行うことが可能になる。

　食品などのパッケージ製品の場合，テスト・マーケティングは大きく3種類に分けられる。標準タイプのテスト・マーケティングでは全国販売と同じ状況をいくつかの限られた地域や都市で実現し，新製品の売行きを観測する。コントロール・タイプのテスト・マーケティングではいくつかの店舗との契約で新製品を置いてもらい，その売上げを観測する。新製品は必ず店の棚に置かれるため，消費者の反応を見るには適しているが，流通経路が保証されているという非現実的な面を考慮しなければいけない。

　これらのテスト・マーケティングでは，スーパーの店頭に実際に並べる以上，製品，価格，流通，プロモーションといったいわゆる4Pのマーケティング変数のミックスは当然決まっていなければならない。大規模なテスト・マーケティングになれば，広告費なども含めかなりの金額がかかることを覚悟しなければならない。そうそう何回も気楽に行えるものではないのである。ライバル企業にモニ

ターされるリスクも当然覚悟しなければならない。

そこで、もう少し小規模にかつ簡便に行う方法として出てきたアイデアが、実際の店舗を用いずに仮想の店舗に消費者（被験者）を呼んで購買を模擬実験するシミュレーション・タイプのテスト・マーケティングである。購買が実験室の環境で行われるために、消費者の置かれた状況が現実とかなり違うという弱点はあるが、価格や広告などのさまざまな要素がコントロール可能であり、何しろ低コスト、短期間という利点がある。場合によっては標準タイプやコントロール・タイプのテスト・マーケティングの前段階として行われることもあるため、**プリ・テスト・マーケティング**とも呼ばれる。ここでは、**ASSESSOR モデル** (Silk and Urban (1978)) を紹介する。

> ASSESSOR モデルの目的

ASSESSOR モデルの目的は、①新製品の長期的なマーケット・シェアと売上げを予測する、②新製品のシェアの源泉、すなわち、競合ブランドからマーケット・シェアを奪うのか、自社の他ブランドからのカニバリゼーション（共喰い）を起こすのかといった点を明らかにする、③製品改良、広告コピーやプロモーション計画の改善などの診断的な情報をもたらす、④価格変更、パッケージングの変更といった代替的なマーケティング計画の大雑把な評価を行うことにある。

そしてこれらの分析を、フルスケールで市場導入される前にごく小規模の実験を通して明らかにしようとするものである。ASSESSOR モデルの構造は**図 10-1** に、モデルが必要とするデータは**表 10-1** に示されている。データ収集上の ASSESSOR モデルの大きな特徴は、都市や地域ではなく、模擬店舗における**模擬購買**という小規模な実験を行う点にある。模擬購買においては、実際に顧客に既存製品と新製品が並べられた模擬店舗の中で購入を行ってもらう。そ

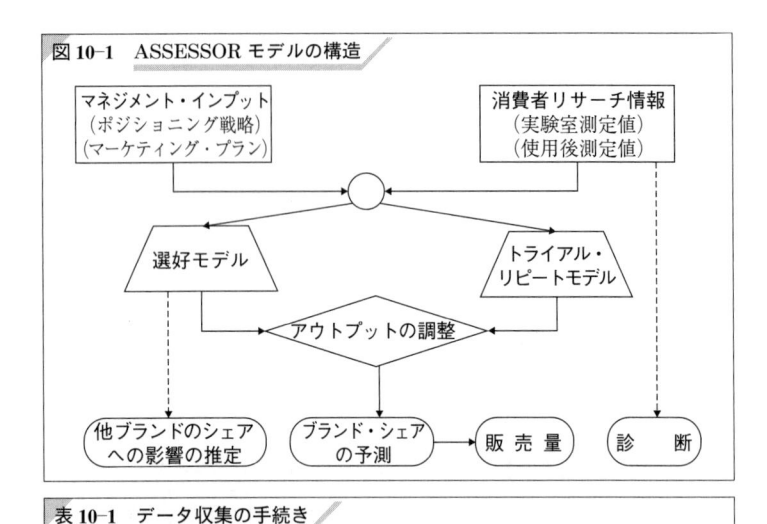

図 10-1 ASSESSOR モデルの構造

```
マネジメント・インプット          消費者リサーチ情報
(ポジショニング戦略)             (実験室測定値)
(マーケティング・プラン)          (使用後測定値)
              ↓         ↓
         選好モデル    トライアル・
                      リピートモデル
              ↓         ↓
            アウトプットの調整
       ↓          ↓          ↓       ↓
  他ブランドのシェア  ブランド・シェア  販売量  診 断
   への影響の推定    の予測
```

表 10-1 データ収集の手続き

プロセス	目 的	実験・測定
O_1	被験者の選別, 依頼	ターゲット・グループを識別する基準。たとえば, 製品クラスの使用状況。
O_2	既存製品についての事前の測定	想起集合について, 属性, 選好度のデータを自己記入アンケートにより収集する。
X_1	既存製品と新製品の広告への露出	5〜6個の広告を順序を変えて見せる。
O_3	広告の露出に対する反応度の測定	自己記入アンケート
X_2	模擬購買	既存製品と新製品を棚に並べておき, クーポンを与えて実際に製品を購入してもらう。価格は通常その地域の大型小売店の平均に設定し, クーポンの金額は陳列した製品の平均価格または当該新製品の価格に設定する。ここでは通常の店頭と同じように購入を行ってもらうことが重要で, 気に入ったものがないときには購入しなくてもいい点を周知させる必要がある。
O_4	購買機会	どのブランドを選択したかを記録する。当該新製品を購入しなかった被験者には, 無料サンプルを提供する。
X_3	新製品の家庭での使用	実際に家庭において試用してもらう。
O_5	使用後の測定	新製品の予想される再購入時期に, 訪問や電話インタビューで使用後の調査を行う。新製品を加えたうえで, O_2と同様な質問を行う。電話により, 新製品の再購入意向を測定する。

れぞれの製品の価格は通常その地域の大型小売店の平均に設定しておき，新製品が購入できる程度のクーポンを渡しておく。何も買わないという場合や新製品を購入しなかった人には新製品のサンプルを提供して使用を促す。

このシステムのいま1つの大きな特徴は，以下に説明する2つのまったく異なったモデルを併用し，その結果を比較して信頼度を高めている点にある。すなわち，トライアル・リピート・モデルと選好モデルの2つのモデルから予測された結果を「収束」させることで，予測精度を上げるよう工夫されている。

このモデルは，選好を購入確率に結び付ける基本的なモデルである。構造は至ってシンプルで，購入確率は，選好度のシェアで決定される。ある人の心の中で，あるブランドに対する好意度の大きさが全体の中で10%を占めていたら，その個人がそのブランドを購入する確率は，時間にかかわらず一定で10%とするということである。平均して10回に1回の頻度でそのブランドの購入を行うと考えるのである。しかし，人々の行為には気まぐれがつきものであるので，それを何かで吸収しなくてはならない。10.1式の選好度(V)の右肩のbがその役割を果たすパラメータで，写真でいえばフォーカスのような役割を果たす。ピントが合っている，すなわち気まぐれが起こりにくい場合は，bの値は大きくなり，反対に気まぐれがたびたび起こるような状態，ピントが合っていないような状況では，bの値は小さくなる。正確にいえば，bは分散の大きさを決めるパラメータである。

$$L_{ij} = \frac{V_{ij}^b}{\sum_{k \in C_i} V_{ik}^b} \tag{10.1}$$

V_{ik}：被験者iのブランドkに対する選好度

L_{ij}：被験者iがブランドjを購入する確率の推定値

C_i：被験者 i の想起集合

b：データから推定されるパラメータ

この b の値が，新製品導入後も変わらないとすると，新製品の購入確率は10.2式で計算することができる。ここで用いられる選好度のデータは，新製品試用後のデータである点に注意されたい。

$$L'_{in} = \frac{V'^{b}_{in}}{V'^{b}_{in} + \sum_{k \in C_i} V'^{b}_{ik}} \tag{10.2}$$

V'_{ik}：被験者 i のブランド k に対する新製品試用後の選好度

n：新ブランド

L'_{in}：被験者 i が新ブランド n の試用後にそれを購入する確率の推定値

すべての人が，新製品を想起集合に含めるとは限らないので，その点を調整して最終的な新製品のマーケット・シェアの推定値は10.3式で表される。新製品を想起集合に入れる人の割合は，過去の体験やマーケティング計画から推定される。

$$M'_n = E_n \sum_i \frac{L'_{in}}{N} \tag{10.3}$$

E_n：新ブランドを想起集合に含む人の割合

M'_n：新ブランドの予想マーケット・シェア

N：被験者の人数

同様に，新製品導入後の既存のブランドの購入確率やマーケット・シェアも推定できる（10.4式）。このような計算を行うことで，新製品がどのブランドの脅威になるかを知ることができる。当然そのようなブランドから厳しい反撃を予測しなければならないし，そのような競合ブランドを意識した広告やプロモーション計画の改善が可能になる。

表 10-2 新ブランドのシェア獲得の数値例

(a) 選好度

	試用前				試用後				
	A	B	C	D	A	B	C	D	新ブランド
①	0	0	4.9	3.7	0.1	0	2.6	1.7	0.2
②	1.5	0.7	3	0	1.6	0.6	0.6	0	3.1

(b) 選択確率

	試用前				試用後				
	A	B	C	D	A	B	C	D	新ブランド
①	0.0%	0.0%	63.0%	37.0%	0.1%	0.0%	68.7%	30.6%	0.5%
②	20.1%	4.7%	75.1%	0.0%	20.7%	3.2%	3.2%	0.0%	72.8%

(注) パラメータは $b=1.9$。

$$M_j = \sum_i \frac{L_{ij}}{N}$$

$$M'_j = E_n \sum_i \frac{L'_{ij}}{N} + (1-E_n) \sum_i \frac{L_{ij}}{N} \quad (10.4)$$

$$D_j = M_j - M'_j$$

M_j：新ブランド導入前のブランド j のマーケット・シェア

M'_j：新ブランド導入後のブランド j のマーケット・シェア

D_j：新ブランドがブランド j から奪うシェア

表 10-2 の数値例は，2人の顧客が4つのブランド A, B, C, D を想起集合に持っており，新たなブランドが加えられたときに，新規ブランドはどの程度のシェアを獲得するのか，またそれはどのブランドから獲得するかを表したものである。

(a) は，それぞれのブランドに対する選好度である。顧客①は，ブランドCを最も好んでおり，次にDを好んでいる。新ブランド試用後もこの傾向は変わらない。それに対して，顧客②もブランドCが1位であるが，ブランドDを一番低く評価している。しかも

新ブランドの評価は非常に高い。このようなデータと実際の選択データが与えられれば，b を推定値とすることができて，いまそれが1.9であったとしよう。そうすると，10.4式から，試用前と試用後のそれぞれのブランドの選択確率を (b) のように計算することができる。顧客①も顧客②も，新ブランドの試用前はブランドCの選択確率が圧倒的に高かったが，新ブランドの試用後は顧客①が相変わらずブランドC派であるのに対して，顧客②は圧倒的に新ブランド派になっていることがわかる。このように，新製品のシェアの源泉をシミュレーションできる点が，このモデルの優れた点である。

トライアル・リピート・モデル

ASSESSORモデルを構成するもう1つの部分は，トライアル・リピート・モデルである。このモデルのトライアル・リピート・モデルは非常にシンプルなものである。究極的なマーケット・シェアは，究極的な累積試用購入者の比率に究極的な**反復購入率**を掛けたものである。たとえば，最終的に全体の4割の人が試しに購入し使用して，満足して購入を続ける人がその中の3割であったとすれば，0.4×0.3で12%のシェアが予想されるというのが，このモデルの考え方である。

$$M_n = T \cdot R \tag{10.5}$$

T：新ブランドの究極的累積試用購入率
R：新ブランドの究極的反復購入率

しかし構造は簡単でも，反復購入が重要であるパッケージ製品の成功を占うために必要な要素はきっちりと含まれている。それは，試用購入と反復購入をはっきりと区別して考えるという点である。よくありがちな判断ミスは，試用購入と反復購入を区別しないことから発生する。新製品の導入後の販売状況が上々であったとしても，それはキャンペーンなどの成功により試しに買ってみる試用購入率

が非常に高いだけで，購入した人が製品に満足せず，繰り返し購入する行動をとらなければ，売上げは急速にしぼんでいく。試用購入者は定義から1回だけの購入者であるため，その数はすぐ枯渇してしまうからである。反復購入率をいかに増加させるかが究極的なマーケット・シェアには大きく影響するということが，このモデルからも明確に理解することができる。

この**試用購入率**（試用購入者数の割合）は10.6式で推定される。右項の第3項は，重複部分を差し引くことを意味している。

$$T = FKD + CU - (FKD)(CU) \tag{10.6}$$

F：新ブランドを知名しさらに入手可能という条件下で実際に試用購入する確率：（表10-1，O_4）

K：新ブランドを知名する確率：マネジャーの判断による

D：新ブランドが入手可能となる確率：マネジャーの判断による

C：新ブランドのサンプルを受け取る確率：導入プランに依存

U：新ブランドのサンプルを受け取った消費者が実際に使用する確率，マネジャーの判断

また，反復購入率は10.7式で推定される。

$$R = \frac{p_{on}}{1 - p_{nn} + p_{on}} \tag{10.7}$$

p_{nn}：今期に新ブランドを購入した人が来期も新ブランドを購入する確率

p_{on}：今期に他ブランドを購入した人が来期に新ブランドを購入する確率

この式は，以下のような単純なマルコフ過程が成立している状況を示しており，今期（t）と次期（$t+1$）で新ブランドと他ブラン

ドのマーケット・シェア（それぞれ x と y と表記する）に変動がない，つまり究極的な状態では定常状態が成立していると考えて，$x_t = x_{t+1}, y_t = y_{t+1}$ として連立方程式を解けば容易に導くことができる。

$$(x_{t+1},\ y_{t+1}) = (x_t,\ y_t)\begin{pmatrix} p_{nn} & p_{no} \\ p_{on} & p_{oo} \end{pmatrix}$$

$$= (x_t \times p_{nn} + y_t \times p_{on},\ x_t \times p_{no} + y_t \times p_{oo}) \quad (10.8)$$

2つのモデルの比較

これまで見てきたように，ASSESSORモデルにおいては，選好モデルとトライアル・リピート・モデルは別々に推定された。しかし，本来同一の集団からデータを収集しており，どこかで答えは一致するはずである。この点からモデルを解釈すると，実質的な意味においては試用購入率の推定と新製品を想起集合に入れる人の割合は誤差の範囲で一致するはずであるし，反復購入率と選択確率もかけ離れた値をとってはならない。

もし，このような対応関係が明らかに成立していないような推定値が得られたら，何らかの誤りが調査プロセスにおいて発生していると疑ってみる必要がある。この数学的にはまったく異なる2つのモデルを比較検討することで，思い込みや測定ミスから発生する誤りを少なくしようというところが，このモデルの優れている点である。

リピート率の重要性

顧客シェア，リピート・ユーザー比率，トライアル・ユーザー比率を時系列で眺めると，**図10-2**のようなイメージになる。最後に，トライアル・リピート・モデルから得られる重要なインプリケーションについて一言触れておきたい。売上げを試用購入と反復購入に分けたのは，顧客の評価の方法がまったく異なるからである。試用購入では，ある意

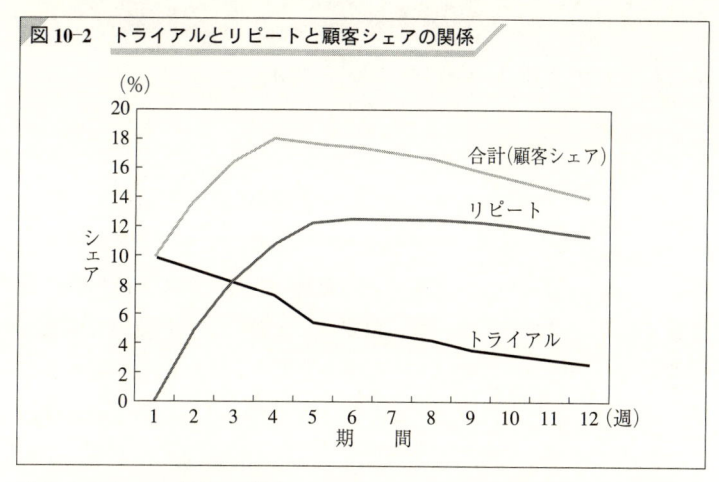

図10-2 トライアルとリピートと顧客シェアの関係

味おそるおそる試しに購入してみるということがあるが，反復購入においては製品に満足しているから再度購入すると考えられる。したがって，導入直後に予想していたよりも売上げが順調であったとしても，リピート率が低いとマーケット・シェアは急速に落ちていくことになる。広告の出来栄えがよかったために試しに買ってみる人は多かったのに，実際に使ってみて失望した場合などが，このケースに当てはまる。

このように，モデルを考えるにあたっては，消費者行動の理論に基づいていることが重要である。よいモデルは使い込むことによって，パラメータの信頼度が増してくることが期待できる。また，マーケティング・ミックスの水準の組合せなどによりいくつかのシナリオをつくっておいて，それに従ってパラメータの値を変化させてシミュレーションを行うことで，無理や無駄のないマーケティング活動を考えることも可能になる。

3 プロダクト・ライフサイクル

> **プロダクト・ライフサイクルの考え方**

マーケティング戦略のSPTを決め，4Pの計画を固めて，必要であればテスト・マーケティングを行い，はじめて実際に販売を開始することになる。その際，重要なことは，①その時点での売上予測に基づいてマーケティング計画を立てること，②販売開始後は売上げを継続的にモニターすること，③予測とずれがある場合は，その原因を追求して速やかに修正すること，④プライシング，プロモーションなどのマーケティング活動の効率を常に評価しアップデートすること，である。

以下では，まずSPTのマーケティング戦略や4Pのマーケティング戦術が市場の時間的展開にどう影響されるかを説明したプロダクト・ライフサイクルの概念を紹介する。実際に販売開始後のトラッキングとコントロールという活動に対する有効なアプローチとして，集計データに基づいた売上予測モデルとマーケティング・ミックス・モデルについては，次節で紹介する。

製品やサービスの売上げや利益の傾向は時間の経過とともに変化すると考えられるため，マーケティング戦略や戦術はこの時間の推移に適したことを行うべきであるということを概念的に説明したものが**プロダクト・ライフサイクル**（PLC）である。消費者の製品に対する普及，採用過程により，PLCでは導入，成長，成熟，衰退と大きく4つの段階に区切り，戦略，戦術，コントロール/トラッキングのための考え方を示している。この時間的過程は，製品カテゴリー（たとえばステレオやテレビ）に適応される場合もあれば，

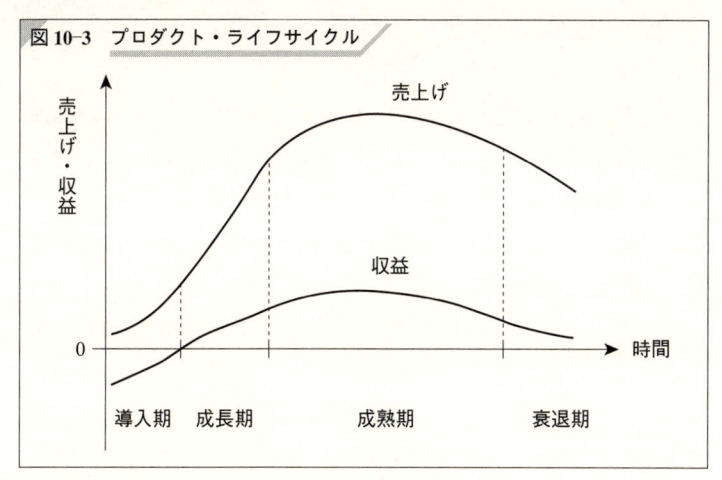

図10-3 プロダクト・ライフサイクル

縦軸:売上げ・収益　横軸:時間
曲線:売上げ、収益
区分:導入期　成長期　成熟期　衰退期

個別製品ブランド(テクニクス・ターンテーブル,カシオ・ポータブルテレビ)に応用される場合もあり,それによってマーケティングにおける重要な要因なども違ってくる。このコンセプトをグラフにしたものが**図10-3**である。

導入期

導入期は売上げが少なく,利益は負か非常に低いレベルである。その理由として,生産者側の要因としては,次のようなものがあげられる。

(1) 生産キャパシティの限界。
(2) 技術的な未熟さから十分な品質が保てない。
(3) 販売,流通体制の遅れ。
(4) 製品を認知,試用してもらうための,多額の広告やプロモーション費用が必要。

また消費者側の要因としては,次のようなものがあげられる。

(1) 従来製品の購買パターンへの惰性から単に変化が起こりにくい。
(2) 新製品の革新的概念に対して,便益やリスクなどの点から抵

抗がある。

(3) 稀少性による高価格から購買を控える。

導入期の長さは製品カテゴリーによって異なり，CDのように短いものもあればプロジェクション・テレビのように長いものもある。また同じ製品でも，導入期の長さは国，文化，消費者セグメントによって異なり，たとえばファクシミリなどは日本ではすぐに普及したが，欧米では長い期間を要した。

成長期

導入期に購入した革新的消費者に新製品が受け入れられると，マスコミや口コミの影響などから一般的そして保守的な消費者が購入を始めて，売上げが大きく伸びてくる。消費者の需要は高いために価格はあまり変わらず，競争企業の参入が始まる。生産の技術的な側面は「学習曲線」によって量が増大，質が向上し，製造単価が下がってくる。広告，プロモーション，流通などのマーケティング費用は増大するが，販売量がそれ以上に増えるために，製品のマージンは大きくなり利益が伸びる。

成熟期

販売数の成長が続くにつれて未購入の潜在的顧客の数が減ってくるため，売上げの成長率が落ちてくる。流通チャネルもほぼ開拓しつくされ，競合企業による参入も本格化してくる。過剰生産，価格競争，広告やプロモーションによる競争などから利益も頭打ちになる。ここで企業が生き残るためには，なるべく早い時点から以下の対策を行う必要がある。強い企業は，これらの対策を成熟期以前の成長期から継続的に行っている。

(1) マーケティング戦略（STP）

① 新しい用途などを見つけて，既存の市場の客単価を増大させる。

② 新しい市場，セグメント，顧客を開拓する。
(2) マーケティング戦術
① 製品を向上させる（これには品質的改良，コストダウンを含めた機能的改良，そしてスタイルや外見上の改良が考えられる）。
② 価格を下げる。
③ 広告を増やし，製品の認知から購入喚起，訴求型のコミュニケーションへ移行する。
④ プロモーションを増大する。
⑤ 新しい流通経路や販路を開拓する。

> **衰退期**

衰退期になると売上げは低下し，利益も下がり，負になる場合もある。ここで難しいのは，その製品が本当に衰退期に入っているのかという判断である。売上げが落ちて利益が少ないのは，ただ単にマーケティング戦略や戦術が間違っているからかもしれない。衰退期にある場合には，残された寿命からどのように最大限の収益を得るのか，という決断が経営者を待っている。具体的には，次のような意思決定が含まれる。
(1) その製品を廃棄するのか，あるいは売却，または譲渡するのか？
(2) その製品の販売をいつ打ち切るのか？
(3) アフターサービスやパーツの在庫をどのように管理するのか？

この節で重要なことは，PLCはあくまでもマーケティング戦略や戦術を考えるガイドラインとして重要なコンセプトを提示しているのであって，個々の市場，製品カテゴリー，製品ブランドにはさまざまな独自の要因が強く影響を与える。そのため実際のトラッキングやコントロールには，次節で紹介されるようなデータに基づい

4 売上予測モデル

売上予測とシェア予測　売上げとシェアには下記のような関係があるので、シェア予測モデルは売上予測モデルの1モジュールとして見なせる。

　　ブランド売上 = カテゴリー売上×ブランド・シェア

　価格をpとして、上の式をpで微分し弾力性を求めると、下記のような関係になることがわかる。

　　ブランド売上弾力性 = カテゴリー売上弾力性
　　　　　　　　　　　＋ブランド・シェア弾力性

　カテゴリー売上を予測する場合は、企業のマーケティング活動のみならず、その製品市場全体に関連するトレンドやサイクル、季節変動性、経済的・社会的要因などを考慮する必要がある。それに対してシェア予測においてはこれらの要因は打ち消されるため、競合企業のマーケティング活動の相対的な効率性が主な影響要因となる。

　シェア予測で重要な点は市場の規定、つまりどの製品はどのサブマーケットに属するかということであり、適切に規定しなければ企業戦略に有用な知見や解釈は得られない。この点はすでに第1章第4節で触れた。

　予測分析のデータ源としては、集計データと世帯別購買データとが利用できる。本章では、売上げやシェアといったマクロ的指標の予測により適した前者のデータを使ったモデルを紹介する。前述のように、後者は、自社の販売であればFSPにより、あるいは市場調査会社からスキャナー・パネル・データとして収集可能であるが、

広範囲な分野での入手はまだ可能ではない。しかし，ブランド・スイッチングのような消費者行動の理解に非常に重要なデータであるとともに，ワン・トゥ・ワン・マーケティングやカスタマー・リレーションシップ・マネジメント（CRM）などの消費者に個別に働きかける新しいタイプのマーケティングにも不可欠なため，消費者別データに基づいたモデルは次章で詳しくカバーする。この種のデータはネット上などで自動的に収集できるため，IT技術の進歩により今後，ますます増えてくるであろう。

集計データに基づいたシェア・モデル

マーケット・シェアに対するプロモーション効果を評価するためには，価格，広告など他の要因を統計的にコントロールする必要がある。これには従属変数をシェアとして，自社と競合企業のマーケティング要因を説明変数として組み込んだ計量経済学的モデルが有用である。しかし，通常の線形モデルでは従属変数の予測値の範囲が制約されないため，シェアが負になったり100%を超えてしまう。また，競合企業のシェアの和は1なので，個々の企業シェアを記述した連立回帰式の誤差項がお互いに相関しているという問題も出てくる。そこで，マーケット・シェアが0と1の間になり，かつ合計が1となるような論理的に整合性のある代表的なシェア・モデルとして，下の式のような**アトラクション（魅力度）・モデル**がよく使われる。

$$MS_i = \frac{A_i}{\sum_{k \in 選択肢} A_k}$$

MS_iはブランドiのシェアであり，A_iはブランドiの魅力度と呼ばれる。このモデルでは，マーケット・シェアは自社の魅力度を自社を含んだ競合企業の魅力度の和で割ったものであり，0と1の間しかとれない。魅力度はその企業のマーケティング要因の関数で，

通常，相互作用を考慮して積乗型で表される。また，マーケティング変数に残存効果がある場合にはラグ項を加えることもある。よく使われる2つの関数型は，**MCI**（multiplicative competitive interaction）と**指数型モデル**である。

$$\text{MCI} : A_i = a_i \prod_k x_{ik}^{b_k}$$

$$\text{指数型} : A_i = \exp\left(a_i + \sum_k b_k x_{ik}\right)$$

x_{ik} はブランド i の k 番目の説明変数，a_i はブランド i のベース係数，b_k は k 番目の説明変数のパラメータである。競合企業の影響をより正確に推定するために，このモデルを発展させて，自社のみならず競合他社のマーケティング要因をも自社の魅力度の変数として組み込んだものがある。パラメータを増やせばモデルはより精密になるが，過剰なパラメータ化を招いて推定値に頑健性が欠けたり予測能力が落ちたりすることもある。したがって，パラメータの数はデータ量とのトレードオフで決めるべきであろう。

集計データに基づいた売上モデル

売上げはシェアと違って，トレンド，季節性，特別なイベントなどにも影響されるため，マーケティング活動の効果を知るには，それらの要因を理解する必要がある。**ベースライン指数**は，トレンド，季節性，不意のイベントが売上げに与える影響を積乗係数としたものである。実際の売上げをトレンド，季節性，イベントで調整したものが**調整済み売上**として定義され，これはマーケティング活動の影響を受けていると考えられる。これを式で表すと，10.9 式のようになる。

$$\text{売上} = \text{ベースライン指数} \times \text{調節済み売上}$$
$$\text{ベースライン指数} = \text{トレンド} \times \text{季節性} \times \text{イベント}$$
$$\text{調節済み売上} = f(\text{マーケティング説明変数}) \quad (10.9)$$

> ベースライン指数の予測

トレンドや季節性を推定するには，大きく分けて**スムージング法**と**ダミー変数法**の2種類がある。スムージング法では，適切に選んだ期間幅による移動平均や移動ミディアンによってスムージングをかけ，売上げの大きな変動のみを残す。期間幅が季節変動周期より長ければ一般的なトレンドが，また，狭い期間幅を使えば期間特有のランダム・ノイズがキャンセルされて季節性が推定できる。とくに，マーケティング変数やイベントの効果が短期的な場合には，これらの効果がトレンドや季節性に吸収されてしまう可能性を減らすために移動平均よりも移動ミディアンを使うほうがよい。

ダミー変数法では，トレンドや季節の影響をダミー変数の係数としてデータから推定する。たとえば，月別の変動を推定したい場合は11個のダミー変数を組み込む。トレンドの場合は時間の線形関数や他の変換関数を入れる。

スムージング法の場合，スムーザーの手法や期間幅の選択などに主観的な判断が必要になる反面，ダミー変数法のように多くのパラメータを推定する必要がないため，データの自由度が多く保たれる利点がある。どちらの方法を用いても，毎年，同じ時期に行われるような季節周期と相関の高いプロモーション活動の効果はベースラインに吸収されてしまい，季節変動と見なされやすい。また，プロモーション効果が長期にわたる場合にも，トレンドとの区別が付きにくくベースラインに含まれやすいため，注意が必要である。

> 調整済み売上を使った効果推定

実際の売上げからトレンド，季節変動，特別なイベントなどの影響を除いた調整済み売上をマーケティング説明変数で回帰することによって，その効果が推定できる。よく使われる回帰式に**積乗型モデル**がある。これは，従属変数，説明変数ともに対数変換した

後に線形回帰を行うもので，10.10 式のように表される。

$$\log(\text{調整済み売上}) = a + b_1 \times \log(\text{説明変数 1}) + \cdots$$
$$+ b_K \times \log(\text{説明変数 } K) + \varepsilon \quad (10.10)$$

このモデルの特徴は，3つある。①従属変数に対する説明変数の弾力性が係数自体になる。②従属変数は説明変数の積乗型なのでプロモーション変数間の相互作用が仮定されている。③説明変数の調整済み売上に対する影響は，b_k の値によって逓減型（$|b_k|<1$）にも逓増型（$|b_k|>1$）にも対応できる。①は，弾力性を計算すれば求められる。また，②と③は，両辺の指数をとることによって確認できる。

この式で問題となる場合があるのが，調整済み売上や説明変数の値に 0 が存在する場合である。店舗別，日別の POS データのように集計単位の細かいデータを利用する場合には，対象ブランドの売上げが 0 という観測値が出てくる。こうした場合には，各観測値に小さな正の値（たとえば 1）を加える方法がとられる。

また説明変数が 0 をとる場合もある。たとえば，ブランドのプロモーションの有無を説明変数に採用する場合に，プロモーションの有無を 0-1 の 2 値変数で表す場合がある。こうした場合には，2 値変数 D_i は対数をとらずに直接代入すれば，下の式のようになる。

$$\log(\text{調整済み売上}) = a + \sum_i c_i D_i + b_1 \times \log(\text{説明変数 1}) + \cdots$$
$$+ b_K \times \log(\text{説明変数 } K) + \varepsilon$$

両辺の指数をとると，下のように定式化できる。

$$\text{調整済み売上} = \exp(a + \sum_i c_i D_i + \varepsilon) \times (\text{説明変数 1})^{b_1} \times \cdots$$
$$\times (\text{説明変数 } K)^{b_K}$$

その他よく使われる回帰式として，従属変数のみを対数変換したものに線形回帰式を当てはめた指数型モデルがある。

時系列モデルによる予測

マーケティング変数の効果が長期に及ぶ場合や季節変動と高い相関にある場合はベースライン売上の推定自体が難しいため、10.9式のような成分分解的アプローチではなく、時系列モデルを用いる方法がある。従属変数の d 次の差 (indifference) を、過去 p 期の従属変数の影響（自己回帰, auto regressive）と過去 q 期のランダム・ノイズの影響（移動平均, moving average）で線形回帰した **ARIMA (p, d, q) モデル**、それに説明変数の時系列分析を加えた**多変量 ARIMA (MARIMA) モデル**などが知られている。

いずれの方法も、時系列式の構造が一意に決まりにくいことや、モデルを推定する統計ソフトが一般的でないなどの理由により、マーケティングではあまり応用されていないが、今後の発展が期待される分野である。

5 マーケティング・ミックス・モデル

モデルの精緻化

新製品の導入が成功し定番製品としてようやく軌道に乗ったら、その製品の売上げを継続的にモニターし、予測成績とずれた場合は速やかな診断と早め早めの対処が求められる。原因はブランドの認知不足なのか、顧客の選好が変化してきているのか、競合ブランドにあるのか、あるいは外部環境によるものなのか。変動の激しい今日の市場では、早い段階で原因を追求して適切な処置をしないと、経営陣が認識した時点ではすでに遅すぎることが多々ある。

図10-4 は消費財の市場を描いたものであるが、このようにさまざまな要因が複雑に絡んだ環境においては、異常事態の早期発見は

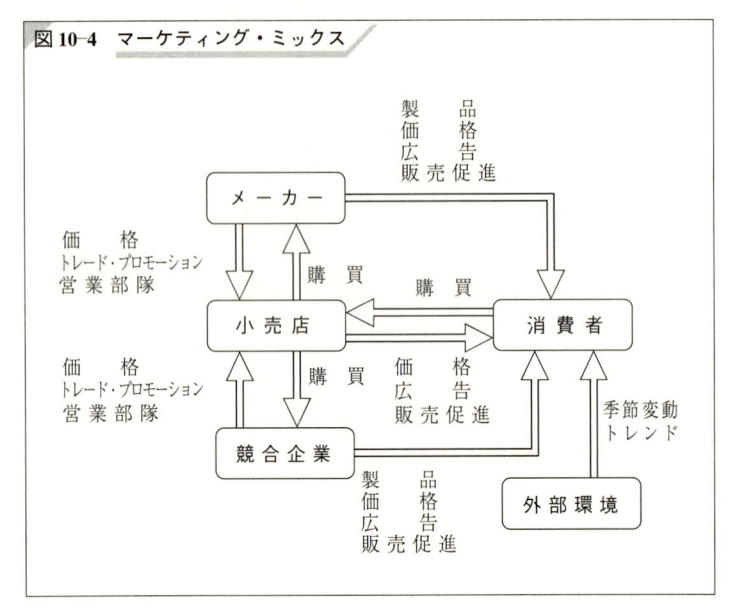

図 10-4　マーケティング・ミックス

```
                              製　　品
                              価　　格
                              広　　告
                              販売促進
                    ┌─────┐
                    │メーカー│
                    └─────┘
  価　　格            ↑↓購買
  トレード・プロモーション
  営　業　部　隊
          ┌─────┐  購買  ┌─────┐
          │小売店│ ⇔     │消費者│
          └─────┘        └─────┘
  価　　格    ↑↓購買  価　格        ↑
  トレード・プロモーション  広　告    季節変動
  営　業　部　隊          販売促進   トレンド
          ┌─────┐                ┌─────┐
          │競合企業│              │外部環境│
          └─────┘                └─────┘
              製　　品
              価　　格
              広　　告
              販売促進
```

難しい。そこで有用になるのが，売上げとこれらの要因の関係をモデル化し基準値を提示するマーケティング・ミックス・モデルである。

すでに第 8 章でプロモーションを組み込んだ簡単なマーケティング・ミックス・モデルは紹介したが，他の 4P のマーケティング変数も組み込み，さらに競合ブランドの影響も考慮に入れた拡張を行うことによって，より精緻なモデルになる。

当該ブランドのマーケティング変数が基準値から外れた場合，売上げは基準値からどのように変わるかをモデル化するのが基本的概念である。通常，マーケティング変数はお互いに干渉し合うため，10.11 式のように表される。

$$S_t = S_0 \prod_k e_t^k \tag{10.11}$$

$S_t = t$ 期の調節済み売上

$S_0 =$ マーケティング変数が標準的な値をとった場合の t 期の売上

$k =$ 価格，広告，プロモーション，セールス・フォースなどのマーケティング変数

e_t^k は t 期の k 番目のマーケティング変数の影響を指数化したモジュールで，単純化のためにそれぞれは独立で設定，測定できるがトータルの効果は相互作用が働くように積乗型となっている。個々のモジュールは，そのマーケティング変数と売上基準値指数 e_t^k との関係を非線形的にそして動的に関係付けたものである。

ここでは，J. D. C. リトルによる代表的な **BRANDAID マーケティング・ミックス・モデル**の例を紹介しよう（Little（1975））。

広告モジュール

(1) 広告投下量

広告は主に，広告支出，メディアの効率，コピーの効果に影響されると仮定し，これらを考慮した広告投下量 a_t を 10.12 式のように定義する。

$$a_t^1 = \frac{h_t^1 k_t^1 X_t^1}{h_0^1 k_0^1 X_0^1} \tag{10.12}$$

$X_t^1 =$ 広告支出

$h_t^1 =$ メディアの効率

$k_t^1 =$ コピーの効果

$X_0^1,\ h_0^1,\ k_0^1 =$ それぞれ上記の要因の基準値

したがって，a_t^1 は標準値では 1 になるように基準化されている。

(2) 長期的広告定常効果

広告投下量 a^1 を長期的に継続した場合に得られる**広告定常効果** $r(a^1)$ は**図10-5**のように，高レベルで飽和効果を表した凹形や低レベルでの収穫逓増効果を組み込んだ S 字形を考える。

図 10-5　長期的広告定常効果

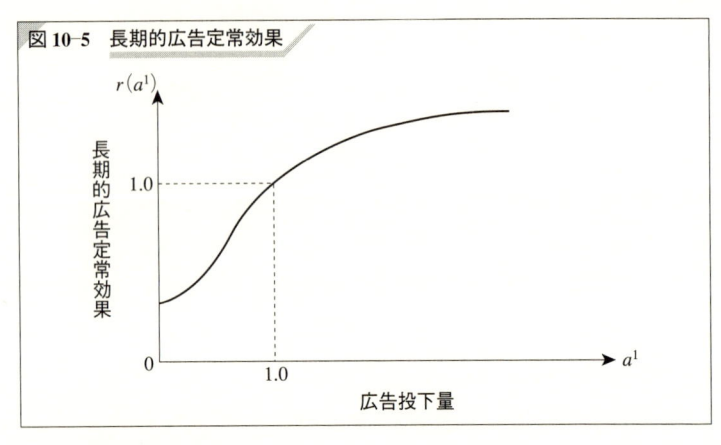

縦軸: 長期的広告定常効果 $r(a^1)$
横軸: 広告投下量 a^1

(3) 動的広告効果

広告効果は投下量の変動に対して長期的に反応するため，10.13 式のような**動的広告効果**を組み込む。$\lambda \in [0, 1]$ はスムージング定数と呼ばれ，前記の広告効果の残存分の効果 λe^1_{t-1} と今期の投下量の効果 $(1-\lambda)r(a^1_t)$ の和が今期の広告効果となるような指数平滑作用が働いている。

$$e^1_t = \lambda e^1_{t-1} + (1-\lambda)r(a^1_t) \tag{10.13}$$

図 10-6 は 1 期以降，広告投下量をそれぞれ基準値の 0，0.5，1，1.5，2 倍に変更，維持した場合の 10.13 式による動的効果を示したものである。

10.11 式の広告モジュール e^1_t は 10.13 式の動的効果で表されているが，それはさらに 10.12 式と定常効果 $r(a)$ によって詳細に定義されている。個々のパラメータの値をデータから客観的に求めるのが難しい場合は，経験豊かな現場のマネジャーや従業員の主観をコンセンサスで集約したデルファイ法などによる決定解析モデルを用いる。

図 10-6 動的広告効果

縦軸: e_t^1 動的広告効果、1.0 基点
横軸: 期間 t、1〜5

曲線ラベル（上から）:
- 2.0×基準値
- 1.5×基準値
- 1.0×基準値
- 0.5×基準値
- 0×基準値

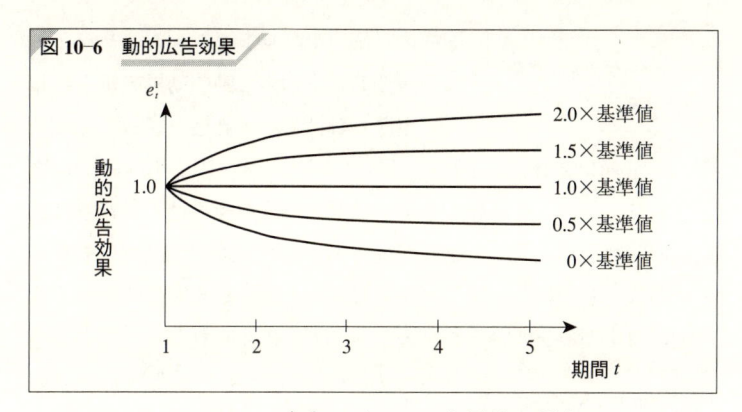

セールス・フォース・モジュール

広告モジュールと同様の概念により，**セールス・フォース投下量，長期的セールス・フォース定常効果，動的セールス・フォース効果**を組み合わせる。

(1) セールス・フォース投下量

$$a_t^2 = \frac{h_t^2 k_t^2 X_t^2}{h_0^2 k_0^2 X_0^2} \tag{10.14}$$

$X_t^2 =$ セールス・フォース支出

$h_t^2 =$ 販売方法の効率

$k_t^2 =$ 販売員の効果

$X_0^2,\ h_0^2,\ k_0^2 =$ それぞれ上記の要因の基準値

(2) 長期的セールス・フォース定常効果 $r(a^2)$

定常セールス・フォース効果は，一般的にS字形か凹形の非線形関数を使う。

(3) 動的セールス・フォース効果

広告と同様，10.15式のような指数平滑関数を用いる。

$$e_t^2 = \lambda e_{t-1}^2 + (1-\lambda) r(a_t^2) \tag{10.15}$$

5 マーケティング・ミックス・モデル

他のマーケティング変数モジュール

同様に，価格やプロモーションのモジュールも長期的定常効果と動的効果を組み合わせて定義すればよい。価格モジュールの長期的定常効果では，S字形や凹形のみならず99円と100円では売上げがジャンプして変化するような端数効果を組み込んだ非連続価格反応関数を導入することも可能である。プロモーション・モジュールの例としては，パラメータの推定がデータから客観的に行える，前述の積乗型モデルや指数型モデルなども考えられる。

競争モジュール

それぞれのマーケティング変数 k において，競合ブランドが当該ブランドに与える影響を明示的に組み込む方法例を紹介しよう。まず，説明をわかりやすくするために，ある1つのマーケティング変数モジュールのみ，たとえば広告を取り上げ，表記を簡素化するために k を省く。そして，e'_b，e_b をそれぞれブランド b の競合を考慮しない指数と，考慮した指数とする。10.11式より，競合を考慮しない売上げ S'_b は S_{0b} をブランド b の基準売上とすると，

$$S'_b = S_{0b} e'_b$$

となるが，ここでは競合を考慮した売上げ $S_b = S_{0b} e_b$，つまり e_b を求めたい。ブランド間の競争の強さを表す指標を下記のように定義しよう。

γ_{bc} = ブランド c の売上増加分のうち，
　　　ブランド b の売上減少による割合

γ_{cc} = ブランド c の売上増加分のうち，
　　　競合ブランド以外による割合

定義から $\sum_b \gamma_{bc} = 1$ になり，$\gamma_{bc} \in (0, 1)$ で，この値はブランド b と c の競争が激しいほど大きくなる。

競合を考慮したブランド b の売上げ S_b は，複数の競合ブランド

c の売上増の影響で S'_b を修正しなければならないため、次のようになる。

$$S_b = S'_b - \sum_{c \neq b} \gamma_{bc}(S'_c - S_{0c}) \tag{10.16}$$

10.16式の両辺を S_{0b} で割ると、競合を考慮したマーケティング変数の指標 e_b が求められる。

$$e_b = e'_b - \sum_{c \neq b} \left(\frac{S_{0c}}{S_{0b}}\right) \gamma_{bc}(e'_c - 1) \tag{10.17}$$

この競争モジュールの利点は、ブランド b と c の競争の度合いをマーケティング変数ごとに設定できることであるが、パラメータの数が多くなるのが弱点である。そのため、ブランド間の競争の度合いがわからない場合、すべてのマーケティング変数において γ_{bc} は競合ブランド b のマーケット・シェアに比例すると仮定して、以下のように表されることが多い。

$$\gamma_{bc} = \frac{S_{0b}}{\sum_k S_{0k}}$$

6 マーケティング・ミックスの最適予算配分

売上げに影響を与えるマーケティング・ミックスにはさまざまなものがある。

たとえばコミュニケーションだけでも、どのメディアに出稿するかにより、マス4媒体やネット広告があるし、販促ではチラシ、特別陳列、サンプル活動、キャンペーンなどが含まれる。それぞれのマーケティング活動にどれだけの予算を支出すれば最大の利益が得られるのかを知ることは、企業にとって非常に重要である。

この節では、すでに紹介された売上予測モデルを使って、いくつ

かの仮定を置くことにより,配分の大まかな目安を求める方法を説明する。この種の手法は,コンサルティング会社でも用いられている。

第6章では,広告支出と売上げの比が,広告弾力性と価格弾力性の比と等しい場合に,利益が最大になるという売上高定率法を導いた。6.6式は「ドーフマン・スタイナー条件」とも呼ばれる。利益を表した6.5式の広告支出 $\{a\}$ を M 種類のマーケティング・ミックス支出 $\{a_1, \cdots, a_M\}$ に置き換えることによって,6.6式を10.18式のように一般化することができる。

$$p \cdot x : a_1 : \cdots : a_M = -\eta : \gamma_1 : \cdots : \gamma_M \qquad (10.18)$$

つまり,利益を最大にするマーケティング・ミックスの支出配分はその弾力性に比例するのである。これは,売上げに影響の大きいマーケティング・ミックス活動には,より多く支出すべきという直感的な解釈と一致する。弾力性 $\gamma_1, \cdots, \gamma_M$ は10.10式の積乗型モデルをデータに適用し,回帰分析のソフトで推定した係数, $b_1, \cdots, b_M$ に等しくなる(コラム⑲参照)。さらにマーケティング・ミックスの総予算に制約があるような場合でも(つまり $a_1 + \cdots + a_M =$ 総予算),価格弾力性以外の部分($a_1 : \cdots : a_M = \gamma_1 : \cdots : \gamma_M$)は成立することが分かる。

この応用例として,企業がコミュニケーション媒体として,テレビ,ラジオ,新聞,雑誌,インターネットを利用していた場合の,利益を最大化するメディア・ミックス配分を考えてみよう。

まず過去のデータから,季節性などを調整した週次の売上数量の対数を従属変数とし,価格と各媒体へ投下した週次の予算の対数を説明変数とした10.10式のような積乗型売上モデルを構築する。回帰分析によって推定された係数は,各説明変数の弾力性になる。利益を最大にするには,各メディアに対する支出額と収入の割合を,

各メディア弾力性と価格弾力性の比に等しくなるよう 10.18 式のように設定すればよい。

ここで注意しなければならないことは，①元となった 6.5 式では，競合の影響やマーケティング変数の長期的効果などが考慮されていない，②積乗型モデルが売上げを適切に表していること，③通常の売上げやマーケティング・ミックス活動の範囲内で点弾力性が安定していること，などである。実際の市場では，10.18 式の結果はあくまでも大体の目安として解釈するべきであろう。

➡ 課 題

1. ある製品カテゴリー，たとえばデジタルカメラや液晶テレビなどを例にとって，プロダクト・ライフサイクルによるマーケティング戦略と戦術の変化を具体的に考えよう。
2. 第5節で示されているように，ブランド売上弾力性はカテゴリー売上弾力性とブランド・シェア弾力性の和であることを導き出そう。
3. 10.10 式において，従属変数に対する説明変数の弾力性が bk となることを確認しよう。
4. 10.10 式の両辺の指数をとり，本文の解説にある②と③を確認してみよう。
5. Web エクササイズ
   http://www2.kke.co.jp/marketingscience にアクセスしよう。

第11章 現代マーケティング①

データベース・マーケティング

> ●イントロダクション:サイエンス的アプローチを実現する
>
> マーケティング・サイエンスの分野で研究されてきたいろいろな手法やモデルを実務に適用する際には、現場特有の環境や状況に適応するように導入されなければ、実際のマーケティング活動には役立たない。日常のオペレーションでは、マーケティング・サイエンス的なアプローチに何を求めているのか、分析の目的は何なのか、データをどのように得るのか、そこにマネジャーの判断をどう織り込むのかといった現実の問題が山のように待っている。これらに対する答えはケース・バイ・ケースで、普遍的なものは存在しない。重要なのは企業が組織として、このようなサイエンス的な文化にコミットして、システムをつくり、その実践に慣れ、それが定着するように学び続けることである。本章では、マーケティング意思決定を支援し、迅速化、効率化、精度の向上を図るためのシステムを考察した後に、データベース・マーケティング、顧客資産の管理、インターネットの影響といった現代マーケティングの課題について見ていきたい。

1 マーケティング意思決定支援システム (MDSS)

マーケティング意思決定支援システム (MDSS) は**図 11-1** に示されたようなデータ、システム、技法が有機的に組み合わされたハードウェアとソフトウェアのことを指す。基本的には、**データベース、統計処理モジュール、意思決定ユニット**、そしてマネジャーとのインターフェイスを担う**ディスプレイ**の 4 つのモジュールから成り立っている。

図 11-1 MDSS

```
外部環境
   ↓
┌─ MDSS ──────────────────────────┐
│   データベース                     │
│    ↙        ↘                   │
│ 統計処理モジュール   意思決定ユニット  │
│    ↘        ↙                   │
│  インターフェイス・ディスプレイ       │
└──────────────↓──────────────────┘
         マネジャー
```

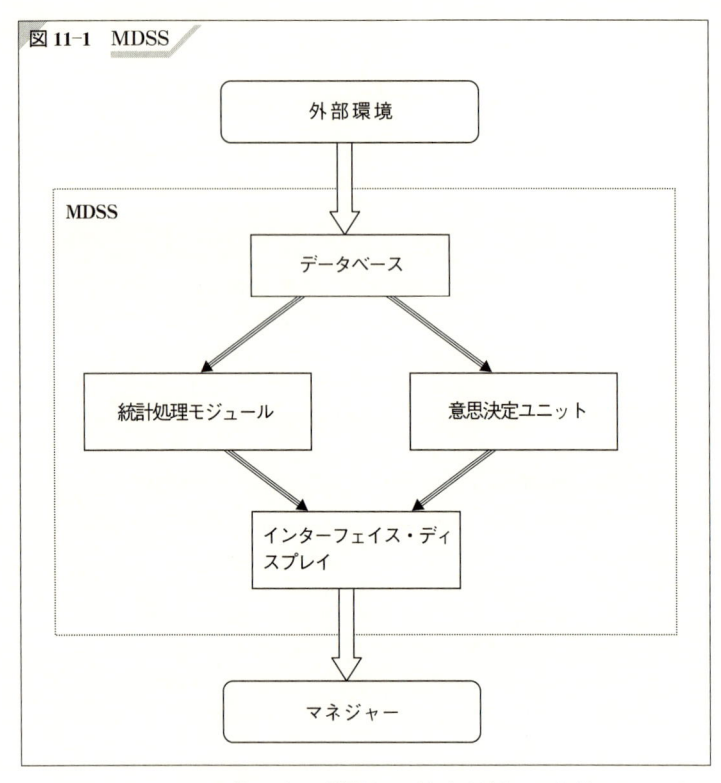

　データベースには第3章で説明した社内記録，2次的なシンジケート・データ，市場調査データ，マーケティング・インテリジェンスとナレッジ・ベースなどが含まれる。統計処理モジュールには，単純な表集計機能から本書で紹介してきた精巧なモデルまで考えられる。意思決定ユニットには，マネジャーの意思決定を支えるさまざまな数理計画法やヒューリスティックスに基づいた最適化モデル，決定ルール，シミュレーション・ツールなどがある。最後に，マネジャーの才能，経験や勘といったものを最大限に引き出すには，入出力を対話型に視覚化できるディスプレイが不可欠である。

MDSS の最初の提言者である J. D. C. リトルは,実用に耐えうるモデルの特徴として①簡単である (simple),②頑健である (robust),③コントロールしやすい (controllable),④適応的である (adaptive),⑤完結している (complete),⑥インタラクティブである (interactive),をあげている (Little (1979))。

MDSS のような,マネジャーと環境との間にインタラクティブな場を提供することによって,客観的なサイエンスの知見がはじめて泥臭い現場で効力を発揮するのである。

2 データベース・マーケティングの有用性

情報技術の進展

1970 年代初めに提唱された MDSS は企業で徐々に実用化され始め,データを用いた客観的で科学的なアプローチをマーケティングにもたらした。しかし 70 年代当時の情報技術を振り返ると,ハードはメインフレーム・コンピュータをタイム・シェアで使い,ソフトでは単純な集計やプログラミングにも専門知識が必要だったため,専門家による初歩的な分析にとどまり,現場のマネジャーによるリアルタイムでのインタラクティブな分析や,視覚に訴えるグラフィカルな分析などには至らなかった。また,データ収集,保存,そして処理能力の限界から分析できるデータは主に集計レベルだったため,マーケティング戦略も平均的消費者を仮定したもの,あるいはせいぜい地域ごとにセグメントしたようなマクロ的なものが主流であり,ワン・トゥ・ワン・マーケティングなどは夢のような話であった。その流れが大きく変わったのが,80 年代初頭のパーソナル・コンピュータ (PC) と 90 年代半ばのインターネットの登場である。

マネジャーのデスクトップにウィンドウズによるグラフィカルな表計算や統計ソフトの搭載された PC が置かれることによって，現場の経験，直感や仮説を活かした分析をその場で瞬時に行い，結果を得られるようになった。また，データ収集，保存，そして処理能力が格段に進歩したおかげで，個々の顧客の購買行動に基づいた顧客ごとのマーケティング戦略による CRM，ワン・トゥ・ワン・マーケティング，データベース・マーケティングなどと呼ばれているマーケティングのミクロ的アプローチが可能となってきた。

また，インターネットでは個々の顧客の閲覧，探索，購買などの情報が自動的に記録されるため，それを**データ・ウェアハウス**という巨大なシステムに保存することにより，必要な角度から自由に情報を切り出し分析することによって，リアル店舗やネットを通じて顧客ごとに異なったマーケティング活動を行うことができる。

データベース・マーケティングの構築

最近は，ほとんどのスーパーマーケット，コンビニエンス・ストア，デパート，ドラッグストアなどで店舗のコンピュータにPOS データが自動的に蓄積されており，SKU レベルでの製品の売上状況をモニターすることによって製品の在庫や仕入管理のみならずマーケティング活動の支援に役立っている。ここで，SKU とはストック・キーピング・ユニット（stock keeping unit）の略で，同一のブランド製品でもサイズ，色，フレーバーなどの違いを区別した，小売店が製品の販売や在庫を管理するときに使う単位のことを指す。製品を基本的な単位として構築しているプロダクト志向的なPOS データは，在庫管理やロジスティックスにはきわめて有効であるが，マーケティング活動には顧客を単位としたカスタマー志向的なデータのほうがより有益である。

昔の「富山の薬売り」や「御用聞き」のように，限られた数の顧

客を相手に売り手が顧客別購買履歴から経験と勘によって適切な製品を売っていくようなことが，情報技術を用いればもっと大きなスケールで可能になる。しかし，顧客ごとに購買を時系列的に整理した顧客別購買記録を収集するには，販売と顧客を関連付けなければならないため，きわめて大掛かりな仕組みが必要である。たとえば第3章で紹介された調査会社によるスキャナー・パネル・データ，小売店などによる顧客ID付きPOSデータ，第7章で触れられたシングルソース・データなどである。

では，なぜこれだけの投資を伴ってもこのような購買履歴データに関心が持たれているのであろうか。情報技術の発達によって，限定的ではあるが購買履歴データの収集が容易になっていることもあるが，それ以上に大きな要因は，売上集計データからではわからないが購買履歴データから得られるマーケティング上の重要な知見があるからである。

また，ネット・ショッピングでは，すべてのオーダーがサーバーに記録されるため，少なくともそのサイトからの購買履歴データは加工しやすい形として自動的に残る。つまり，データの収集に追加的なコストがまったくかからないのである。アマゾン・ドットコム，ツタヤ，ソフマップなどに見られるように，このようなデータをいかにうまくマーケティングに取り込み利用するかということを，多くのネット企業が成功の鍵として真剣に考えている。

3 顧客プロファイル分析

デシル分析

実務家の間では，一般に上位20%の顧客が売上げの80%を占めるという「80-20

の法則」がよく知られている。これは，売上げの多くは優良顧客に集中しているという「たとえ」である。実際のデータを分析してみると，日本のスーパーマーケットの場合約 70-30 が平均的な数値である。

そのため，顧客を購買額によって大きさの等しい 10 のグループに分ける**デシル分析**という手法が，実務家によく使われている。上位 3, 4 グループが高額購買顧客として認識され，特典やキャンペーンなどの DM の対象になることが多い。

RFM 分析 昨年の購買額が高くても，顧客が他の都市に引っ越したため今年はずっと来店していないかもしれない。あるいは，昨年の購買は高額製品 1 回のみによるもので普段の買物は他の店でするかもしれない。

そのような場合，購買額のほかに顧客の最終来店日（recency）や来店頻度（frequency）も考慮に入れることによって，見込み客のより正確な判断ができる。そして，限られた販促予算を見込み客に集中させることによって，より有効なマーケティング活動を行うことが可能となる。これは **RFM**（recency, frequency, monetary value）**分析**と呼ばれ，その顧客の企業にとっての優良度を判断することに使われる。

RFM の 3 指標に対して，上述のデシル分析を使うことも一般的に行われている。つまり，顧客を購買額の大きい順にランク 10 からランク 1 の等しいグループに分けたように，リーセンシーとフリークエンシーによっても 10 から 1 にランク付けをする。このように顧客を RFM (10, 10, 10) から RFM (1, 1, 1) の 1000 個のグループに分類して，セグメント別にマーケティング戦略を立てたり活動を行う。デシル分析ではグループ数が多すぎる場合は，各指標を 3 や 5 のグループに分割する。たとえば (5, 5, 5) と (4, 5, 5) を優

良顧客と見なして，キャンペーンDMを送付したりする。

顧客ベース分析

その会社が所有している生存顧客の数のことを**顧客ベース**と呼ぶ。利益は新規顧客と生存顧客によってもたらされることを考えると，顧客ベースは会社の資産をマーケティング的に理解するうえで重要な指標である。これを時系列でプロットすることによって，財務諸表に表れる前に会社の資産傾向をある程度予測することが可能になる。

デモグラフィック分析

FSPなどでは，会員の申込書や事後のアンケートなどから，性別，年齢，世帯数，収入などのデモグラフィック情報が得られることが多い。来店頻度や購買金額などの購買行動を，これらのデータに関連付けることによって，STP（セグメンテーション，ターゲティング，ポジショニング）戦略に重要な知見を得ることが可能になる。

4　顧客資産

長期的視点に立った顧客管理

一般に新規顧客の開拓は，既存顧客の維持に比べて5～10倍のコストがかかるといわれている。また，競争の激しい環境では，顧客から継続的に購買してもらわなければ利潤が上がらない。製品の販売を業績の単位としたサプライ・サイドの発想では，価格を下げたときには顧客が付いたとしても，通常価格では顧客が競合会社に流れてしまう。顧客を業績の単位としたデマンド・サイドを考慮し，優良顧客や潜在顧客を惹きつけ維持することによって，利潤の薄い価格競争の悪循環を避け，同時にクロス・セリングの機会も得られる。つまり，プロダクト・マネジメントから**カスタマー・マネ**

ジメントへの発想の転換が必要なのである。

このような長期的視点に立った顧客管理において重要な指標が，新規顧客にかかるコストと収益，そして獲得した顧客が生涯においてもたらす利益である。後者は通常，**顧客生涯価値**と呼ばれ，新規顧客からの利益との合計はその会社の**顧客資産（カスタマー・エクイティ）**と定義される。

顧客の購買履歴から1人ひとりの生涯価値を計算することによって，優良顧客を見つけ出したり，CRMのターゲット層を絞ることができる。また，カスタマー・エクイティを時系列的にモニターして経営診断をすることによって，経営傾向の悪化などが財務指標に表れる前に予測することが可能になる。これは現時点のみの状況を記載した財務諸表に有用な補足情報を与える。

カスタマー・エクイティを求める際に重要な概念を説明するために，単純な仮定を置いて実際に計算してみよう。ここではまず，製品は年に最低1回は購買され，顧客の異質性を無視して平均的顧客を考慮する。そして，新規と既存顧客とに分け，それぞれ顧客獲得と維持にかかるコストと収益を検討する。

新規顧客にかかるコストと収益

獲得では潜在顧客1人当たりの投資額 (a) とそれに対応する獲得率 P_a を11.1式のように表す。

$$P_a(a) = A(1 - e^{-ga}) \tag{11.1}$$

ここで，g は投資額が増えると獲得率がどう増えるかを示すパラメータ，また A は投資が無限大のレベルでの獲得率の漸近値を表す。新規顧客からの初年度のマージンを M とすると，潜在顧客1人当たりの初年度の利益 Q は11.2式で表せる。

$$Q = P_a(a)M - a \tag{11.2}$$

新規顧客から初年度の利益を最大化する獲得投資は，11.2式を

a で微分して 0 と置くことで求められる。

既存顧客にかかるコストと収益

維持率は毎年同じであるという仮定を置くと，新規顧客の場合と同様に，既存顧客1人当たりの投資額 (r) とそれに対応する維持率 Pr は 11.3 式のように表せる。

$$P_r(r) = R(1 - e^{-hr}) \qquad (11.3)$$

ここで，h は投資額が増えると維持率がどう増えるかを示すパラメータ，また R は投資が無限大のレベルでの維持率の漸近値を表す。これらのパラメータは決定解析法やデルファイ法などから測定できる。既存顧客からの年間マージンを N（一般化のために新規顧客のマージン M と異なる）とすると，既存顧客1人当たりの y 年目の利益 R_y は 11.4 式のようになる。

$$R_y = P_r(r)^y \left(N - \frac{r}{P_r(r)} \right) \qquad (11.4)$$

ここで，r が $P_r(r)$ で除されているのは，顧客維持の投資は維持したい顧客すべてに対して行われ，その結果 $100 \times P_r(r)$ ％ が維持され利潤 N をもたらすからである。既存顧客の y 年目の利益を最大化する維持投資は，11.4 式を r で微分して 0 と置くことで求められる。

カスタマー・エクイティの計算

潜在顧客1人当たりのカスタマー・エクイティを計算するには，11.2 式の新規顧客からの利益と 11.4 式の既存顧客からの利益を正味現在価値に直して合計すればよい。**図 11-2** は，両者のコスト，収益，獲得率，維持率を時間軸上に示したものである。

d をマーケティング投資に対する期待収益率として，$D = 1/(1+d)$ と置くと，カスタマー・エクイティ $CE(a, r)$ は 11.5 式で表される。

図11-2　潜在顧客1人当たりのカスタマー・エクイティ

(投資額)　　a　　　　　$P_a r$　　　　$P_a P_r r$　　　$P_a P_r^2 r$

維持率　　　　　　　P_a　　　　$P_a P_r$　　　$P_a P_r^2$

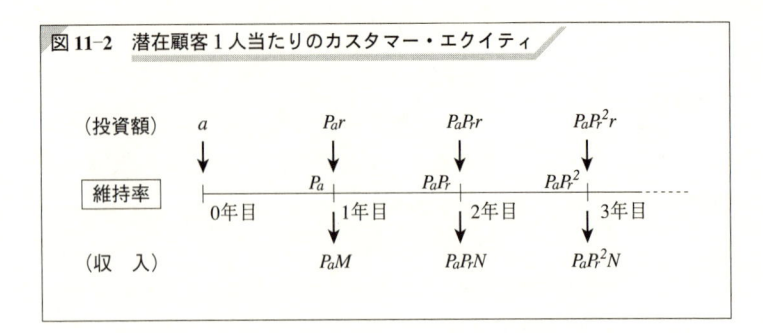

　　　　　0年目　　　1年目　　　2年目　　　3年目

(収　入)　　　　　　$P_a M$　　$P_a P_r N$　　$P_a P_r^2 N$

$$CE(a, r) = Q + P_a(a) \sum_{y=1}^{\infty} D^y R_y$$

$$= Q + P_a(a)\left(N - \frac{r}{P_r(r)}\right)\left(\frac{DP_r(r)}{1 - DP_r(r)}\right) \quad (11.5)$$

カスタマー・エクイティを最大化する獲得と維持の投資レベルは，$CE(a, r)$ を a と r で微分して0と置けば計算できる。この解は獲得と維持投資の最適なバランスを考慮しており，上記の新規と既存顧客からの利益をそれぞれ独立に最大化した値とは，おのずと違ってくる。

　上記の例は単純化した仮定のもとでカスタマー・エクイティを計算したものであるが，拡張することによってより精緻なモデル化が可能である。1つの方向としては，顧客によって投資の獲得率や維持率に対する反応やマージンが異なることを組み入れてセグメントごとにモデル式を推定，計算することである。もう1つの方向としては，顧客として長くとどまっていればマージン N が年々，増えるような動的な変化を考慮することである。

Column ㉓　顧客満足度と従業員満足度

　たとえば，大切な人とレストランでディナーをとっている状況を考えてみよう。料理もサービスもまあまあ良かったとしても，立地や調度品や内装，そのときに同じ空間にいた他の顧客などにより店内の雰囲気は

大きく左右される。すなわち,今日の消費者の生活環境においては,製品以外にも多くの要因が顧客満足に関連していることがわかる。レストランのケースなら,料理の味だけではなく,総合的に考えて再来店したいかしたくないかという評価,すなわち購買後の顧客満足度はその他の要因によっても大きく左右されるのである。

現在のような豊かな社会においては,顧客満足度を高めることにより,顧客ロイヤルティの向上,顧客起点の口コミの活性化,あるいは自社の他商品の購入増を目指すことで,企業業績の向上を図ろうという議論が盛んに行われるようになった。このような中で,顧客満足度の調査が日常的に行われるようになったのである。

顧客満足度調査で注目したいのは,商品が顧客の手に渡り消費されるまでのプロセス全体に目を向けるようになった点である。顧客は,商品・サービスの知覚品質を評価することでそれらに対する態度を形成し,購買行動,購買後の評価を行っていくというこれまでの議論と本質的に変わることはない。しかし,注文したモノがなかなか届かない,あるいは間違って配達されてきた,不良品だったが苦情を言っても対応してくれない,販売員の態度が悪い。このようなことは,今日でもそれほど珍しいことではないだろう。現在では,ちょっとしたことでも顧客満足度を傷つけてしまうのである。

この点については,顧客の事前の期待も大きく作用することも忘れてはならない点である。1泊5万円以上するホテルと1泊5000円のホテル,どちらも顧客を感動させることはできるのである。これは,価格により商品・サービスに期待する品質の内容やレベルが異なるからである。

原材料の調達から生産,流通まで,私たちが商品を手にするまで,今日では非常に多くの組織や人々が関わっている。顧客に価値を提供するまでの長いプロセスはバリュー・チェーンと呼ばれるが,このようなプロセスの中でどこを改善すればいいのかを考えるとき,顧客が総合的に満足しているかどうかの調査は重要なヒントを与えてくれる。

したがって,顧客満足度調査を行うにあたっては,顧客に価値をもたらすプロセスや,顧客の価値にとって重要な要因,その要因の中で競合他社・自社が関与可能な領域を明確にし,調査設計を行うことが重要で

ある。

　また，満足していない従業員が顧客に感動を与えられるわけがないという側面も忘れてはならない点である。顧客満足度調査の結果を見て，いたずらに従業員に負荷をかけるのはかえってマイナスに働くことがある。従業員が心から顧客に満足してもらいたいと思ったら，それが実現するような仕組みづくりを心がけなくてはならない。このような観点から，顧客満足度調査と並行して従業員満足度調査を真剣に行っている企業も多い。サービス・マーケティングでは，とくにこの点は重要である。顧客の不満足の原因と従業員の不満足の原因の両面を考えて，両者の満足度を同時に向上させることで全体最適を図るべきである。

5 インターネットを利用した新しいマーケティング手法

　インターネットの普及，進展は企業のマーケティング活動にもさまざまな影響を与えている。たとえば，インターネットは新しいチャネルとしての役割を果たしている。従来からの通信販売業者だけでなく，多くの企業がインターネットを通じて製品の販売を行っている。クレジットカードなどを利用してインターネット上で決済を行ったり，一部のデジタル型製品のようにインターネットが物流機能も果たしている場合もある。また，インターネットは新しいメディアとしての役割も果たしている。多くの広告やセールス・プロモーションがインターネットを利用して実施されているほか，企業の広報活動においてもインターネットは重要なツールとなってきている。

　さらに，eコミュニティのような新しい場が生まれマーケティング活動の場が広がったことも，インターネットがもたらした影響の

1つとして捉えられるだろう。eコミュニティは，大勢の人々がネットワークでつながっているというインターネットの特徴を活用し，人々が集う場が形成されたものである。その意味で，インターネットの集積メディアとしての性質がうまく活用されたものだと捉えられる。これに対し，インターネットはパーソナル・メディアであるという，もう1つのユニークな性質を有している。

この節では，インターネットのパーソナル・メディアとしての性質を活用した新しいマーケティングの方向について考えよう。

カスタマイゼーション　上述したように，インターネットが新しいメディアやチャネルとしての役割を果たしたり，新たな場を提供することで企業のマーケティング活動の選択肢が広がってきている。こうした点はインターネットの普及が企業のマーケティング活動に与える大きなインパクトだと捉えられるだろう。ここでは，インターネットの影響を，これらとは少し異なる視点から整理しよう。その視点とは，インターネットの普及によって企業と消費者間との関係に大きな変化が起こりつつあるということである。その変化は図11-3に表したような2つの方向で説明することができる。その1つは，これまで売り手側が有していた決定権が買い手側にシフトしてきたということであり，もう1つは，従来は買い手側が行っていた作業が売り手側にシフトしてきたということである。これらを順に説明しよう。

売り手側の有していた決定権の買い手側へのシフトを可能とした例の1つとして，「**逆オークション**」があげられる。これは，プライスラインが「電子商取引における消費者発信型の価格形成システム」でビジネスモデル特許を取得して話題となったものであり，従来，売り手側が有していた価格決定権を買い手側に移行させたシステムだと位置付けられる（http://www.priceline.com/）。また，「空想

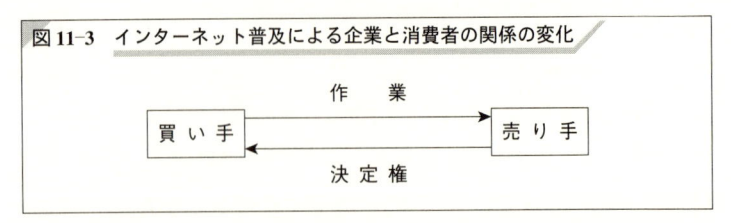

図 11-3　インターネット普及による企業と消費者の関係の変化

```
              作　　業
  ┌─────┐ ────────────→ ┌─────┐
  │買 い 手│                │売 り 手│
  └─────┘ ←──────────── └─────┘
              決 定 権
```

生活」(http://www.cuusoo.com/) や「たのみこむ」(http://www.tanomi.com/) が展開している製品企画サイトは，従来は売り手側が有していた製品企画に関する決定権の買い手側へのシフトを可能としている。

同様に，デルに代表される BTO (built to order) システムは，製品スペックの決定権が買い手側にシフトした例である。現在では多くのパソコン・メーカーが，デルと同様のインターネット上でカスタマイズ製品を販売するサイトを運営している。パソコンのようなアセンブリー製品は，こうしたカスタマイズを行いやすい領域だが，近年ではパソコンなどの製品とは性質の異なる領域でも同様の試みが始まってきている。

これらの例のように，製品やサービスの**カスタマイゼーション**が多くの領域で行われるようになっている。もちろんカスタマイゼーションは，たとえば紳士服のオーダーなどのように以前から行われていた分野も多く存在するし，デルに代表されるパソコンのBTO販売の多くも電話やファクシミリによって注文することができる。しかしながら，カスタマイゼーションを取り入れている企業の多くがインターネットを利用することでその価値を飛躍的に高めているケースが多いことも事実である。

デルのインターネット上の BTO 見積り画面では顧客が選んだシステムの合計金額が掲示されるが，この金額は利用者が選択するスペックを変えるごとに自動的に再計算される。利用者は合計金額を

見ながら自分の欲しいスペックを調整していくことができる。また，後述するパーソナライゼーションの技術を組み合わせることによって，サイトの画面そのものを利用者ごとにカスタマイズすることもできる。こうしたことはインターネットを利用した仕組みの大きな利点である。

買い手と売り手間の関係変化の第2は，「これまで買い手（受け手）が負担してきた作業が売り手（送り手）に転嫁されてきている」ということである。たとえば，パソコンなどの製品の価格の一覧・比較を可能としている「価格比較サイト」は，これまで消費者が行っていた価格に関する情報探索・収集の作業を代行している。これ以外にも，インターネットの普及によってこうした消費者の作業の転嫁が多くの場面で起きている。消費者の買物行動を大まかに捉えると，「店舗選択」「店舗訪問」「製品選択」「決済」「製品運搬」というステップを考えることができる。インターネット上の仮想店舗では，消費者の店舗訪問と製品運搬の作業のすべて，あるいはそれらの一部がカットされている。ただし，これは従来から存在する伝統的な通信販売においても同様であり，本質的な作業シフトは，消費者の店舗選択や製品選択に際しての情報処理負荷の転嫁というかたちで現れていると考えられる。

価格比較サイトや製品・サービスの一覧・比較サイトでは，これまで消費者が行っていた店舗選択や製品選択のための情報収集，情報処理の代行をしている。これらのサイトでは，消費者が負担していた情報処理の代行をいわば汎用的なかたちで行っている。

パーソナライゼーション

以上の売り手と買い手の役割，作業，決定権の変化に伴って，買い手と受け手の個別的対応を実現する仕組みが**パーソナライゼーション**である。パーソナライゼーションとは一般に，「顧客の嗜好や特性に合わせて情報

5 インターネットを利用した新しいマーケティング手法

をカスタマイズし、インターネットを通じて提供する」ことを意味している。現在では、製品やサービスに関する情報が膨大に存在する。通常は、買い手側の努力によってこれらの膨大な情報が探索されたり選別されたりしている。パーソナライゼーションは、売り手側（ないしは送り手側）が買い手側（受け手側）に合わせて情報を選別したり、カスタマイズを行う仕組みである。このことは、売り手（送り手）が、買い手（受け手）の情報処理の代行を個別的に果たす仕組みだと理解することができる。

　パーソナライゼーションの1つの方法は、企業が顧客に対し個別の情報を送ることである。パーソナライズされた情報を送付するための典型的な方法は電子メールによるものである。今日では、セレクト・バインディングのような印刷技術によってカタログ冊子などの構成を個人の好みに応じて変えることもできるようになってきているが、電子メールを利用することで、よりフレキシブルに情報を個別化することが可能となる。

　パーソナライズのもう1つの一般的な方法は、Webサイトのパーソナライズである。デルのプレミアページはその1つの例である。デルでは、法人顧客に対して顧客別の選好やニーズを反映したサイトの個別化を行い、それをプレミアページと名付けている。このように、電子メールやWebサイトを利用することによって、情報の内容を個々の対象者に合致させるように設定することはもちろん、情報提供の体裁や提供頻度を個別化することもできる。また、情報の提供とそれに対する反応とが繰り返されるうちに、徐々に受け手の好みに合致するように進化させていくことも可能である。こうした学習関係の構築もパーソナライゼーションを有効に運用するための重要な要因となる。

リコメンデーション　顧客の視点から，プロモーション対象となる製品やサービスをパーソナライズする仕組みは**リコメンデーション**と呼ばれる。リコメンデーションは文字通り特定の製品やサービスを推奨することをいう。ただし，ここでいうリコメンデーションは，売り手側が売りたいものを推奨するのではなく，顧客の視点から見て，その顧客が買いたいと思われるものを推奨することを指している。このことは，顧客個人ごとの嗜好やニーズを適切に把握することによってはじめて可能となる。

リコメンデーションをシステマティック，かつ継続的に行う仕組みは，**リコメンデーション・システム**と呼ばれる。リコメンデーション・システムは，その性質によって大きく2つに分けることができる。1つはプッシュ型の売り手によるリコメンデーション・システムであり，もう1つは買い手の関心を中心として，売り手からは中立的な立場をとる第三者（エージェント）による待ち受け型のリコメンデーション・システムである。

プッシュ型リコメンデーションの代表的な手法は**協調フィルタリング**である。この方法を利用した例としては，アマゾン・ドットコムの「インスタント・リコメンデーション」があげられる。これは，それぞれの顧客の過去の購買結果に基づいて書籍を推薦してくれるサービスである。ここではまず，顧客の購買行動によって類似した顧客がグループ化される。そして，類似顧客が過去に購買し，かつ，当該顧客が買っていないものが推奨されるという仕組みである。この仕組みによって，顧客は膨大な書籍の中から，過去に購買した書籍と関連性の高いもの（したがって自分の興味・関心に合致する可能性の高いもの）に絞り込まれた書籍の情報を受け取ることになる。

上記とは少し傾向が異なるが，やはり，消費者の情報探索を代行するものとして，アメリカの百貨店のノードストロームが1994年

から行っている「ノードストローム・パーソナル・タッチ・アメリカ」というサービスがあげられる。このサービスは、ノードストロームの顧客が電子メールによって買物に関する要望・相談を送ると、担当者がそれに答えてくれるというものである。たとえば、顧客が「パーティに着ていくためのこういった色とスタイルで何ドル程度のドレスが欲しい」というような要望を送ると、担当者はそれに合致する製品の情報を集めて紹介してくれる。日本でも高島屋が「セクレタリーサービス」という名前で同様のサービスを始めている。

待ち受け型のリコメンデーション・システムの最も単純な例は、買い手の製品の比較、評価を助けるために製品属性や価格を整理、体系化する単純なオーガナイザーがある。家電量販店などでは、消費者の製品選択を助けるためにブランドを「行」にとり、属性を「列」に整理した諸元表が棚に提示されているのをよく見かける。Web 上ではこれにインタラクティブ、かつ個別に対応ができるため、買い手が候補製品と必要属性を指定することによってカスタマイズされた諸元表が提示される仕組みになっている。

また、無数に存在する e コマース・サイトを Web クラウラー（検索エンジンのようなソフトウェア）が 24 時間中、検索し回って必要な情報をデータベースに保存することにより、買い手がカテゴリーを指定すると、提供するコマース・サイトのリストを価格や諸費用の順にオン・デマンドで提示するショップ・ボットなどもある。

さらに複雑なシステムとしては、買い手から製品に対する希望や好みを聞き出してルール・ベースなどの AI（人口知能）手法により、ふさわしい製品やブランドを提示する CASE（computer assisted self explication）やバイヤー・エージェントなどがある。

6 データベース・マーケティングの今後

データベース・マーケティングの課題

成熟した経済社会でとくに重要なことは,個々の消費者(顧客)の違い——製品に関する選好やマーケティング刺激に対する反応の異質性——を十分に認識し,それに適切に対応することである。マーケティングでは,セグメンテーション,ターゲティング,ポジショニングを基礎とした差別化された製品の提供や,顧客によって異なったマーケティング活動を実施することなどが,早い時期から行われてきた。

近年の情報技術の発達により1人ひとりの顧客データを集計せずに容易に収集,保存できるようになったおかげで,上記の差別化や個別化はますます重要になっている。たとえば,POSシステムにFSPを組み合わせることによって,顧客の購買履歴を時系列的に収集することができる。インターネットなどでは,顧客のとったアクション——カタログ請求,問合せ,購買——はもちろん,購入前に閲覧されたページ履歴までがログ・ファイルに自動的に蓄積される。これらの膨大なデータが集計されずに保存されているということは,1人ひとりの顧客を深く理解し,より効果的なマーケティングを実践するための情報があふれているということである。

しかし裏を返せば,このような個人レベルのデータから有用な知見や知識を得なければ,これらは保存に厄介な単なるゴミであり,情報にはなりえない。現在多くの企業は,この大量のデータからいかに有用な情報を抽出して,それをマーケティングに利用するかに行き詰まっている。たとえば,購買金額に基づいた単純な一律還元

ポイント・システムを考えてみよう。現在は，このシステムを通じて，多くのスーパー，百貨店，航空会社が似たような報奨を提供しているため単なる値引き合戦による過当競争を生み出している。そして，企業は「FSPを導入したのに利益が上がらない」と首をかしげ，消費者は困惑し，似たような競合企業のロイヤルティ・カードを数多く持ち，もはやロイヤルティの役目をなしていない。

問題はハードの進歩にソフトの進歩がついていっていないことなのである。ハードで競合企業に追いつく，あるいは競合企業にキャッチアップされるのは簡単である。同じ情報システム・ベンダーのシステムを取り入れればよいからである。ハードのみに頼っていては，最新のハードを導入する東南アジアの競合企業にもすぐに追いつかれ，逆に低賃金の優位性によって追い越されてしまう。企業としての本当の競争優位は，製造業を含めてソフトで決まるといっても過言ではないだろう。

ベイズ的アプローチの有用性

平均的消費者という概念がマーケティングにおいて無意味になりつつある今日では，個人レベルのデータを平均値や分散に集約してから分析をしてしまっては，非集計データのメリットを十分に活かしているとはいえない。その第一歩として，記述統計を非集計レベルで行う探索的非集計データ分析，通称，**データ・マイニング**と呼ばれている手法が広く使われ始めている（コラム㉔参照）。さらに高度なモデル分析においては，計量経済，そして最近ではとくにベイズ統計を用いたミクロ的モデル解析が，マーケティング・サイエンスに新たな進展をもたらしている。では，なぜベイズ統計が注目されているのだろうか。

経済学では政策変数が全体集合に与える影響を集計的に推定するのが，主な興味の対象だった。その際，個人間の異質性というもの

は推定にバイアスを与える厄介な問題として克服されなければならなかったのだが，それ自体は論争の中心にはなりえなかった。たとえばランダム係数モデル（random coefficient model）ではパラメータに分布を仮定することによって異質性を説明しているが，計量経済での関心はこの分布の中心値とばらつき（平均と分散）を正確に推定することであり，個々人のパラメータの推定にまで足を踏み込むことは稀だった。

これに対して，ワン・トゥ・ワン・マーケティングや CRM では1人ひとり個別に働きかけることも多いため，顧客ごとにユニークなパラメータの値を知ることは実務上，非常に有益である。しかし，個人特有のパラメータは基本的にはその個人のデータから推定するので，絶対的なデータ量が不足しており，推定が不可能か，たとえできても推定値にそれなりの不確実性が伴う。マーケティングでは，この小サンプルによる不確実性とそれに基づいた意思決定におけるリスクを正確に把握して，最適なマーケティング政策を計画・遂行することが重要なのである。平均や分散のような少数のパラメータを大勢の消費者のプールされたデータから点推定し漸近理論に基づいて yes/no の仮説検証を行うのとは根本的に異なり，ここでは「パラメータ自体が分布を持った確率変数」と考えるベイズ的アプローチがとくに有効なのである。

コラム㉕では，このようなミクロ単位の視点を取り入れた新たなマーケティング意思決定支援モデルの手法として，個々の消費者を学習能力が備わった相互作用するエージェントと見立ててマーケット全体をシミュレーションによって分析する**マルチエージェント・シミュレーション**（multi-agent simulation）を簡単に紹介する。

マーケティングにおいては，いまや情報がその有効性を左右するキー・ファクターであり，それを有効に活かす企業こそが競争優位

に立つ。個人の異質性を考慮したミクロの観点からの分析は，マーケティングが今後，消費者により有用なメリットをもたらし，企業，社会全体の発展を促すことを助けるであろう。

Column ㉔　データ・マイニング

通信，金融，流通などの業界を中心として，マーケティングの領域でもデータ・マイニングの利用が進んでいる。データ・マイニングは一般に，「大規模なデータベースから，意味のある規則性，パターン，関係などを発見するプロセス」というように理解されている。このように，データ・マイニングは幅の広い概念であり，その目的や具体的な分析手法は多岐にわたっている。よく利用される手法として，決定木（decision tree），アソシエーション・ルール（association rule），ニューラル・ネットワーク（neural network）などがあげられる。

データ・マイニングを利用する目的もさまざまであるが，それらを大別すると，「判別」「クラスタリング」「近傍グループ化」「推定」「プロファイリング」という5つに整理できる。以下では，それぞれについて簡単に説明しよう。

(1) 判　　別

判別は，すでに分類されている複数のグループの1つに，対象を割り当てることを指す（コラム⑬参照）。たとえば，既存顧客のデモグラフィック属性や購買パターンを分析し，「自社顧客から離脱するか否か」を判別したり，購入見込み客の特徴を分析し，「購入するか否か」を判別することは，典型的な判別の例である。判別のためによく用いられるデータ・マイニング手法には，決定木，ニューラル・ネットワークなどがある。

決定木は，さまざまな説明変数の値に基づいて対象となるサンプルを分割することによって，目的変数をうまく識別するための手法である。たとえば，目的変数が購買の有無，説明変数が，年齢，性別，年収などのサンプル属性である場合，サンプル属性の値を利用して，購買ありのサンプルと購買なしのサンプルとを識別する。このとき，木構造を使って順次サンプルを分割していくため，決定木という名前が付けられている。分割の基準には，エントロピーやジニ係数などが利用され，分割の

正確性が改善されなくなるまでプロセスが続く。

ニューラル・ネットワークは,脳組織を模倣した仕組みによって予測や分類を行う手法である。大量のデータと教師信号に基づいて,モデルのパラメータを更新する,「学習」と呼ばれるステップが繰り返される。複雑な非線形の関係を,事前にモデルの関数型を指定せずに,柔軟に「学習」できることがこの手法の利点である。

(2) クラスタリング

クラスタリングは,多様な特徴を有する集団を,いくつかの互いに類似したグループに分類することを指す。(1)の「判別」ではあらかじめ分けるべきグループが決められているのに対し,「クラスタリング」では事前に定められたグループは存在しない。たとえば,過去の購入商品の種類に基づいて顧客を複数のクラスターに分類したり,顧客による買われ方の類似・相違に基づいて商品を複数のクラスターに分類することは,クラスタリングの例である。第4章で紹介されたクラスター分析,潜在クラス分析は,クラスタリングのための代表的な分析手法である。この他,自己組織化マップもクラスタリングに利用される。

自己組織化マップは,教師信号のないニューラル・ネットワークのアウトプットを可視化したものである。多次元データ(多数の変数)の情報を圧縮して,低次元の位相(距離)を持ったマップを構築する。通常は2次元に描いたもので,関連が強い対象ほど近いポジションに位置する。

(3) 近傍グループ化

近傍グループ化は,何と何が同時に発生するかを特定することを目的とする。たとえば,小売店舗の来店客が,買物カゴの中に何と何とを一緒に入れる傾向があるのかという同時購買を分析することは,近傍グループ化の典型的な例である。近傍グループ化のための分析手法としては,本章で説明されている協調フィルタリングのほか,アソシエーション・ルールなどがある。

アソシエーション・ルールは,たくさんのイベントや事象の関連性をIf [A] − Then [B] の形でルール化したものである。Aという事象が観察された場合に,Bの起こる確率(条件付き確率)が高くなることを

利用して、上述した小売店舗の同時購買の分析や、顧客の分類（たとえば金融業ではローンを払えなくなりそうな顧客の予測）などに応用されている。

(4) 推　　定

判別が「購入客」と「非購入客」などのように、あらかじめ特定したカテゴリーへの分類を行うのに対し、推定は「ダイレクトメール（DM）への反応確率」などの連続的な値を出力する。出力された値を閾値によって分類すれば、判別に利用することも可能である。たとえば、DMへの反応確率が0.5以上の顧客をターゲット顧客だと判別することは閾値を利用した例である。DMへの反応確率を推定することや、過去の利用履歴と顧客属性に基づいて各顧客の生涯価値を推定することは、推定の典型的な例である。推定のための手法としては、回帰分析、ニューラル・ネットワークなどが利用される。

(5) プロファイリング

プロファイリングはデータベースをもとに、現状を分かりやすく記述することを目的としている。たとえば、ネット上の口コミ・データをもとに個人間の影響関係を記述したり、ブランド・スイッチのデータを利用してブランド間の競合構造を記述することは、プロファイリングの例である。プロファイリングに利用される手法には、リンク分析、アソシエーション・ルールなどがある。

Column㉕　マルチエージェント・シミュレーション

いままでのシミュレータは、システム・ダイナミクスの手法を用いるものが主だった。これは、中央集権的なシステムがシミュレーションの管理機能を一手に引き受けるもので、各種の機能に命令を下す「トップダウン」方式により機能を管理し、結果を吸い上げ、その結果の総和をシミュレーション結果として出力するものである。この手法では、全体の結果は、正確にその部分の総和に等しくなるわけで、このようなシステムを線形システムという。また、このように、ものごとを各要素に切り分け、その要素1つひとつを解明していくことによって、ものごと全体を把握していく考え方を還元主義と呼ぶ。ところが、いままでの還元

主義に基づくシステムでは要素間の相互作用を明示化しないと,それらの要素を組み合わせても全体解決できないケースも多く存在する。

構成要素のうち,とくに主体性を持ち自律的に行動するものをエージェントと呼ぶ。エージェントという用語は多くの分野においてさまざまな意味で使われるが,最も適切な表現といえば,行為者や代理人など,独自の目的を持ち,それを効率的な方法で実現しようとする実行主体といえよう。分析対象となるエージェントの構成単位もさまざまで,小さいものでは神経細胞の集合体やモジュール,大きくなると1人の人間や人間の集団組織などが単位となる。マーケティングの応用では,エージェントは通常,顧客,消費者,小売店,企業などを想定している。

自らの価値基準に従って自分の行為を自由に選択できるような自律的なエージェントが,多数共存する環境がマルチエージェントであり,それを使ったシミュレータがマルチエージェント・シミュレーションと呼ばれる。システム・ダイナミクスとマルチエージェントの違いは,エージェント同士の相互依存関係にある。システム・ダイナミクスでは,神のような立場にある「システム」が,構成要素1つひとつを絶対的に支配しているが,マルチエージェントでは,エージェントが主役で,神のような存在はない。エージェントがどう動くかはそれぞれのエージェント次第で,エージェント同士がどのように関わり合うかもすべてエージェント同士の取決めで決まる。エージェント同士の相互作用により,やがてシステム全体の流れのようなものが創発され(ボトムアップ),その流れが今度は逆にエージェントにフィードバックされて,また個々のエージェントの振舞いを決定していく,という循環に特徴がある。

➡課題

1. インターネットのサイトから,パーソナライゼーションやリコメンデーション・システムの例を探して,それらの特徴を整理しよう。特徴を整理する際には,アマゾン・ドットコム,ツタヤ,ソフマップなどのサイトを参考にしてみよう。
2. 11.5式を導いてみよう。
3. Webエクササイズ

http://www2.kke.co.jp/marketingscience にアクセスしよう。

第12章 現代マーケティング②

ブランドの評価と測定

> ●イントロダクション：見えないものを測る
>
> ブランドとは，単なる名前，ロゴ，商標ではない。ブランドは企業にとっての見えざる資産の最も重要な構成要素であり，人々のさまざまな消費体験とともに，ある意味世界として記憶の中に存在するものである。最近では，ブランドが企業にとってきわめて重要な資産であることに異論を唱える人は少なくなった。もし，卓越したブランドを本気でつくりたいと思ったら，ブランド価値の現状を知りたくなるのは当然であろう。しかし，どのようにすればブランド資産が高まるのか，ブランドの価値をどのように測定したらいいのかという話になると，突然議論が混乱してくるように思われる。本章では，どのようにブランド価値を測定するのかという点に焦点を当てて議論を整理し，いくつかの代表的な測定法についての説明を行いたい。

1 ブランド資産

　ブランドが興味深いのは，個人個人の記憶でありながら，それらは人々の中で連結し構造化していることである。ブランドの意味世界は社会の中で共有され体系化されているという意味で，一種の社会的な記憶であるということもできる。愛を告白し婚約を申し込むために，給料の3カ月分をはたいて"永遠に輝く"ダイヤモンドを購入するという行為も，このような社会的記憶に基礎を置いている。ブランドは，単なる製品を超えており，パーソナリティを持つことに注意しなくてはならない。

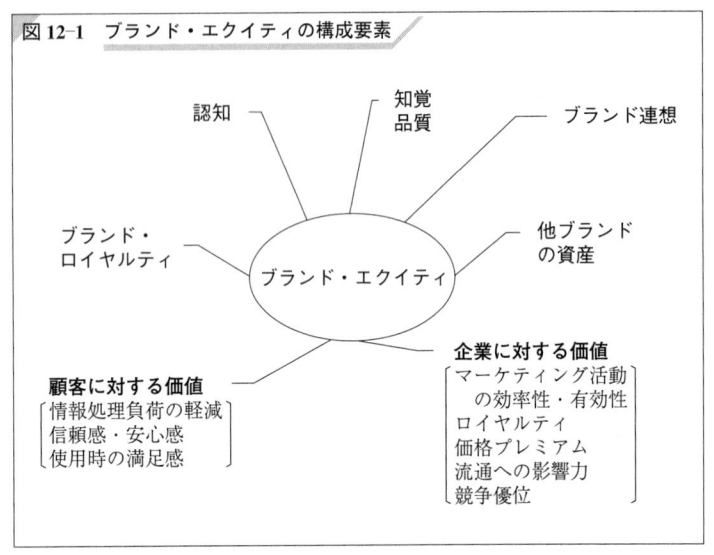

図 12-1　ブランド・エクイティの構成要素

```
         認知    知覚
                 品質           ブランド連想
  ブランド・
  ロイヤルティ                  他ブランド
                ブランド・       の資産
                エクイティ

  顧客に対する価値          企業に対する価値
  ┌情報処理負荷の軽減┐      ┌マーケティング活動┐
  │信頼感・安心感    │      │ の効率性・有効性 │
  └使用時の満足感    ┘      │ロイヤルティ      │
                            │価格プレミアム    │
                            │流通への影響力    │
                            └競争優位          ┘
```

このようなブランドは、図 12-1 に示されているように、企業にとっても、顧客にとってもさまざまな大きな価値をもたらす。また、ブランドに対する**ロイヤルティ**、**ブランド認知**、商品・サービスに対する**知覚された品質**、ブランドからの**連想**、他の**ブランド資産**といった多様な要因が、無形資産としてのブランドの価値を構成している。

Column㉖　ブランド・パワーの高い企業は利益率が高い

図 1 は、日経 BP 社の行っている、ブランド・ジャパン 2002 のコンシューマー市場編に含まれているブランドの中から日経 225 社に含まれているものを抽出し、その上位 100 位の売上高経常利益率の時系列データをグラフ化したものである。

これを見ると、ブランド・パワーの高い企業は利益率が高い、すなわち儲けているということがわかる。とくにその傾向は、バブル崩壊以降に顕著になってきたことがグラフから読み取れる。ただし、ブランド・パワーは 2002 年度のもののみを用いており、現時点で卓越した企業業

図1 ブランド・ジャパンのランキングと経常利益との関係

(%)

売上高経常利益率

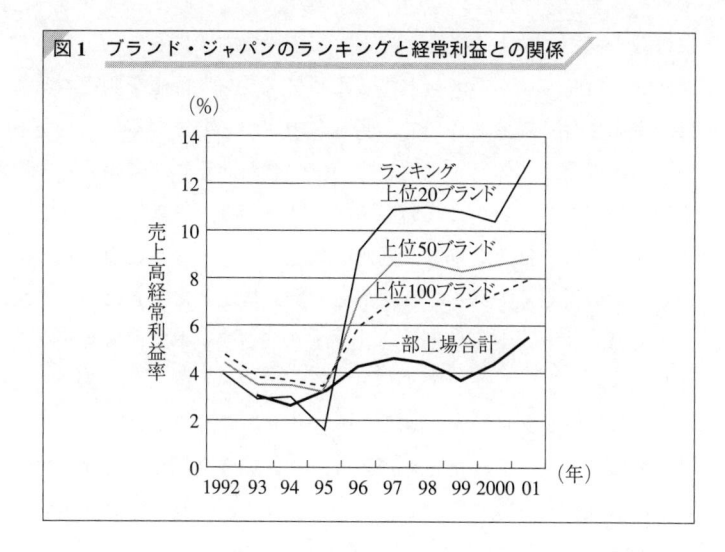

- ランキング 上位20ブランド
- 上位50ブランド
- 上位100ブランド
- 一部上場合計

1992 93 94 95 96 97 98 99 2000 01 (年)

績を上げていることがブランド評価に色濃く反映していることに注意しなくてはならない。卓越したブランドだから卓越した業績をもたらすのか、その反対に、儲けている企業だから人々から賞賛されているのかは、この図だけから判断することはできない。しかし、ブランド価値と企業業績が結び付いていることはきわめて明白な事実であり、しっかりと認識しておくべき重要な点である。

2　ブランド力の測定

測定対象としてのブランドの分類

このように、"ブランド"という言葉はさまざまな側面を持っているために実際には多義的に用いられている。ブランドは、"グッチ"のバッグが好きなOLにとってのブランドでもあり、時

には数千億円にも上る投資家にとっての投資対象にもなる。しかし，ブランド資産をマネジメントするためにブランド価値を測定するには，測定される対象についての明確な規定が必要になる。これがあいまいな場合，一体何を測定しているのかわからず，議論のための議論に陥ってしまいかねないからである。ブランドの規定はさまざまだが，ここでは，ブランド価値を数量化するという観点から，次のように分析対象であるブランドを分類し規定しておきたい。またここでは，ブランド価値を生み出すものを**ブランド力**と考えることにしよう。

(1) **個別ブランド**：ある製品カテゴリー内の，個々の製品についているブランド。たとえば，ビールという製品カテゴリーにおけるスーパードライ。ここでは，1つひとつのブランドが分析対象になる。

(2) **ブランド・ポートフォリオ**：ある特定の組織の中に，異なるブランドが複数存在する場合がある。ソニーには，PlayStation, VAIO, Cybershot, Walkmanといった複数のブランドがある。このような複数の子ブランドが，ソニーという親ブランドのもとでマネジメントされている。そのほかに，たとえばラルフ・ローレンやグッチのケースのようにバッグや服飾，アクセサリー，フレグランスといった複数の製品カテゴリーに，1つのブランド名が共通して使用されるケースもここに分類したい。要するに，個々のブランドの集合をどのようにマネジメントすべきかを考えるときには，集合としてのブランドが分析対象となるということである。

(3) **コーポレート・ブランド**：ソニー，トヨタ，GM，ロレアルというように，ブランドの集合体としての企業全体を指すブランド。たとえば，ロレアルはメイベリン，ランコムなど数多く

のブランドを所有しているが，それぞれが独立したブランドであり，顧客に対しては意図的にロレアルとの関連性を伏せている。顧客に対しては，ランコムという高級化粧品のイメージとロレアルという企業イメージを結び付けるメリットがないからである。しかし，投資家に対しては積極的にこれらのブランドを所有していることをコミュニケーションしている。それは投資家が興味を持つのは，無形資産の集合体としての"ロレアル"の価値だからである。そのような場合は，コーポレート・ブランドに関心が集まるが，コーポレート・ブランドを考えるときはブランド以外の知的資産などの無形資産全体が対象となる点に注意しなくてはならない。

ブランド力測定のための方法

このように，同じブランドといっても測定するレベルは多様である。どのレベルのブランド力をなぜ測定するのか，はっきりした意図を持っていなければ，意思決定するのに必要となる有用な情報は得られない。とくに，どのレベルのブランド同士を比べているのかを明確にすることは重要であり，レベルをまたいだ比較は無意味である。特定の製品カテゴリー内の個々のブランド間競争を分析対象とするのか，投資対象となるコーポレート・ブランドを評価するために分析をするのか，個別のブランド間の相互関連を分析するのか，測定されるレベルに応じて必要とされるデータも異なってくるからである。ブランド力測定のために一般的に収集され利用される主なデータには，以下のようなものがある。

(1) 顧客の購買データ：情報技術の発展により，同一製品カテゴリーにおけるブランドの価格，プロモーションなどのデータとともに，個々の顧客の時系列の膨大な購買データが利用可能になっている。

(2) 財務データ：企業の財務諸表といった財務的なデータ。ただし，これらは無形資産の評価のために整理され蓄積されているわけではない。
(3) サーベイ・データ：アンケート形式で収集されるデータ。既存顧客，潜在顧客，生活者一般，有識者やオピニオン・リーダー層，企業の担当者といった人たちからの主観的な意見。
(4) 参与観察：実際に製品を購入して使用している顧客を，生で観察するフィールドワークから多くのことを学ぶことが可能である。ただし，数量化には向いておらず，他のデータとの突き合わせも困難である。

とくに，ブランド価値を金額的に評価することに関心がある場合には，上で述べた財務的データを中心にすえることになる。このようなアプローチにも次のような3つのタイプがある。

(1) **コスト・アプローチ**：歴史的原価法——ブランドに対するこれまでの累積支出を，ブランド資産を算定する基礎とする。**再調達原価法**——ブランドを市場から再調達するのに要する支出や，そのブランドが現在M&Aの対象になった場合の市場価格を基礎に算定する。
(2) **マーケット・アプローチ**：企業の時価総額から無形資産により生み出される部分を取り出し，その一部であるブランド資産をマーケットの客観的な指標の関数として測定する。金融市場価値（株式時価総額）はフェアな将来キャッシュフローの推定を反映していると考えられるから，これを有形資産と無形資産の和と考える。無形資産はさらに，ブランド資産価値，競合と相対的に比較した場合のノンブランド要因による価値（R&D，特許など），規制など独占利益を許す業界の要因による価値に分解される。ブランド資産価値は広告費シェア，市場参入順位，

表 12-1　ブランド価値測定のデータとレベル

	個別ブランド	ブランド・ポートフォリオ	コーポレート・ブランド
顧客の購買データ	◎	△	×
財務データ	×	△	◎
サーベイ・データ	○	○	○
参与観察	○	△	×

市場存在年数などの客観的な指標によって決められ，それらの影響度は市場データから推定される。

(3) **インカム・アプローチ**：ブランドがもたらす将来のキャッシュフローの割引現在価値によって，ブランドの資産価値を算定する。算定のためには，将来キャッシュフローの予測データと割引率という2つのデータが必要となる。ここで，将来キャッシュフローの予測値には不確実性があるため，これをどう考慮するかによって2つのアプローチがある。1つは「**伝統的アプローチ**」と呼ばれるものであり，この方法では不確実性が高いほど割引率を高くする。もう1つは，「**期待キャッシュフロー・アプローチ**」と呼ばれ，将来のキャッシュフローに関する最低限の値を求め，それを通常の割引率で割り引く。

このように，収集することが可能なデータにも多種多様なものがある。リサーチをする前に，自分が何をしたいのか，それはなぜ重要なのかといったことを理解していないと，とんでもない迷路に迷い込んでしまうことがわかるであろう。ここで，ブランド価値測定のレベルとデータとのマッチングを**表 12-1**として示しておく。◎，○，△，×は，それぞれの測定レベルに対する各データの有用性の高さを，上記の順で表している。

| ブランド固有魅力度の把握 |

個別ブランドの競争力についての測定に関しては,すでにいくつかの数理モデルを紹介した。ブランド選択モデルにおけるブランド別の定数項は,価格やその他の属性が同じ水準であったときの,そのブランド固有の魅力度を表している。あるいは,ブランド・ロイヤルティ変数はモデルの説明力を高めるためによく組み込まれる変数であることもすでに見てきた。

ここでは,スキャナー・パネル・データのような消費者の購買履歴データをもとにして,市場におけるブランドの価値を測定する方法について説明しよう。

12.1式は第2章および第8章で説明した多項ロジット・モデルである。また,12.2式は,ブランドiの確定的効用を表している。

$$P(i|C) = \frac{\exp(V_i)}{\sum_{j \in A} \exp(V_j)} \quad (12.1)$$

$$V_i = \alpha_i + \sum_k \beta_k X_{ik} \quad (12.2)$$

12.2式のα_iは,**ブランド固有定数**ないしは**ブランド固有魅力度**などと呼ばれ,上述したように文字通りiブランドの固有の魅力度を表している。ブランドiの確定的効用V_iは,iのマーケティング変数の値によってさまざまに変化するが,そうしたマーケティング変数の影響によらないブランドの効用の土台の部分をα_iは表している。

ブランドによっては固有魅力度がそれほど高くなくとも,活発なマーケティング活動のおかげで高い選択確率や市場シェアを得ているものもあるし,その逆もある。したがって,各ブランドのシェアと固有魅力度の高低は必ずしも一致しない。固有魅力度によって,マーケティング変数の影響をそぎ落とした,いわば生身のブランド

力を把握することができる。

上述したブランド固有魅力度は，それぞれのブランドについて1つの値を有しており，市場全体（分析対象となる消費者全体）における平均的な魅力度を見ていることになる。これに対し，第2章のコラム⑤で説明した潜在クラスを考慮したモデルや階層ベイズ・モデルでは，セグメント別ないしは個人別のブランド固有魅力度を測定できる。これによって，平均値だけではなく，魅力度の分布を知ることが可能である。

行動的ロイヤルティの測定

消費者の購買履歴データを利用したブランド価値測定に関する，より一般的な方法はブランド・ロイヤルティの測定である。購買履歴データからブランド・ロイヤルティを捕捉するということは，消費者の行動面から見たブランド・ロイヤルティを捕捉していることになる。行動的ロイヤルティの測定方法のほかに，心理的なロイヤルティを捕捉する方法もあるが，心理的ロイヤルティの高さと行動的ロイヤルティの高さは必ずしも一致しない場合があるということは留意しておく必要がある。

たとえば，ある消費者が特定のブランドを常に購入しているような場合には，高い行動的ロイヤルティがあると測定される。こうした場合でも，実際には惰性で買い続けているだけであり，心理的ロイヤルティは低いケースもある。逆に，心理的ロイヤルティは高くとも，何らかの要因で行動的ロイヤルティは高くならない場合もある。こうした点を念頭に置いたうえで，以下では行動的ロイヤルティの測定について説明しよう。

行動的ロイヤルティの測定方法は，大きく次の3つに分けて考えられる。第1の方法は**シェア基準**であり，対象ブランドの購入者内におけるシェアによってロイヤルティを測定するものである。たと

えば，ある消費者が特定期間中にビールを100本購入し，そのうち対象ブランドを60本購入したとすれば，ブランド・ロイヤルティは0.6ないしは60％と表現できる。これは，特定の消費者個人でも算出することができるし，あるブランドの購入者全体で計算することも可能である。

なお，第2章のコラム⑥で紹介したP. M. ガダーニとJ. D. C. リトルのブランド・ロイヤルティ変数は，基本的には消費者個人内における対象ブランドのシェアを基準としてロイヤルティを捕捉しようとするものである。ただし，彼らの方法は，ウェイト付きの顧客内シェアであり，より直近の購買ほどウェイトが高くなるようにシェアを算出している。

第2の方法は**連続購買基準**である。これは，対象ブランドの反復購買状況を基準とした指標であり，たとえば反復購買の深さによってロイヤルティを測定することができる。この場合には，特定のブランドを2回連続で反復購買している消費者よりも，3回連続，4回連続というように回数が多くなるほどロイヤルティが高いと測定される。連続購買基準を用いて，市場全体（データを取得した対象者全体）でのロイヤルティを測定することもできる。その方法の代表的なものが，**ブランド遷移行列**を用いる方法である。

ブランド遷移行列は，**表12-2**のように集計される。ブランド遷移行列は通常，表側が遷移元を表頭が遷移先のブランドを表す。表12-2の例では，Aを買った人がもう一度Aを買う確率は0.4であり，B，C，Dにスイッチする確率がそれぞれ0.3，0.2，0.1となっている。また，Bを買った人がもう一度Bを購入する確率は0.6であり，同様にCを買った人がもう一度Cを買う確率が0.5というようになっている。このように，表12-2の対角要素は各ブランド反復購入確率を表しており，この方法ではこの値によってブラン

表12-2　ブランド遷移行列

	A	B	C	D	計
A	0.4	0.3	0.2	0.1	1.0
B	0.1	0.6	0.1	0.2	1.0
C	0.2	0.1	0.5	0.2	1.0
D	0.2	0.1	0.2	0.5	1.0

ド・ロイヤルティを測定する。表12-2の例ではAブランドのロイヤルティが最も低く，Bブランドのそれが最も高いということになる。

購買履歴データによるブランド・ロイヤルティ測定の第3の方法は，**価格差基準**によるものである。これは，対象ブランドと競合ブランド間のスイッチ状況とそのときの価格差を基準とした指標である。ある特定のブランドにロイヤルティを有している消費者であっても，競合ブランドが少しでも安く販売するとそのブランドにスイッチする場合には，ロイヤルティが低いと判断される。逆に，よほど大きな価格差がなければ他のブランドにはスイッチしないような消費者は，高いロイヤルティを持つと測定される。

このように，顧客の購買データをもとにしてブランドの価値を測定するのにもいろいろな方法がある。これらの方法はいずれも個別ブランドの価値を測定するものである。単純に考えれば，これより上位レベルのブランド価値も，個々の個別ブランドの集合である以上，個々のブランド価値の関数として表現されるはずである。ところが，複数のブランドからなるブランドの価値は，個別ブランドの単純な合計ではない。個別ブランド間の相互的な効果を考えなければ，ブランド・ポートフォリオを適切にマネジメントしてコーポレート・ブランドを高めることなど不可能である。しかしながら，こ

のレベルの意思決定に有効な数理モデルはいまのところ見当たらない。

図12-1に示されたように,ブランド価値を測定するためには,購買データ以外にもいくつかの利用可能なデータがある。以下では,財務データやサーベイ・データをもとにしたいくつかのブランド評価モデルの紹介を行う。これらのモデルは,これまで述べてきたいくつかの問題を克服しようとしているが,完全なものではない。したがって,どのモデルが優れているかというのではなく,それぞれの特徴を理解したうえで,必要な情報を捕捉しながらケース・バイ・ケースで活用することが重要であろう。

インターブランドによるブランド価値評価

1988年,イギリスの食品メーカーRHM(ランクス・ホービス・マクドゥガル)は,敵対的買収に対する防衛策として,ブランド価値評価をインターブランド社に依頼した。これをきっかけにインターブランドはブランド価値測定法を開発し,RHMは自社製造ブランドも含めたすべてのブランド価値を6億7800万ポンドで連結貸借対照表に資産計上した。これ以降,イギリスではブランド価値をバランスシートに載せることができるようになった。

インターブランドの方法は3つのステップからなる。第1ステップは,企業の無形資産からもたらされるプレミアム利益の算出である。これは,企業全体の将来の予測利益から資本コスト,OEM供給などのノンブランド製品から獲得された利益などを控除して求められる。第2ステップは,上記のプレミアム利益のうちブランドによりもたらされる部分の抽出である。これは,業界別にブランドの貢献度が設定されており,香水は95%,ビールは85%,工業財は10%というようになっている。第3ステップは,割引現在価値の算出である。上記で算出された将来利益のうちブランドがもたらす

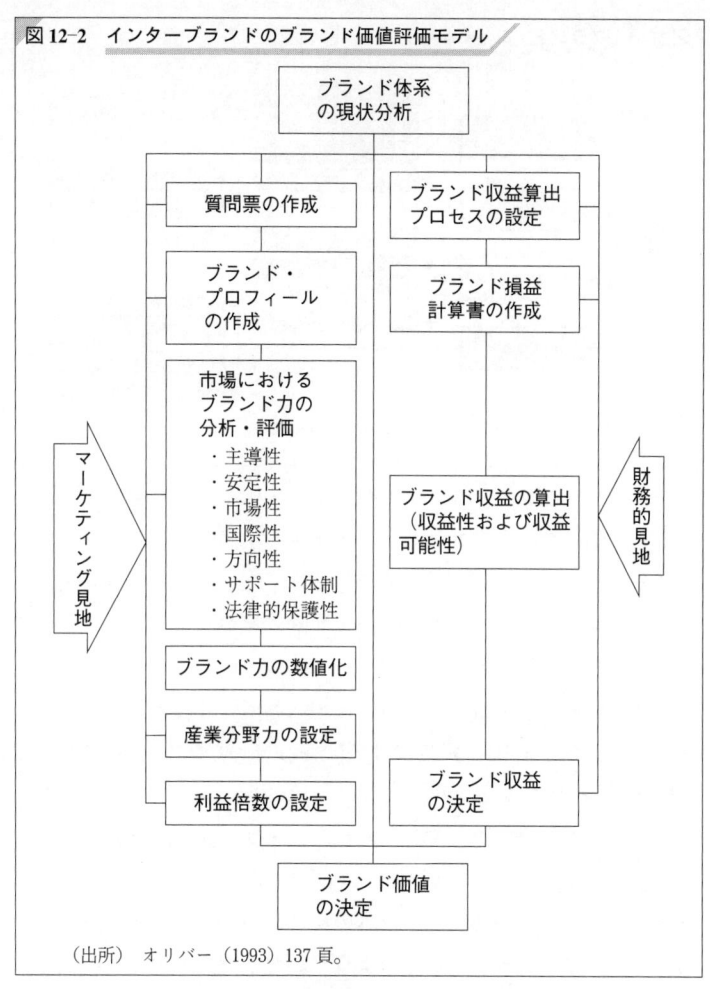

図 12-2 インターブランドのブランド価値評価モデル

```
                    ブランド体系
                    の現状分析
                         │
        ┌────────────────┼────────────────┐
        │                                  │
   質問票の作成                    ブランド収益算出
                                   プロセスの設定
        │                                  │
   ブランド・                         ブランド損益
   プロフィール                       計算書の作成
   の作成
        │
   市場における
   ブランド力の
   分析・評価
   ・主導性
   ・安定性                         ブランド収益の算出
   ・市場性                         （収益性および収益
   ・国際性                            可能性）
   ・方向性
   ・サポート体制
   ・法律的保護性
        │
   ブランド力の数値化
        │
   産業分野力の設定
        │
   利益倍数の設定                    ブランド収益
                                    の決定
        │                                  │
        └────────────────┬────────────────┘
                    ブランド価値
                    の決定
```

マーケティング見地 ／ 財務的見地

（出所） オリバー（1993）137頁。

部分について，割引現在価値が求められる。この割引率は，ブランドが有するマーケティング上の強度に基づいて決定される。具体的には，40項目近くの調査データに基づいてウェイト付けされた7つの指標の合計によって得られるブランド・スコアの関数として算

図 12-3　ブランド・ジャパン

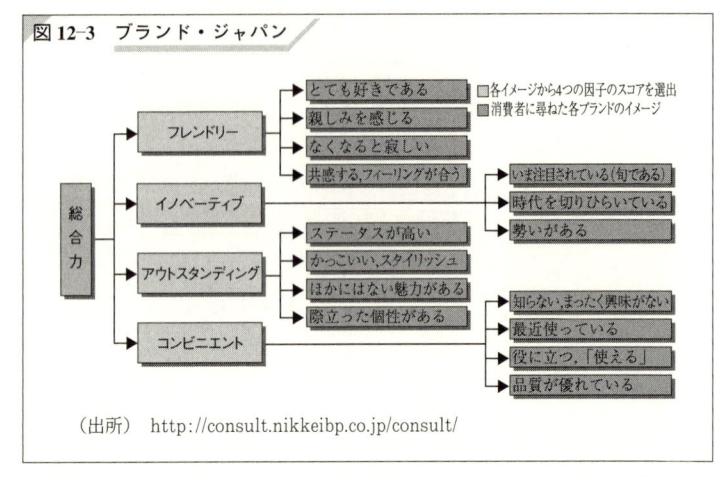

```
                    ┌─ とても好きである
         ┌─ フレンドリー ─┼─ 親しみを感じる          ■各イメージから4つの因子のスコアを選出
         │              ├─ なくなると寂しい        ■消費者に尋ねた各ブランドのイメージ
         │              └─ 共感する,フィーリングが合う
         │
         │                                  ┌─ いま注目されている(旬である)
総  ─────┼─ イノベーティブ ──────────────────┼─ 時代を切りひらいている
合                                          └─ 勢いがある
力       │              ┌─ ステータスが高い
         ├─ アウトスタンディング ─┼─ かっこいい,スタイリッシュ
         │              ├─ ほかにはない魅力がある
         │              └─ 際立った個性がある
         │                                  ┌─ 知らない,まったく興味がない
         └─ コンビニエント ─────────────────┼─ 最近使っている
                                            ├─ 役に立つ,「使える」
                                            └─ 品質が優れている
```

（出所）　http://consult.nikkeibp.co.jp/consult/

出される。ブランド・スコアに関連する7指標は、主導性、安定性、市場性、国際性、方向性、サポート体制、法律的保護である。

このようにインターブランドの方法は、上述したインカム・アプローチを利用してブランド価値を金額的に算定しようというものである。また、将来キャッシュフローの割引率に関して、前述した伝統的アプローチに沿った考え方が採用されている。インターブランドによる方法の詳細は完全には公開されていないが、**図 12-2** にその概要が示されている。

> **ブランド・ジャパン**

「ブランド・ジャパン」は、日経BPコンサルティング社が開発した、ブランド評価モデルである。この調査は、日本の消費者やビジネス・パーソンの頭の中に、どのブランドがどのようなかたちで、どの程度の強さを持って蓄積されているかを調査することを目的としている。ビジネス・パーソンに対して500社に及ぶコーポレート・ブランドについて聞いたものと、スタジオジブリといったものを含む1000のブランドに対して一般生活者が持っているイメージを測定したものの、

図12-4　CBバリュエーター

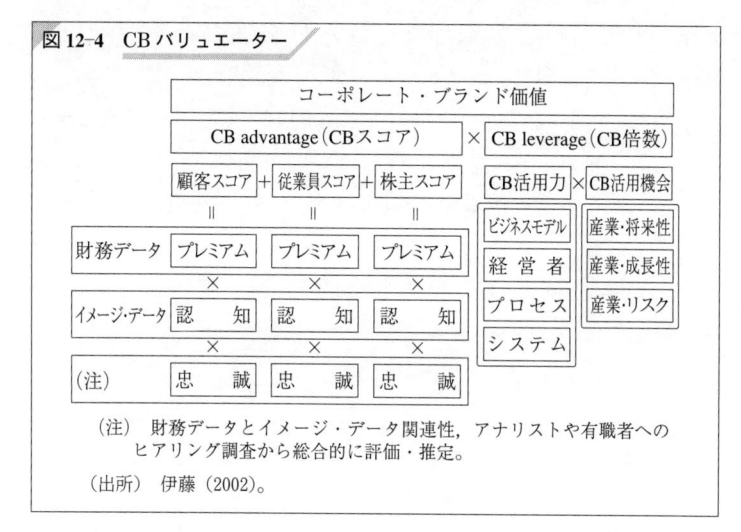

```
┌─────────────────────────────────────────────────┐
│           コーポレート・ブランド価値              │
├─────────────────────────────┬───────────────────┤
│   CB advantage（CBスコア）  │ × CB leverage（CB倍数）│
├─────────────────────────────┼───────────────────┤
│ 顧客スコア + 従業員スコア + 株主スコア │ CB活用力 × CB活用機会 │
│      =          =          =         │ ビジネスモデル │ 産業・将来性 │
│ 財務データ │プレミアム│プレミアム│プレミアム│ 経 営 者    │ 産業・成長性 │
│          ×       ×       ×       │ プロセス    │ 産業・リスク │
│ イメージ・データ│認 知│認 知│認 知│ システム    │             │
│          ×       ×       ×       │             │             │
│ （注）   │忠 誠│忠 誠│忠 誠│             │             │
└─────────────────────────────┴───────────────────┘
```

（注）財務データとイメージ・データ関連性，アナリストや有職者へのヒアリング調査から総合的に評価・推定。

（出所）伊藤（2002）。

2つのモジュールがある。どちらもサーベイ・データに基づいてブランド力の測定を行っており，手続きとしてはほぼ同様である。調査の概要については，図12-3にURLが示されている日経BPコンサルティング社のホームページを参照されたい。図12-3は，一般生活者に対して行った調査におけるブランド・イメージを捉える部分の質問項目の体系である。

CBバリュエーター　CBバリュエーターは日本経済新聞社と伊藤邦雄一橋大学教授によって開発されたブランド評価モデルである。CBバリュエーターの大きな特徴は，企業の主たるステークホルダーである，顧客，従業員，株主のそれぞれから見たブランド・イメージを統合的に捉えて，コーポレート・ブランドの価値を測定しようとしている点である。前述した「ブランド・ジャパン」や，ヤング・アンド・ルビカムの「ブランド・アセット・バリュエーター」のように，多くのブランド価値評価モデルはアンケート形式のデータに基づいている。また，インターブラ

2　ブランド力の測定

ンドの方法や経済産業省による「ブランド価値評価モデル」などは，財務データを基礎としたインカム・アプローチによっている。

これに対し，CB バリュエーターは，**図12-4** のように多様なデータからコーポレート・ブランド価値を測定している。ただし，この図からもわかるように非常に多岐にわたるデータを複雑なプロセスで処理し統合しており，コーポレート・ブランド価値の算出プロセスにおいて主観的な判断が入る余地が大きいという難点も持っている。詳しくは，CB バリュエーターのホームページ（http://www.nikkei.co.jp/ad/cb/）を参照されたい。

Column ㉗　共分散構造分析

因果関係を調べる多変量解析の手法の1つに，共分散構造分析がある。直接観測される変数（観測変数）から，直接は観測できない構成概念を潜在変数というかたちで導き出し，それらの潜在変数間の因果関係について仮説（数理モデル）を設定して，データに突き合わせて検証するという統計的アプローチをとる。

図12-3で紹介したブランド・ジャパンでも用いられている。この図で濃い灰色は観測変数（たとえば「とても好きである」「品質が優れている」など）で，これらの質問項目へ回答者が各ブランドに対して評価したものである。薄い灰色（「総合力，フレンドリー，イノベーティブ，アウトスタンディング，コンビニエント」）は潜在変数で，観測変数の構成概念を表す。類似した質問項目（観測変数）に対しては似たような評価が下されるため，それらは同一の概念から発生したと考え，矢印で結ばれる。矢印の有無は，統計的な有意性から判断するため，「確証的因子分析」が発展したものと考えられ，潜在変数，構成概念，因子は同じ意味を持つ。因子分析との違いは，潜在変数間の因果関係の方向と強さが矢印の係数によってデータから推定されることである。図12-3では，総合力から各構成概念へ伸びている矢印になる。大ざっぱな理解としては，因子分析と回帰分析を統合的/検証的に行うものだと考えることができる。

共分散構造分析は社会現象を解析するために経営学，心理学などで多

用されている。初期の頃は観測変数の共分散に基づいて係数が推定されていたため、このような名称が付いたが、現在では観測変数の平均、3次や4次のモーメントなども使われることがあるので、構造方程式モデル（SEM：structural equation models）と呼称されることが多い。よく使われるソフトに AMOS, EQS, LISREL などがある。

3 無形資産のモデル化

　企業の有する無形資産には、人的資産に代表される知的資産、第11章で述べたような顧客データベースや顧客との関係性によって生み出される顧客資産、さらには、ブランドに起因する収益力に裏付けられたブランド資産などがある。これまでの議論からわかるように、ブランド資産を含む無形資産の多くは測定することが難しい。

　現段階では、これらの無形資産を構成する要素の関連性を踏まえたうえでそれらの要素間の因果関係をモデル化し、無形資産全体を統合的に説明しようという試みは、概念的なレベルにおいても始まったばかりである。当然のことながら、これらの無形資産を測定し、評価し、無形資産全体の増大を目指した具体的な施策に関する意思決定をサポートし、その結果を予測するような数理的モデルの開発に関しては、十分な研究が蓄積されているとはいえない。したがってここで紹介したようなブランド力の測定手法も、発展途上であることを改めて断っておきたい。

　本章で取り上げたブランド力の測定手法を上手に活用するためには、ユーザー自身が、それぞれのモデルの持っている特徴や限界を知ったうえで使い込んでいくことによって、ブランド価値向上のた

めのノウハウを学び実践していくことが重要である。すなわち,無形資産を構成する要素間の関係を認識し,自らの抱える課題にチャレンジし,得られた成果を測定し,それらの経験を組織として蓄積していくことがきわめて重要であると思われる。

➡課　題

1. 1988年にソニーはCBS・ソニーレコード誕生時の合弁相手であるCBS社からCBSレコードを買収し,翌1989年には大手映画会社であるコロンビア・ピクチャーズを買収した。これらの買収によって,ソニーは現在,ソニー・ミュージックエンタテインメントとソニー・ピクチャーズエンタテインメントという2つの企業を傘下に有している。ソニーは,音楽,映像というソフトに関するこれらの企業をグループ内に有することによって,どのような無形資産を得ているだろうか。いろいろな視点から考えてみよう。
2. ある市場にA,B,Cという3つのブランドが存在する。下記に示すのは,山田さんと鈴木さんの2人に関する3つのブランドの購買履歴である。たとえば,山田さんは最初にAを買って次にBを買い,最後にBを買っている。このデータから,山田さんと鈴木さんのそれぞれのブランドに対する行動的ロイヤルティを,いくつかの方法で測定してみよう。

    山田　A, B, B, C, A, B, B, B, B, B
    鈴木　C, C, A, A, A, B, A, A, B, B
3. いろいろな製品カテゴリーについて,それ自身が高いロイヤルティを持っているブランドが存在するか否かを考えてみよう。そのうえで,どのような製品カテゴリーでは高いロイヤルティを持つブランドが存在し,どういったカテゴリーではそのようなブランドが存在しないのかについて,整理してみよう。
4. Webエクササイズ
    http://www2.kke.co.jp/marketingscienceにアクセスしよう。

文献案内

◎参考図書

1. 本書全体を通して参考になるもの

池尾恭一・青木幸弘・南知惠子・井上哲浩 (2010)『マーケティング』有斐閣。

小川孔輔 (2009)『マーケティング入門』日本経済新聞出版社。

沼上幹 (2008)『わかりやすいマーケティング戦略 (新版)』有斐閣。

和田充夫・恩蔵直人・三浦俊彦 (2006)『マーケティング戦略 (第3版)』有斐閣。

Kotler, P., and K. L. Keller (2006) *Marketing Management*, 12th ed., Prentice-Hall. (恩蔵直人監訳 (2008)『コトラー&ケラーのマーケティング・マネジメント (第12版)』ピアソン・エデュケーション)。

2. より進んだ,マーケティング・サイエンスの教科書

朝野煕彦 (2010)『最新マーケティング・サイエンスの基礎』講談社。

阿部誠・近藤文代 (2005)『マーケティングの科学——POS データの解析』朝倉書店。

岡太彬訓・木島正明・守口剛編 (2001)『マーケティングの数理モデル』朝倉書店。

片平秀貴 (1987)『マーケティング・サイエンス』東京大学出版会。

Eliashberg, J., and J. H. Lilien eds. (1993) *Handbook in Operations Research and Management Science*, Vol. 5, Marketing, North-Holland. (森村英典・岡太彬訓・木島正明・守口剛監訳 (1997)『マーケティングハンドブック』朝倉書店)。

Lilien, G. L., and A. Rangaswamy (2001) *Marketing Engineering: Computer-Assisted Marketing Analysis and Planning*, 2nd ed., Prentice-Hall.

3. マーケティング・ミックス,その他の参考図書

青木幸弘 (2010)『消費者行動の知識』日本経済新聞出版社。

清水聰 (1999)『新しい消費者行動』千倉書房。

田中洋 (2008)『消費者行動論体系』中央経済社。

田中洋・清水聰編 (2006)『消費者・コミュニケーション戦略』有斐閣。
鈴木達三・高橋宏一 (1998)『標本調査法』朝倉書店。
高田博和・上田隆穂・奥瀬喜之・内田学 (2008)『マーケティングリサーチ入門』PHP研究所。
Urban, G., and J. Hauser (1993) *Design and Marketing of New Products*, 2nd ed., Prentice-Hall.
上田隆穂 (1999)『マーケティング価格戦略』有斐閣。
杉田善弘・上田隆穂・守口剛編 (2005)『プライシング・サイエンス——価格の不思議を探る』同文舘出版。
岸志津江・田中洋・嶋村和恵 (2008)『現代広告論 (新版)』有斐閣。
守口剛 (2002)『プロモーション効果分析』朝倉書店。
原田英生・向山雅夫・渡辺達朗 (2010)『ベーシック流通と商業——現実から学ぶ理論と仕組み (新版)』有斐閣。
Aaker, D. A. (1991) *Managing Brand Equity*, The Free Press. (陶山計介・尾崎久仁博・中田善啓・小林哲訳 (1994)『ブランド・エクイティ戦略』ダイヤモンド社)。
佐藤郁哉 (2002)『組織と経営について知るための実践フィールドワーク入門』有斐閣。

◎引用文献

Aaker, D. A., and J. M. Carman (1982) "Are Your Over Advertising?" *Journal of Advertising Research*, 22(4), 57–70.
Ackoff, R. L., and J. R. Emshoff (1975) "Advertising at Anheuser-Busch, Inc. (1963–68)," *Sloan Management Review*, 16(2), 1–16.
Bass, Frank (1969) "A New Product Growth Model for Consumer Durables," *Management Science*, 15(1), 215–227.
Blattberg, R. C., and J. Deighton (1996) "Manage Marketing by the Customer Equity Test," *Harvard Business Review*, 74(4), 136–144.
Blattberg, R. C., and S. A. Neslin (1990) *Sales Promotion : Concepts, Methods, and Strategies*, Prentice-Hall.
Blattberg, R. C., and S. A. Neslin (1993) "Sales Promotion Models," in J. Eliashberg, and J.H.Lilien eds., *Handbook in Operations Research and Management Science*, Vol. 5, Marketing, North-Holland.

Eastlack, J. O., Jr., and A. G. Rao (1989) "Advertising Experiments at the Campbell Soup Company," *Marketing Science*, 8(1), 57–71.

Guadagni, P. M., and J. D. C. Little (1983) "A Logit Model of Brand Choice Calibrated on Scanner Data," *Marketing Science*, 2(3), 203–238.

Gupta, S. (1988) "Impact of Sales Promotions on When, What, and How Much to Buy," *Journal of Marketing Research*, 30(4), 342–355.

Hauser, J. R., and S. P. Gaskin (1984) "Application of the 'DEFENDER' Consumer Model," *Marketing Science*, 3(4), 327–351.

Hauser, J. R., and S. M. Shugan (1983) "Defensive Marketing Strategy," *Marketing Science*, 2(4), 319–360.

伊藤邦雄 (2002)「コーポレート・ブランドの評価と戦略モデル」『DIAMONDハーバード・ビジネス・レビュー』3月号。

Jeuland, A. P., and S. M. Shugan (1983) "Managing Channel Profits," *Marketing Science*, 2(3), 239–272.

Kahnemann, D., and A. Tversky (1979) "Prospect Theory : An Analysis of Decision Under Risk," *Econometrica*, 47, 263–291.

Little, J. D. C. (1970) "Models and Managers : The Concept of a Decision Calculus," *Management Science*, 16(8), B466–B485.

Little, J. D. C. (1975) "BRANDAID : A Marketing Mix Model, Part I : Structure ; Part II : Implementation," *Operations Research*, 23, 628–673.

Little, J. D. C. (1979) "Decision Support Systems for Marketing Managers," *Journal of Marketing*, 43(3), 9–27.

Lodish, L. M. (1971) "CALLPLAN : An Interactive Salesman's Call Planning System," *Management Science*, 18(4), Part 2, 25–40.

Lodish, L. M., M. Abraham, S. Kalmenson, J. Livelsberger, B. Lubetkin, B. Richardson, and M. E. Stevens (1995) "How T.V. Advertising Works," *Journal of Marketing Research*, 32(2), 125–139.

McFadden, D. (1974) "Conditional Logit Analysis of Qualitative Choice Behavior," in P. Aremvka ed., *Frontiers in Econometrics*, Academic Press, 105–142.

Neslin, S. A., C. Henderson, and J. Quelch (1985) "Consumer Promotions and the Acceleration of Product Purchases," *Marketing Science*, 4(2), 147–165.

オリバー, テレンス (編) (福家成夫訳) (1993)『ブランド価値評価の実務』ダイヤモンド社。

大澤豊編 (1992)『マーケティングと消費者行動』(現代経営学⑧) 有斐閣。

Prentice, R. M. (1975) "The CFB Approach to Advertising/Promotion Spending," Marketing Science Institute.

Roberts, J. H., and G. L. Lilien (1993) "Explanatory and Predictive Models of Consumer Behavior," in J. Eliashberg, and J. H. Lilien eds., *Handbook in Operations Research and Management Science*, Vol. 5, Marketing, North-Holland.

Sethuraman, R., and G. J. Tellis (1991) "An Analysis of the Tradeoff Between Advertising and Pricing Discounting," *Journal of Marketing Research*, 31(2), 160–174.

Silk, A. J., and G. L. Urban (1978) "Pre-Test Market Evaluation of New Packaged Goods," *Journal of Marketing Research*, 15(2), 171–191.

Strang, R. A., R. M. Prentice, and A. G. Clayton (1975) "The Relationship between Advertising and Promotion in Brand Strategy," Marketing Science Institute.

Thaler, R. (1985) "Mental Accounting and Consumer Choice," *Marketing Science*, 4(3), 199–214.

Tversky A., and D. Kahneman (1981) "The Framing of Decision and the Psychology of Choice," *Science*, 211, 453–458.

Tversky, A., and I. Simonson (1993) "Context-Dependent Preference," *Management Science*, 39(10), 1179–1189.

Urban, G. L., P. L. Johnson, and J. R. Hauser (1984) "Testing Competitive Market Structures," *Marketing Science*, 3(2), 83–112.

柳井晴夫・前川真一・繁枡算男・市川雅教 (1990)『因子分析——その理論と方法』朝倉書店。

索 引

○アルファベット

ACV でウェイト付けされた価格　219
ADBUDG モデル　238
AIC　106
AID　115
AIDA モデル　167
AMOS　319
ARIMA モデル　267
　多変量——　267
ASSESSOR モデル　247, 249
BIC　106
BRANDAID マーケティング・ミックス・モデル　269
BTO システム　290
C5.0　115
CALLPLAN　237
CART　115
CASE　294
CB バリュエーター　317
CFB　215, 216
　非——　216
CHAID　115
CPM　180
CRM →カスタマー・リレーションシップ・マネジメント
EQS　319
EVAI　82
EV|AI　82
EV|CI　82
EVPI　83
e コマース　217
e コミュニティ　288
FSP →フリークエント・ショッパー・プログラム
F 比　101

GIS　236
GRP　178
IAT　182
IC タグ　240
IMC →統合型マーケティング・コミュニケーション
LISREL　319
MCI　264
MDS　44, 45
MDSS →マーケティング意思決定支援システム
PLC →プロダクト・ライフサイクル
PMC　142
PME　143
POS データ　68, 70, 74, 218, 240, 280
PSM 分析　142
RFID　240
RFM 分析　282
SCM　240
SEM　319
SKU →ストック・キーピング・ユニット
STP　95
SWOT 分析　20

○あ 行

アーカー，D. A.　182
アソシエーション・ルール　298-300
アトラクション（魅力度）・モデル　263
意思決定ツリー　79
意思決定ユニット　277
イーストラック，J. O.　181
1 次卸　225
1 次データ　67, 77, 78
イノベーター　33

──係数　34
イミテーター　33
　　──係数　34
イメージ伝達型媒体　179
インカム・アプローチ　309, 316
因子得点　50
因子負荷量　50
因子分析　44, 49, 50, 104, 318
インセンティブ・コスト　199
インセンティブ提供型プロモーション　195
インターネット調査　85, 86
インターブランド　314
インパクト　178, 179
ウォード法　103
売上高定率法　147, 175, 274
売上反応関数　207
売上予測モデル　262
営業組織　229, 237
エイコフ, R. L.　181
エクスプレスレジ　242
エージェント　297, 301
エムショフ, J. R.　181
エリア・マーケティング　231, 234, 237
卸売業者　221

○か　行

回帰分析　203, 207, 300, 318
階層ベイズ・モデル　57, 311
外的分析　129
街頭プロモーション　193
街頭面接調査　85
外部環境要因　21
外部データ　78
開放的チャネル　226
価格差基準　313
価格戦略　157
価格訴求型プロモーション　195
価格弾力性　145, 175, 213, 218

価格バンドリング　12
価格プレミアム　96
学習　299
学習曲線　260
確証的因子分析　318
家計調査　92
加算型評価方法　51, 54
カスタマイゼーション　290
カスタマー・エクイティ　284
カスタマー・マネジメント　283
カスタマー・リレーションシップ・マネジメント（CRM）　263, 280, 297
仮説検定　31
ガダーニ, P. M.　57, 205, 312
家庭内在庫　205
カーネマン, D.　158, 164
カーマン, J. M.　182
還元主義　300
観察法　85, 87
観測変数　318
関　与　42
管理コスト　199
機械学習　115
機会主義的価格　157
記述統計　217
記述変数　109, 111
記述モデル　203
期待キャッシュフロー・アプローチ　309
規範モデル　203
逆オークション　289
脚立法　83
客観的目標達成法　176
キャンペーン・プロモーション　193, 194
競合対抗法　176
業種・業態別営業組織　230
強制的遷移データ　26
競争構造分析　24
協調価格　157

協調フィルタリング　293, 299
共分散構造分析　318
極端の回避　160
近傍グループ化　299
口コミ　33, 60, 169, 260, 287
グプタ, A.K.　206
クーポニング　193
クラスター分析　102, 106, 136, 299
クラスタリング　299
クラブ型プロモーション　195
クリエイティブ　181
クリック・スルー率　188
決定解析　238, 285
　――モデル　270
決定木　113, 298
限界費用　145
限界利潤率　146
懸　賞　196
コイック型モデル　173
高関与　42
広告計画　178
広告効果指標　172
広告コピー効果　174
広告接触頻度　174
広告（支出）弾力性　148, 175
広告定常効果　269
広告の残存効果　173
広告反応関数　173, 218
交差価格弾力性　214
交差弾力性　214
構造方程式モデル　319
行動的ロイヤルティ　311
購買決定　40, 53
購買行動変数　99
購買生起モデル　53, 203
購買量モデル　54
購買履歴データ　47, 102, 281, 310
効　用　51
効用加算型評価方法　55
小売業者　221
　――の上位集中化　227
小売業態の多様化　227
考慮集合　43
顧客ID付きPOSデータ　74, 281
顧客維持　285
顧客獲得　284
顧客資産　284, 319
顧客生涯価値　284
顧客データベース　71, 72, 319
顧客ベース分析　283
顧客満足度　287
　――調査　287
顧客ロイヤルティ　287
小嶋外弘　164
個人選好モデル　137
コスト・アプローチ　308
コスト・プラス・プライシング　144
弧弾力性　213
コトラー, P.　216, 222
個別化プライシング　152, 153
個別ブランド　306
コーポレート・ブランド　306, 313
コミュニケーション・ミックス　169
コモディティ　147
コンサルティング・セリング　229
コンジョイント分析　132, 135, 247
コンテスト　196
コンバージョン率　188

○さ　行

最遠法　103
最近法　103
再調達原価法　308
裁定取引　156
最適化モデル　203, 208, 278
サイモン, H.　52
サイモンソン, I.　160
サービス・マーケティング　288
サービス要素　222
サブマーケット　24

差別的価格設定　151
参照価格　141, 164
サンプリング　193, 195
参与観察　87
シェア基準　311
シェア予測モデル　262
事業領域　4, 17, 18
時系列分析　203
事後確率　80
自己組織化マップ　299
自己弾力性　214
市場細分化　→セグメンテーション
市場調査データ　278
市場の規定　24, 108
市場の失敗　150
辞書編纂型評価方法　52, 53
指数型モデル　264, 266
指数平滑作用　270
システム・ダイナミクス　300
事前確率　80
実験室実験　88
実験法　85, 88
質問法　85
支払可能額法　175
シミュレーション・ツール　278
社内記録　68-70, 77, 278
主因子法　47
従業員満足度　288
集計データ　262
集合面接調査　85
重心法　103
シューガン, S. M.　231
需要曲線　144
受容帯　143
需要の先喰い　200, 207
需要の先延ばし　200, 201, 207
ジュランド, A. P.　231
ジョイント・スペース・マップ　129
試用購入　248, 254
　　──率　33, 255

消費者情報処理モデル　61, 62
消費者プロモーション　192
消費者余剰　151
情報探索　40, 42
情報提供型広告　180
　　──プロモーション　195
情報伝達型媒体　179
情報の非対称性　150
情報量基準　106
シングルソース・データ　183, 281
人口統計的変数　98
シンジケート・データ　278
人的販売　167, 169
浸透価格戦略　157
心理的会計　164
心理的財布　164
心理的変数　98
心理的ロイヤルティ　311
衰退期　261
垂直統合　231
推定　300
数理モデル　61, 202, 318
スキミング価格戦略　157
スキャナー・パネル・データ　57, 74, 75, 203, 262, 281, 310
ストア・スキャン方式　74
ストック・キーピング・ユニット（SKU）　217, 280
ストラング, R. A.　215
スノーボール法　90
スプリット・ケーブル・テスト　182
スポンサーシップ　169
スマートカート　241
スマートシェルフ　242
スムージング定数　270
スムージング法　265
正規分布　31
成熟期　260
成長期　260
制度型プロモーション　193, 194

製品・顧客マトリックス　20
製品差別化　96, 147
製品体験型プロモーション　195
製品のバージョン化　152, 154
製品バンドリング　153
製品別営業組織　230
製品ポジショニング　118, 124
製品ライン　154
──・プライシング　141, 155
セイラー, R.　161-164
積乗型（売上）モデル　265, 274
セグメンテーション　6, 7, 10, 95, 96, 101
セグメント別プライシング　152, 156
セズラマン, R.　184
世帯別購買データ　203, 262
世帯向けプロモーション　193, 194
説得型広告　180
セールス・フォース投下量　271
セールス・プロモーション　167, 169, 191
線形結合　113
選　好　43, 44, 51
──モデル　251
選好回帰分析　128
選好順序　132
選好分析　125, 126
選好ベクトル　129
潜在クラス分析　105, 299
潜在クラス・モデル　57
潜在クラス・ロジット・モデル　57
潜在変数　318
センシティビティ分析　83
全数調査　89
選択集合　43
選択的チャネル　226
戦略ポジショニング　6, 7, 11, 17, 108, 119
層化3段抽出法　92
属性アプローチ　117

属性空間　121
属性データ　45
属性評価　52

○た　行

対立仮説　27
ダイレクト・プロモーション　193, 194
ターゲット（標的）市場　7
ターゲット・セグメント　109
ターゲティング　6, 10, 96, 108
多次元尺度構成法　44
ダブル・マージン　231
多変量解析　318
ダミー変数法　265
短期即効性　196
探索的非集計データ分析　296
弾力性　213
地域別営業組織　230
知　覚　43, 44, 51
──された品質　304
知覚マップ　44, 50, 129, 135
知的資産　319
知名集合　43
チャネル管理　222, 227, 228
チャネル・サポート　228
チャネル設計　222
チャネルのコーディネーション問題　234
長期的セールス・フォース定常効果　271
調整済み売上　264
直販チャネル　225
地理的変数　98
提案営業　229
低関与　42
ディスプレイ　277
適応価格　157
デシル分析　282
テスト・マーケティング　8, 79, 246

データ・ウェアハウス 280
データベース 277
　――・マーケティング 280
データ・マイニング 115, 296, 298
デモグラフィック属性 58
デモグラフィック分析 283
デモグラフィック変数 57
デモンストレーション 196
　――販売 193
テリス，G. J. 184
デルファイ法 35, 83, 176, 285
点弾力性 213
伝統的アプローチ 309
店頭プロモーション 193
店頭面接調査 85
店舗選択モデル 53
電話調査 85
トヴァスキー，A. 158, 160, 164
統計処理モジュール 277
統計的誤差 90
統合型マーケティング・コミュニケーション（IMC） 169
統合企業 231
動的広告効果 270
動的セールス・フォース効果 271
導入期 259
特別陳列 193
独立企業 231
ドーフマン・スタイナー条件 274
留置調査 85, 86
トライアル購買 191
トライアル・モデル 32
トライアル率 172
トライアル・リピート・モデル 251, 254, 256
取引効用理論 161
トレーサビリティ 240
トレーディング・スタンプ 195
トレード・プロモーション 193
問　屋 222, 226

○な　行

内的分析 129
内部環境要因 21
内部データ 78
ナイーブ・モデル 59
ナレッジ・ベース 278
二項分布 31
2次卸 225
2次データ 67, 77-79, 92
二重指数分布 56
日記調査 86
ニューラル・ネットワーク 298-300
ネスリン，S. A. 192, 203, 205
ネット・ショッピング 281
ノミナル集団法 83

○は　行

排他的チャネル 226
バイヤー・エージェント 294
バーコード 217, 240
バス・モデル 32
パーソナライゼーション 291
80-20の法則 281
パッケージ・クーポン 193, 198
パッケージ・プロモーション 193
ハフ，D. L. 234
ハフ・モデル 231, 234, 235
　修正―― 235
パブリシティ 167, 169
パブリック・リレーション 167, 169
バリマックス回転 47
バリュー・チェーン 287
バリュー・マーケティング 110, 132
バンドリング価格 179
販売会社 222, 226
販売促進 167
反復購入 248, 254, 312
　――率 33, 254, 255
判　別 298

判別スコア　111
判別分析　111
非価格訴求型プロモーション　195
ビークル　178
非参与観察　87
ビジョン　18
ビヘービア・スキャン　183
非補償型評価方法　51, 52, 54
表計算　148
標準誤差　91
標本　89
　——調査　89, 90
非連続価格反応関数　272
フィールド実験　88
普及モデル　37
プッシュ戦略　167
プライス・リーダーシップ　157
ブラットバーグ, R. C.　192, 203
ブランディング　96
ブランド・イメージ　172, 196, 215, 317
ブランド価値　306
　——測定法　314
　——評価モデル　317
ブランド間競争　23
ブランド固有定数　310
ブランド固有魅力度　310
ブランド再生率　172
ブランド資産　304, 319
　——価値　308
ブランド・ジャパン　316
ブランド遷移行列　312
ブランド選択モデル　54, 56, 203, 310
ブランド認知　304
ブランド・パワー　304
ブランド・ポートフォリオ　306, 313
ブランド力　306
ブランド連想　304
ブランド・ロイヤルティ　57–59, 196, 215, 304, 311

——変数　310, 312
フリークエンシー　178
　——・プログラム　71, 195
フリークエント・ショッパー・プログラム (FSP)　71, 74, 75, 203, 263, 283
フリークエント・フライヤー・プログラム　71, 195
プリ・テスト・マーケティング　249
プル戦略　167
プレミアム　196
プレンティス, R. M.　215
プロスペクト理論　158
プロダクト・マップ　44, 48, 126
プロダクト・ライフサイクル (PLC)　32, 258
ブロック距離　103
プロデジー・モデル　26, 27, 29, 31
プロビット・モデル　55, 57
プロファイリング　300
プロファイル　132
プロモーション　167
　——・コスト　199
　——弾力性　213, 214
分散　99
　込みにした——　100
分散分析　99
分離型評価方法　52, 53
平均価格　218
ベイジアン意思決定理論　79
ベイズ的推定法　37
ベイズ統計　296
ベイズの定理　80
ベースライン指数　264
ベネフィット・セグメンテーション　136
訪問面接調査　85
ポジショニング　10, 96
母集団　89
補償型評価方法　51, 52, 54, 55
ポスティング　194

ホーム・スキャン方式　74

○ま 行

マークアップ原理　145
マークアップ・プライシング　144
マクファデン, D.　55
マーケット・アプローチ　308
マーケティング意思決定支援システム（MDSS）　277
マーケティング・インテリジェンス活動　68, 69, 73, 74, 77, 278
　──・モデル　268
マーケティング戦術　8, 117
マーケティング・チャネル　222
マーケティング・マネジメント・プロセス　2, 4, 10
マーケティング・ミックス　7, 11, 95
　──の支出配分　274
マーケティング・リサーチ　68, 69, 76, 77, 79
マハラノビス汎距離　103, 111
マルチエージェント　301
　──・シミュレーション　297, 301
満足化原理　52
無形資産　308, 319
無構造市場仮説　26
無作為抽出　89, 90
　単純──　89
メーカー販社　→販売会社
メディア計画　178
面接調査　85
模擬購買　249
モニタリング　196
問題認識　40, 41

○や 行

有意抽出　90
郵送調査　85, 86

ユークリッド距離　102
4P　117

○ら・わ 行

ライフサイクル・マネジメント　9
ラオ, A.G.　181
ランダム係数モデル　297
リコメンデーション　293
　──・システム　293
理想点モデル　128
理想ベクトル　130
　──・モデル　128
リーチ　178
リテイル・プロモーション　193
リトル, J.D.C.　57, 205, 269, 279, 312
理　念　18
リピート購買率　198
リファレンス・ポイント　158, 164
リマインダー型広告　180
略奪価格　157
流通業者　221
　──向けプロモーション　193
流通経路　221
流通チャネル　221
留保価格　152
リンク分析　300
類似度データ　45
歴史的原価法　308
レビット, T.　147
連結型評価方法　52
連続購買基準　312
ロジット・モデル　56, 57, 204, 206
　多項──　57
ロックイン　156
ローディッシュ, L.M.　183
ワン・トゥ・ワン・マーケティング　263, 279, 280, 297

●著者紹介

古川　一郎（ふるかわ　いちろう）　一橋大学名誉教授
守口　剛（もりぐち　たけし）　早稲田大学商学学術院教授
阿部　誠（あべ　まこと）　東京大学名誉教授

マーケティング・サイエンス入門〔新版〕
市場対応の科学的マネジメント
Introduction to Marketing Science, 2nd ed.

ARMA 有斐閣アルマ

2003 年 10 月 10 日　初版第 1 刷発行
2011 年 4 月 25 日　新版第 1 刷発行
2025 年 5 月 20 日　新版第 7 刷発行

著　者　　古川　一郎
　　　　　守口　剛
　　　　　阿部　誠

発行者　　江草　貞治

発行所　　株式会社　有斐閣
　　　　　郵便番号　101-0051
　　　　　東京都千代田区神田神保町 2-17
　　　　　https://www.yuhikaku.co.jp/

印刷・株式会社理想社／製本・大口製本印刷株式会社
© 2011, I. Furukawa, T. Moriguchi, M. Abe. Printed in Japan
落丁・乱丁本はお取替えいたします。
★定価はカバーに表示してあります。

ISBN 978-4-641-12438-7

JCOPY　本書の無断複写（コピー）は、著作権法上での例外を除き、禁じられています。複写される場合は、そのつど事前に（一社）出版者著作権管理機構（電話03-5244-5088, FAX03-5244-5089, e-mail:info@jcopy.or.jp）の許諾を得てください。